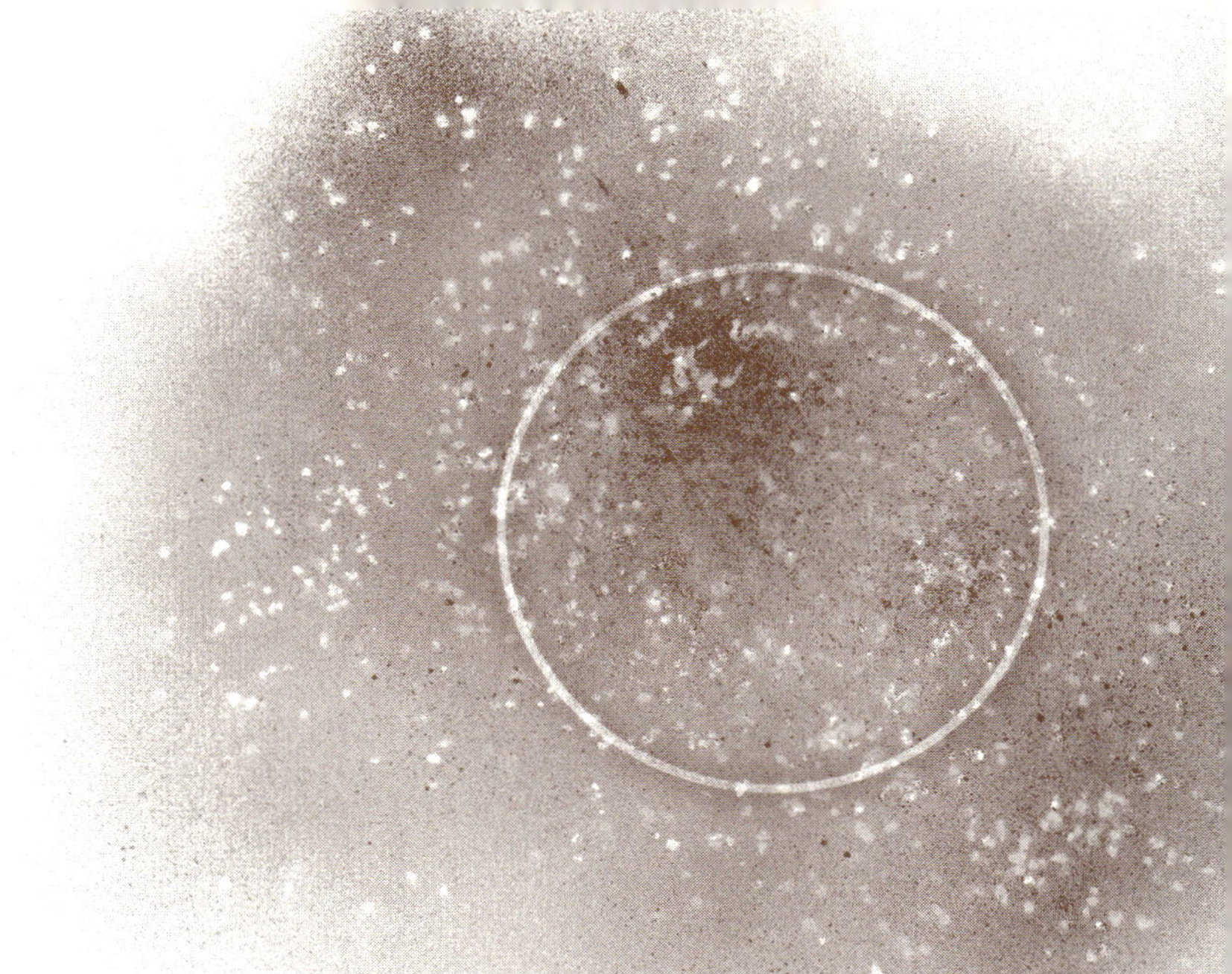

未來社

オキナワ、イメージの縁(エッジ)

仲里効
NAKAZATO, ISAO

オキナワ、イメージの縁(エッジ)◎目次

章扉写真——仲里効

オキナワ、イメージの縁（エッジ）

1　回帰する声、転位のトポス

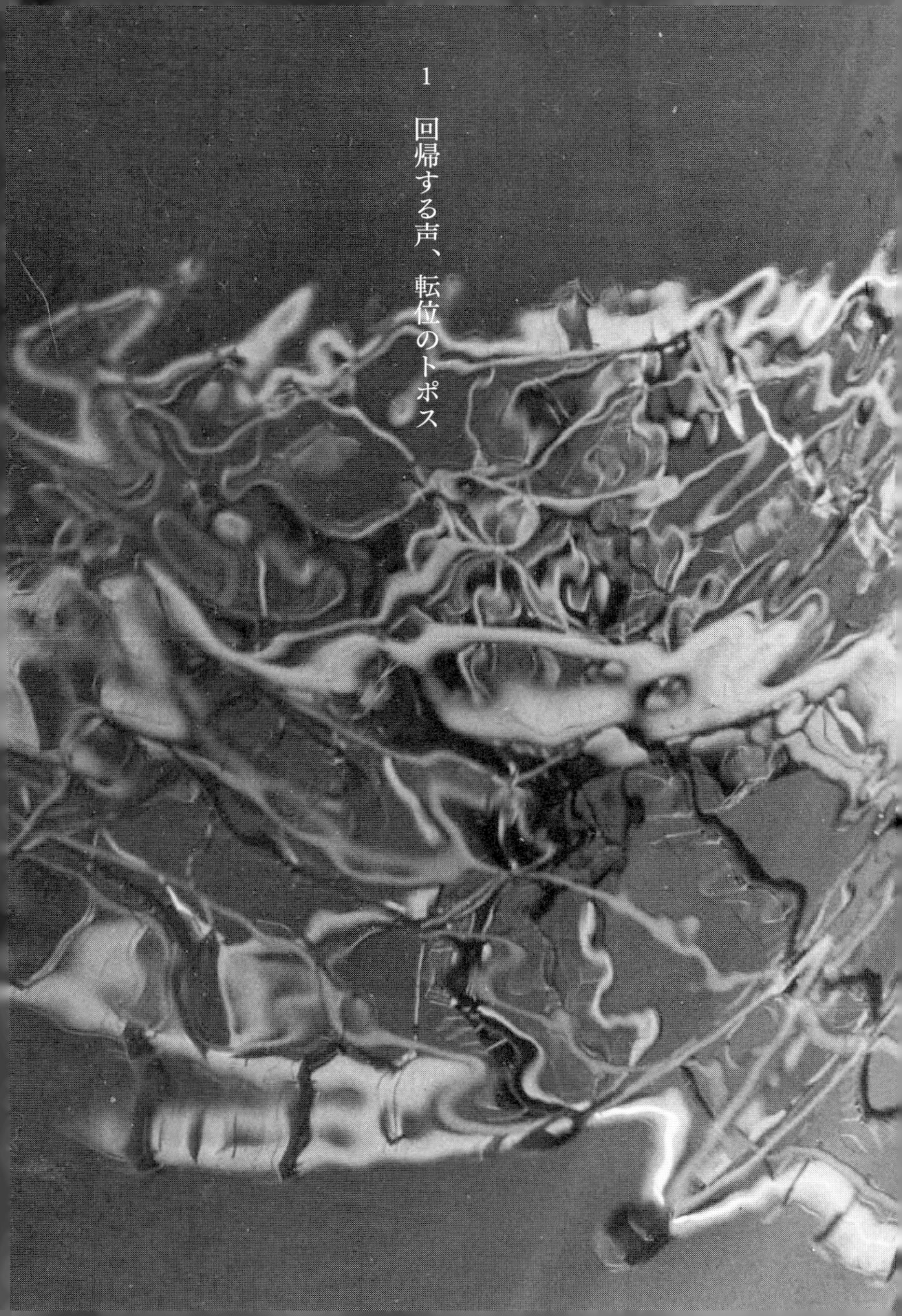

おお、私の身体よ、いつまでも私を、問い続ける人間たらしめよ！
フランツ・ファノン

春に向かって身支度を整えはじめた季節のリズムをしばし狂わすように、鋭い寒波が戻った三月のはじめだった。前日は粉雪がちらちらと空から舞い落ちていたが、その日は恐ろしく晴れ渡っていた。亜熱帯の光や風に弛んだ皮膚の細胞がキリキリと締め上げられる。

駅の改札を出て右に階段を上りつめると、記憶の街がかつての乱雑さをすっかり消し去り、端正な方形で夕暮れの光を斜めに浴びて陰翳を濃くしている。右手にゆるやかなカーヴを描いて伸びている土手に上がり、まだ芽吹くには早すぎる裸の枝を広げた桜並木の尽きるところを左に折れ、そのまままっすぐ坂道を降りきった十字路の一角にその広場はあった。人工の池や公衆トイレや短い遊歩道がしつらえられた小奇麗にすました空間は、冗談のようなメルヘンに思えた。

円形にかたどられた灰色の水を覗くと、無数の裸の枝といましがた点いたばかりの青白い街灯とビルディングの影が小刻みに震えていた。いくつもの坂が集まる谷底の、そのまた小さな人工の水の円は、まるで壺中の天を思わせた。明るさと暗さが溶け合うつかのま、見上げるのではなく、覗き込むように見下ろすことによってそこに現われた世界。溜め池のなかでマダラ模様の水の生き物がうごめく。斜面を降りてくる風に水面が半円を描くように細かい皺を寄せる。決して流れることはない水の上を風が流れる。それはとどまることを知らない風の呟きのようにも思えた。いや、ひょっとするとここは、風の墓場だったのかもしれない。

と、どこからか一つの声が耳元を打った。

――大きいというわけじゃないが、ここは謂わば壺中の天だからね。
「壺中の天？　成程なァ。まさに世界だ」
――世界？　おなじことだが、ぼくらは全体概念を形づくっていると呼んでるんだよ。★1

「死者の眼」（森敦『意味の変容』）の冒頭に出て来る二人の男の謎めいた会話である。三十数年前、この幾つもの坂が流れ込んだ都市のなかの小さな谷間に、幾たびか紛れ込んだことがあった。だがあのとき、そこには池もなければ冗談めかした遊歩道もなかった。ただ木々に囲まれ剝き出しの土だけの愛想のない広場にすぎなかった。あの日々、無数の汚れた靴が剝き出しの土を踏み締め、谷底からいくつもの叫び声が斜面を駆け昇り、駆け降り、激しく谺していた。たしかに、この谷底は「死者の眼」が視たように壺中の天だったのかもしれない。

★1　森敦『意味の変容』ちくま文庫、一九九一年、一二三頁。

日本の首都を〈帝都〉のイメージで思い描くようになったのはいつの頃からだったろうか。思うにそれは、一九六〇年代の後半から七〇年代のはじめにかけての社会的反乱が垣間見せた裂け目と、北一輝の『日本改造法案大綱』や『国家改造案原理大綱』のエートスを果てまで辿ろうとして、首都を戒厳令下においた二・二六事件の反乱軍将校たちが書き残した遺書に接してからのことであったような気がする。いや、それよりも私の〈亜熱帯〉がこの国とこの都市に紛れ込むことによって引き起こされた時間と空間の錯乱からくるものであった、といったほうがより真実に近い。なぜこのようなことが起こるのか。そしてその錯乱にはいかなる根拠があったというのか。

私の〈亜熱帯〉、そして私の〈オキナワ〉。それは地図のなかに書き込まれた九州と台湾との間に花綵のように点在する島々の群れの空間名ではない。それよりもむしろ、これらの島々の葛藤の形と地政学的な想像力に関わる名だといった方がいい。これまでこの群島は帝国としての日本がアジア太平洋へ膨張していく最初の踊り場となったこと、太平洋戦争で日米が繰り広げた地上戦の最後の戦場となったこと、そしてこの勝者と敗者が合作した「極東」の軍事的要石となったことなど、ずいぶん長い間、国家と国家の力学の狭間でその力学を〈間・主体〉として身体化せざるを得なかった。だから国民と国家を成り立たせる主権や領土の球形の内面を持つことを拒まれ、インペリアル／コロニアルな関係の乱数として点綴されてきたのだ。コロニアルはインペリアルによって多元的に関係づけられる。まさしく私の〈亜熱帯〉と〈オキナワ〉は、インペリアルによって関係づけられた自己定位や自己係留の葛藤やもつれ、横断や超越においてこそ語られなければならなかったのだ。

群島とは、実は、球形の内面を持たない〈はざま〉のエージェントなのだ。私の身体が問いかけてくるもの、私の意識が糺してくるもの、例えばそれはカリブ海に点在する諸島の、植民地本国に対する抗いと諸島にひしめく組織片の合力としてのネグリチュードやクレオール性として表現されたこととどこかつながるものがあるといえないだろうか。

「死者の眼」の謎めいた「全体概念」と「世界」は、こんな幾何学をもって二重の謎をかける。

任意の一点を中心とし、任意の半径を以て円周を描く。そうすると、円周を境界として、全体概念は二つの領域に分かたれる。境界はこの二つの領域のいずれかに属さねばならぬ。このとき、境界がそれに属せざるところの領域を内部といい、境界がそれに属するところの領域を外部という。★2

ここでの「全体概念」は二種類存在することになっている。一つは、内部としてのそれである。その内部は境界がそれに属せざる領域であるがゆえに無辺際の領域としての全体概念となる、という。あとのひとつは、内部＋境界＋外部としての全体概念である、という。何と、この幾何学は、インペリアル／コロニアルとして関係づけられる近代の世界化を導くはじまりの思考だったのだ。「任意の一点を中心とし、任意の半径を以て円周を描く」、その〈任意〉を司るものは、帝国の恣意的な権力であり、それによって確定される円周を巡って国民の創生や国

★2　森敦『意味の変容』ちくま文庫、一九九一年、二三頁。

家建設の物語、そしてその周縁をかたどる領土的思考が生まれるというわけである。とすれば、国民や国家としての球形の内面をもたない〈あいだ〉と〈はざま〉を生きる島々の群れは、境界において動詞化される実存の位相といっても決して過言ではないはずだ。

そう、境界、そして外部。境界が属する外部。私の〈亜熱帯〉と〈オキナワ〉は〈帝都〉でひとつのトポロジーとなったということである。あの時間と空間の錯乱はこのトポロジーに関係していた。〈天皇をもって天皇を諫める〉、すこぶる危険で、パラドクシカルな二・二六反乱の「国家改造」や戦後体制のフレームを揺さぶったラディカリズムが、境界がそれに属さない国家としての日本の内部でのそれであったとすれば、私の〈亜熱帯〉と〈オキナワ〉は、境界がそれに属するところの外部を転轍して見せた、ということである。〈帝都〉の谷底の壺中の天に欲した「世界」は、同じ「世界」でも似て非なるものであったということだ。

「沖縄返還」「沖縄奪還」「沖縄解放」「沖縄自治州」「沖縄労農政府」「沖縄特別県制構想」「海南道の思想」「沖縄独立」「沖縄自立」などなど、六〇年代後半から七〇年代はじめにかけての転形期の時代状況に書き込まれた政治的沖縄表象があった。それらは任意の半径を以て描かれた円周を境界として二つに分かたれた世界への多元的な関与の形だったといえないだろうか。ただ、はっきりしていることは、そこで構想される「世界」と「全体概念」は境界がそれに属する外部の思想を持つかそうでないかによってずいぶん差が出てくる。

夜の闇がすっかり地表を充たす。円い水の鏡が闇に溶け、ただ街灯だけが一輪の月となって漆黒の水面に浮かぶ。もうそこは壺中の天でさえない。水の生き物が身を翻して月に跳ねた。

★3　沖縄返還協定
「琉球諸島及び大東諸島に関する日本国とアメリカ合衆国との間の協定」（一九七一年六月十七日、外交青書十六号、四七二—四七六頁）。一九七一年六月十七日、東京とワシントンで同時に署名された。翌七二年五月十五日に発効。サンフランシスコ平和条約第三条で本土と分離されて以来の復帰が実現する。

★4　復帰特別法
「沖縄の復帰に伴う特別措置に関する法律」（一九七一年十二月三十一日、法律第一二九号）。沖縄の日本復帰に伴い、日本の諸制度を円滑に移行するため当分の間暫定・特例措置を講じた。主に税制上の特例措置で、観光戻税制度、泡盛など県産酒類の酒税軽減、発電用石油に対する関税の免除など十四の特例がある。時限措置で五年ごとに延長されている。

瞬間、鱗が鈍く光った。時間と空間が闇夜にゆっくりと反転しながら、封印されたドキュメントを開封する。

◎

一九七一年十月十九日。〈沖縄国会〉と呼ばれ、「沖縄返還協定」[★3]と「復帰特別法」[★4]の採決を促す施政方針演説に立った首相の演説が始まった、まさにその瞬間、爆竹が弾ける音とともに無数のアジビラが花びらのように舞って落ちた。それは「潜在主権」という国際法上のマジックによって繋ぎ止めていた沖縄を領土として可視化し、球形の内部にねじ込もうとする政治的スペクタクルへのカウンター行為でもあったのだ。この挙に出たのは、沖縄青年同盟[★5]に所属する男二人、女一人の行動隊員であった。騒乱の議場に舞い落ちた縦約6センチメートル、横約11センチメートル（検察側証拠資料）のアジビラは花びらのように軽かったにしても、狂おしいまでの言語の争闘の決意に漲っていた。

「すべての在日沖縄人は団結して決起せよ」。一行が立ち上げられ、それから。

★5　沖縄青年同盟　七二年「復帰」を第三の琉球処分と捉え、復帰運動を乗り越えて、沖縄の自立・解放を目指す沖縄青年委員会〈海邦〉のメンバーが中心になり、七一年十月結成。沖縄出身勤労青年・学生の全国的組織。「国会内決起」「沖縄語裁判闘争」は、在日の沖縄出身者のみならず沖縄現地の文化・思想状況に衝撃を与え、沖縄人の主体を巡る思考のあり方を拓く契機をつくった。復帰思想の超克と在日沖縄人の視座からの沖縄闘争を取り組む。新左翼の沖縄論への批判的介入や沖縄出身集団就職者がかかえる問題への支援活動を行なう。日本新左翼との共闘のあり方、沖縄自立おける〈民族／階級〉の位置づけをめぐって激しい内部論争も行なわれた。一九二六年に日本無産者連盟の地方組織として結成され、広津和郎の「さまよえる琉球人」への抗議行動で知られる同名の組織、また四七年、大阪で全国組織として結成され、後に沖縄人連盟となる同名の青年組織があったが、思想的、組織的な繋がりはない。

全ての在日沖縄人は——

——団結して決起せよ

われらが沖縄は、今、大きな歴史の転換点にたたされている。

一昨年秋の日米共同声明を基調にした七二年沖縄返還＝統合の過程は、帝国主義日米の帝国主義としての動向を規定し表現する政治過程である。就中沖縄における日米共同声明路線の展開は、沖縄の日本への絶滅的同化を不可避的に伴う社会的全面再編として進行している。

そして今、さまざまな思惑をこめて〝沖縄国会〟が開かれんとしている。

すでに沖縄返還協定の日米同時調印を六月一七日にすませた帝国主義佐藤政府は、その後の国際政治経済情勢の変動にともない、通貨問題、日中問題などで動揺を深めながらも、他方において「沖縄返還」を「国民の悲願達成」という大キャンペーンでもって復帰前提派をも編みこみつつ批准国会をのりきらんとしている。

われわれは問いたい！　議会制民主主義の名のもとに日本が沖縄の命運を決定することができるのかと。

沖縄の歴史は、つねにそうであったように醜悪の武力的併合以来、よそ者＝侵略者達が刻みこんだ苛酷ない搾取と収奪の軌跡であった。三度にわたる「世替り」は、そのたびごとに沖縄を分離したり併合したりした。明治の琉球処分は、日本の近代化の為、沖縄を「国内植民地＝属領」化しソテツ地獄に落しこめた。戦後、第二の琉球処分では壊滅的打撃をこうむった日本資本主義の再生とひきかえに分離され、アメリカ帝国主義の軍事監獄にたたきこまれ四半世紀にもわたり奴隷的存在を強要せしめられた。そして今度の日米共同声明にもとづく七二年沖縄返還は、日本帝国主義の対外膨張のため沖縄を併合しようとするものである。

われわれは、はっきりと断言する。

日本が沖縄を裁くことはできないのだと。

事態は七二年返還をめぐって象徴的に進行している。

七二年沖縄の返還は帝国主義日本が自らの戦後史にピリオドをうち、一国的な枠をつき破り再びアジアへ向けて、その運動と政策を本格的に稼動させようとするものである。なによりもまた、沖縄においては戦後期に固有に形成されてきた沖縄社会諸形態の帝国主義的解体と再編であり、また沖縄戦後史を体現してきた復帰運動の主体と、その論理の歴史的な破産をもたらした。

七二年は、沖縄が、帝国主義国家としての日本と真正面から向い会うときである。

もはや、とうすいの時代は終った。あれ程までに復帰運動の生成から発展の過程において熱狂の眼差でもって語られた「祖国日本」が、帝国主義然としたその真姿をあらわにするとき、復帰運動は自らを沖縄戦後史の墓標として発現しようとしている。

沖縄は、今、生みの苦しみの只中にある。第三の琉球処分の激動の渦中で、わが沖縄はその激動の波しぶきを新生への〝うぶ湯〟にすることができるのか。それとも激動は、沖縄の新らたなる〝絶望〟を生み落すものなのか。

明らかに沖縄の内部で一つの時代が滅びようとしている。そして、それにかわる新しい時代の到来を沖縄の現実は乞い願っている。「祖国」の虚像と実像が交錯するなかで、沖縄の人民は、不安と焦燥にかられ、試行錯誤をくり返しつつも、自らの行くべき方向を模索しはじめている。それは、もはや、かつての幻想を追い求める心情的、他律的なものではなく〝自立した変革主体〟としての自らの階級的力量に立脚し、現実と対決する〝さめた者〟としての位置からの模索である。

コザの大衆の荒々しい蜂起、そして、それにつづく一連の沖縄現地での大衆的実力闘争の展開は、沖縄が、強いられた「苦が世」の負の歴史から真なる解放を闘いとるための「終りなき闘い」の開始をつげるものである。

全ての在日沖縄人は今こそ勇気を持って立ちあがれ。「祖国」への幻想を断ち切り終りなき闘いを準備せよ。

我々の沖縄解放の道は、日本—大和への反逆とアメリカ帝国主義の軍事支配との対決以外にはないのだ。沖縄人民の強固な団結とアジア人民との連帯をかちとらねばならない。沖縄人民の対決している敵が日米帝国主義という全アジア人民の共通の敵であるからだ。まさにわが沖縄が帝国主義のアジア侵略反革命の最大拠点となっている以上、我々の任務は重大であり、かつ困難である。

沖縄返還協定批准を阻止せよ！

七二年返還を粉砕せよ！　日本—沖縄解放の歴史の分岐がここに問われている。

全ての沖縄人は団結して決起せよ！

一九七一年一〇月一九日

沖縄青年同盟行動隊

爆竹という祝祭の小道具による攪拌と「檄文」の乱舞。まさにこれは一つのスキャンダルであった。あえてスキャンダルを引き受けることによって、併合の儀式としての〈沖縄国会〉の「スペクタクルをスペクタクルでもって撃とうとした」演劇的行為でもあったのだ。ここであえて「演劇的行為」といったのは、「日米共同声明」によって演出された政治的プログラムと日本復帰＝沖縄返還運動がまさにトラジコメディでしかなかったことの、絶望的認識があったからである。だが、この「檄文」には、沖縄を出自にもった青年たちの〈在日〉がどのような政治的主体を構成していくのか、ということが明らかにされている。いわば、言語の亢進と激発において、転形期のエートスや地政学的な想像力、歴史認識や境界の闘争線が表出されているということである。

七二年の「復帰」を〈第三の琉球処分〉と認識し、明治の琉球処分にはじまり、沖縄をめぐって反復される併合・分離・再併合の円環に対して敢行したカウンター行為だったのだ。それは同時に、想像の共同体ニッポンの球形の内部を「祖国」として幻想化し、それとの相補的な関係を結ぶもう一つの疑似内部としての「復帰運動」へも向けられていた。そして「在日沖縄人」という自己決定は、日本という球形の内部に折り込まれることによって立ち上がってくる、境界とも、〈間・主体〉ともとれる身体性の抗いの表出だともいえよう。

このことはさらに次のように追言されなければならない。国民や国家、主権や領土をあらしめる円周は、円周に属さない境界を内部化することによって二重化され、円はねじれて8の字型に変形する。そのとき、境界は8の字型の結び目としての交点になり、それによって取り込まれつつ排除される両義性をおわされるということだ。内にあって内にあらず、外のようで外にあらず、内部と外部が重層化されるのだ。「在日沖縄人」という自己表出とは、こうした奇妙な実存の別名といえなくもない。「死者の眼」の謎めいた幾何学が〈在日〉において亢進され、更新される。あの「檄文」は8の字になった境界の叫びだったのだ。

一九七一年十月十九日。〈帝都〉の秋に花びらのように舞い、散り、無辺際の内部に消えたオキナワンシャウト。だが、何を隠そう、あの時以来、この一枚のスキャンダルによって私の〈群島〉は宙吊りにされたままである。

◎

『それぞれの一五年』[★6]というテレビドキュメンタリーがあった。琉球放送が一九八七年に制作したもので、激動の世替わりとしての「復帰」を高校三年の時に迎えた群像が〈その時〉をどのように体験し〈その後〉の十五年をどのように生きたのかを追った特番である。番組の導入部分に「復帰」直前に首里高校の、あるクラスで行なわれた学級討論会の映像がインサートされるが、そこに写し込まれた人物たちを中心にしてそれぞれの過去と現在が辿られていく。この導入の学級討論会はドキュメントの推力になっているだけではなく、登場する九名のその後にフラッシュバックする反射鏡の役目もはたしていた。

カメラはこんな入り方をしていた。首里高校の校舎の外観から、ゆっくりとパンしながら教室のなかに入り、黒板をなぞる。その黒板には「沖縄の祖国復帰」と「自衛隊の沖縄配備」の

★6 『それぞれの一五年』一九八七年五月放送、45分。製作:琉球放送報道部第七号。

文字が板書されていた。それから二人の白熱した応答に向けられる。

K 沖縄県民がほんとうに日本に帰りたいという感情でもって五月十五日、返還されるところまできたと思うんですよ。で、自衛隊問題が持ち上がっているが、復帰してから……現実論として考えた場合、阻止することは不可能だと思う。

N 今度の返還をどのようにとらえるわけ？　施政権返還そのものとしてとらえるわけ？　自衛隊配備と五月十五日の返還は別個の問題か！　自衛隊の沖縄配備は五月十五日の本質なんだろう。五月十五日返還を認めたうえでの自衛隊沖縄配備の闘いだったら、むしろ政府がやっていることをいっさい認めてしまう。

K 君が五月十五日を否定しても、五月十五日は来るんだろう！

N 来るから僕らはそれに対して反対の意思表示をしないのか！　君がそれを認めることは、自衛隊配備をいくら闘おうたって、五月十五日によって、法的にも内実ともならされていくわけだろう。

「沖縄の祖国復帰」と「自衛隊の沖縄配備」をめぐって、段階を踏んだ現実的対応を主張するKと原則を立てて反対すべきであるとするN。この二人の激しい応酬は、日本復帰＝沖縄返還が沖縄の十八歳たちにどのように受けとめられたかということを知らされるだけではなく、「復帰」の内実とその後に沖縄が辿った時間の原型が内示されていた。この二人の応酬は、登場する九名の〈それぞれの十五年〉がくりかえし立ち返り、出立する原点のようなものにもなっていた。

学級討論会の他にも、五月十五日の復帰の日の二つの表情と自衛隊第一混成団が戦後はじめて沖縄に足を踏み入れた資料映像が挿入されていた。二つの表情のその一つは、最後の琉球政府主席にして戦後最初の沖縄県知事にもなった屋良朝苗★7が燕尾服姿で「宣言。一九五二年四月一日に設立された琉球政府は、一九七二年五月十四日をもって解散し、昭和四十七年五月十五日、ここに沖縄県が発足したことを高らかに宣言します」と、宣言文を読み上げた「新沖縄県発足式典」である。西暦を元号に変え、琉球政府を沖縄県に変えた宣言文は、復帰運動の夢の果てを、ある意味では象徴的に言い表わしていた。復帰運動を描いたドキュメンタリーのなかで、日の丸の旗に日本地図が描かれ、その日本地図の真中に沖縄地図を重ねた幟やプラカードなどを目にすることができたが、これは「母なる祖国」へ抱き取られる夢想を図像化したもので、まさしく「日本復帰運動」のシンボル的存在であった屋良朝苗の宣言は、図像化された夢想を言語でもって認定し、「復帰」を国民の物語として代理する行為だったといっても間違いではない。

あとの一つは、「新沖縄県発足式典」のすぐ隣の与儀公園で、どしゃぶりの雨のなかで開催された自衛隊配備や軍用地契約などに反対する「沖縄処分」抗議総決起集会の映像である。同じ日の同じ時刻の、内と外で演じられた対照的な二つの表情があった。『それぞれの一五年』に登場する一人は、「その日」を回想していた。

★7　屋良朝苗（やら・ちょうびょう）
一九〇二―一九九七。琉球政府初の公選主席、復帰後初の沖縄県知事。沖縄県読谷村瀬名波生まれ。広島高等師範学校（現在の広島大学）卒業後、沖縄県立女子師範学校、沖縄県立第一高等女学校、台北第一師範学校などで教職をつとめる。戦後、群島政府文教部長、沖縄教職員会長などを歴任の傍ら、復帰期成会、土地を守る会会長として大衆運動を指導。一九六八年の行政主席選挙では、革新共同候補として立候補し、保守系の西銘順治との選挙になったが、本土への早期復帰を訴えた屋良が当選。米軍統治下で革新主席として日本復帰を実現させた。復帰後も一九七六年まで沖縄県知事を務めた。

5・15は、今、今、と時計を見ながら、夜一人で眠れなくて、無力感とか、大人は何を感じているんだろうかとか、私にどういう権利が与えられたら食い止められるのかとか、そういうことを考えながらやってきました。時間を一秒一秒気にしながら過ごしたのは、今までお正月しかなかったのに。5・15のその日と7・30の両方ですね。それを今までずっと覚えています、その感覚というのは。復帰の日は、首里高校の制服を着たままで与儀公園に参加したんです。学生がいて先生方がいて、いろいろな人たちがいろいろな主張をしている。火炎瓶が燃えて血みどろになっている学生を見て、もう涙が出て体が動けなくなった。なんで沖縄県民同士がけんかしなくちゃいけないのか、それを凝視して体が動かなくなって……小さいときから復帰闘争を見てきて、その先頭に立っていた屋良先生がなんでこの雨のなかにいないで、あっちの市民会館にいるのか、それが疑問だった。(養護教諭・女性)

どしゃ降りの雨の日の「沖縄処分」に抗議する集会のなかにいた一人の女子高校生の、その目が凝視し、その身体が鋭く感応したことは、今、刻々と迫りくる時と「復帰」という指導的観念がもはや統合機能を喪失してしまったことから生まれた裂け目である、といえよう。彼女の身体は、いわばセンサーである。そのセンサーは涙と凝固するという反応によって「沖縄処分」としての「復帰」の本質を射貫いていた。彼女の目がどしゃ降りのなかで見た血、動かなくなった体は、燕尾服を着たかつての復帰運動のシンボル的存在が高らかに宣言した「新沖縄県」の虚妄を衝いてあまりある。

「復帰」は沖縄の十八歳の意識や身体の外部を通過する客観としてあったのでは、決してない。意識や身体を横断し、呼びかけ、試す、内在の強度だったのだ。『それぞれの一五年』は、「復帰」という歴史の歯車と一人一人の実存が重なり、絡み、スパークし、その後の生の歩みにいかに大きな影を落としているかを知らせてくれる。学級討論会で激しく応酬した、KとNの十五年後もむろん例外ではなかった。自衛隊派遣と復帰を現実的に受け容れるべきだと主張していたKは、埼玉で職を得ていたが、次のように述べていた。

> 復帰して何かおかしくなるというのは、その当時別にそれほど思わなかったですね。とにかく復帰することがすべてみたいな感じですね。とにかく日本国沖縄県になるというのがベストな形だと思いましたね。

その彼さえ、沖縄戦の体験から観念ではなく皮膚感覚で自衛隊反対をできるのは沖縄だけで、それが変わってきたのは寂しい、と述懐していた。一方、自衛隊派遣を阻止すべきだと強く主張していた、地方公務員となったNはこういっていた。

> 沖縄が変わる、まさに節目になる、この年に自分らが何かしなくちゃいけないんじゃないかと、そういう焦りと危機感でいっぱいだった。沖縄の復帰への思いを、〔日本政府は〕うまい具

合に掠め取って自分たちの都合のいいように利用した。どうしようもないものにぶつかってきたというのが実感ですよね。体当たりするものがとてつもなく大きかったんだな、と。僕らのエネルギーがとてつもなくデッカイものにすべて吸収されていった。

それぞれが語る「復帰」とその後の十五年は、興味深いことにふた色にわかれていた。

「復帰の十日ほど前の連休に、生まれてはじめて本土の土を踏んだんです。本土に行く前は絶望感だけだったが、船の中で気持がだんだん変わってきた。鹿児島で線路を見たとき、これが本土か、日本に帰るんだという実感が湧いてきて気持が吹っ切れた。」(理学療法士・男性)

「結局日本に復帰したわけですけど、日本に復帰しなければ何かの道を歩まなければならないわけですよね。例えばその当時、独立とかを唱える人もおれば。そういうのを考えると、今の道がベターだったんじゃないかと思うんですよ、やっぱり。」(医師・男性)

「はっきりいって、復帰運動自体は幻想でしかなかった。夢を与えただけで、その夢はかなえられなかった。施政権が日本に移っただけでアメリカ軍は厳然と存在している。復帰運動自体の総括はなされていないわけでしょう。ただ、あの運動のなかにあれほどのめりこんでいったのか自分でもわからない。あの運動のなにが自分をひきつけるものがあったのか、もうちょっと時間が経たないと答えは出し切れない。渦の中に入っていて、渦が消えたから出

たんですよね。自力で抜けたわけではないでしょう。その渦がどんなもんだったか分からない。」（会社員・男性）

「復帰は日本国民になるという帰属する場所ができることでしたね。両親が奄美大島出身で、私も高校時代から指紋を押して、私が私である証明書をもらう外人登録をしましたから、そういうような煩わしさから解放されるという意味で、私にとっては復帰は必要だった。私のなかの沖縄は、日本国沖縄県ですね。」（学習塾講師・女性）

十五年の時を経ることによって語り得ることと、十五年の歳月をもってしてもなお語り得ぬことがある。復帰のその日、セーラー服姿でどしゃ降りの雨のなかのデモに参加し、学生たちの血を見て体が固まったと語った養護教諭は、そのときの体験が〈その後〉を支えているといい、さらに「あの時、ほんとにいっしょに雨のなかを歩いただろうと思われる先生方が、いろんな意味で何かをなくしてしまったような気がしてならないんですよね」と述べていた。〈それぞれの十五年〉はその「何か」を問いつづける。一九七二年をめぐって声と声が交叉し、反照する。一九七二年とは、沖縄の戦後世代にとって、歴史と体験を不断に問いかける、回帰と転位の磁場のようなものである。記憶の閾に問いつづける身体があった。

2 「フィフィ」と「火」の精神譜

その男を知っていたわけではないが、その突然の生の切断は私に強いひっかかりと解き明かすべき〈なぜ?〉を残した。己の来し方や行く末について少しでも思いをめぐらすときなど、どこからともなく忍び込んで濃い気配のように私を問い、そして糾す。見も知らぬ他人の自死が、わがことのように近くにいると感じるのはなぜだろうか。それは多分に男が抱え込んだ時代精神に関係しているということであろう。近くにいる、ということがたとえこちらの勝手で不遜な思い込みであったにしても、その自死の事実が、あの時代の最も深いところを衝いているように思えるからである。

男の死因はあのときも謎であり、今もその謎が解き明かされたわけではない。ただ、選び取った死に場所と死を刻んだ日付が何事かを黙示する。

男の名は上原安隆、沖縄石川市東恩納出身。二十六年の生を切断した場所は東京都千代田区永田町一丁目、つまり、日本国の政治的中心にして立法府でもある国会議事堂の正門。一九七三年五月二十日のことであった。その日、愛用のナナハンのバイクで国会正門の鉄扉に時速八〇キロの猛スピードで突っ込み激突死した。翌朝の朝刊（朝日新聞）は「事故? 自殺?

ナゾの暴走」という見出しで報じていた。

私が〈激突死〉にある特別な関心を抱かされたのは、選び取った死に場所と日付とともに、彼の死に〈身捨つるほどの何か〉を見たからである。一九七三年五月二十日といえば、沖縄が日本に「復帰」してちょうど一年目にあたる。その一年半前の一九七一年十月二十日、彼が激突死した正門の鉄扉の向こうの「沖縄国会」と呼ばれた本会議場で、沖縄青年同盟の三名が爆竹を鳴らし第三の琉球処分としての復帰・返還を拒否すべく「全ての在日沖縄人は団結して決起せよ」と呼びかけた檄文を撒き、「日本が沖縄を裁くことは出来ない」として国会史上例のない行動をとった。

あの行動とこの激突死。檄文と無言。彼が死の一年半前、同じ沖縄出身の青年たちがとった国会内の行動を知っていたかどうかはわからない。仮に知っていたとしても二つを繋ぐ因果があったかどうかさえわからない。ただ、彼と青年たちを繋ぐものがあったとしたら、沖縄の地熱を身体化し、自分では制御できない〈何か〉によって日常の閾を越えようとした超越論的な行為、といえばいえようか。彼はその〈何か〉に駆り立てられ、身を投げた。青年たちは時代の不可逆を背負った。

一人の男の死の〈なぜ?〉に接近できるのは〈身捨つるほどの何か〉とその〈背後の闇〉を感受できるかどうかにかかっているといえよう。

◎

森口豁★1の『激突死★2』は、上原安隆という一人の青年の死の〈なぜ?〉に迫り、忘却からその死の意味を掬い上げたドキュメンタリーである。森口もまた、上原安隆の死に衝かれ、心を動かされた者の一人であった。一人の男を死に駆り立てた〈なぜ?〉を訊ねることによって、沖縄とあの時代の襞に触れようとしたのだ。「彼の死から五年経った今も心のどこかにこの死がひっかかって離れない。上原君は、なぜ国会議事堂に体当たりしたのか。彼の死が沖縄の日本復帰からちょうど一年目に当るのは偶然なのか」という問いをテコにして、上原が一九七一年に上京するまでの十年ほど過ごした基地の街コザで同じ時代の空気を吸い、彼の死を歌にしたフォーク歌手の海勢頭豊★3を伴い、一人の沖縄出身の青年が切り結んだ人と場所を訪ね、「激突死」と時代の結び目をたずねあてる。少年期を過ごした恩納村喜瀬武原、高校を卒業して電気工やタクシードライバーやAサインバー★4のボーイなどの職業を転々としていたコザの夜、上京後タクシーの運転手から最後に就職した川崎の運送会社、死を選んだ国会の正門などに足を運ぶ。そして、川崎の沖縄出身者やアパートの家主、沖縄に帰った運送会社の元同僚、コザのクラブ経営者、幼いころからの友人、血を分けた双子の兄弟の兄・安房などから証言を引きだし、死の近傍に迫っていく。

こうした人と場所の交叉から浮かび上がってくるのは、オートバイが好きで、おとなしく真面目なタイプ、当時流行ったゴーゴーやツイストを外人より上手に踊り女の子たちを喜ばす陽気な青年、絵を描いたりギターを弾いたり本を読むのが好きな物静かなタイプの青年像である。しかし、他方、「いつも自分のクニ〔沖縄〕に誇りを持って」いて「誰かが、沖縄に対する批判

★1 森口豁(もりぐち・かつ) 一九三七年、東京生まれ。ジャーナリスト。一九五九―七四年、琉球新報社会部記者、日本テレビ沖縄特派員として米軍統治下の沖縄で暮らす。テレビドキュメンタリー『ひめゆり戦史・いま問う国家と教育』『島分け・沖縄鳩間島哀史』などの制作でテレビ大賞優秀個人賞などを受賞。現在、ビデオによる沖縄戦体験者の証言記録に取り組んでいる。著書に『ミーニシ吹く島から/極私的沖縄論』(アディン書房、一九八〇年)『旅農民のうた　裏石垣開拓小史』(マルジュ社、一九八五年)『沖縄　こころの軌跡一九五八~一九八七』(マルジュ社、一九八七年)『最後の学徒兵/BC級死刑囚・田口泰正の悲劇』(講談社、一九九三年)『ヤマト嫌い/沖縄言論人・池宮城秀意の反骨』(講談社、一九九五年)『沖縄反骨のジャーナリスト/池宮城秀意セレクション』(共著、ニライ社、一九九六年)『「安保」が人をひき殺す/日米地位協定=沖縄からの告発』

をするとすぐぶちまけるような／何だか……毎日反発しているような」怒れる沖縄青年の一面も見せる。

この一見すると相反するような二つの像は、どう理解されなければならないのだろうか。人は誰でも関係の結び方や度合いによって己の見られ方が微妙にズレ、あるときはまったく相反することを一度や二度は経験するものである。上原安隆の場合もまた例外ではない。だが、とあえてここでいえば、誰でもない上原安隆にしかない生の曲線があるはずだ。上原安隆をして上原安隆たらしめるもの、私はそれを「誰かが、沖縄に対する批判をするとすぐぶちまけ」「毎日反発しているような」怒りとも哀しみともつかない心的機制のうちにみる。おそらくそれは、自分でも制御できない不定型な塊となって彼を駆り立て、彼の心身を衝き続けたのだと思う。

こうした心の機制は、他でもない彼と同じ一つの血を分けた双子の兄弟の兄・安房の韜晦によって、いや、韜晦によってのみ示唆されなければならなかった。ディレクターの「なぜ安隆君があういう死に方をしたと思いますか？」という問いに答えていた。

安房　そうねぇ僕はね、彼の死んだ場所が場所で、国会議事堂でしょう？……〔理由は〕本人しか分からないけど、彼は僕の分身、つまり双子であるし、人よりは分かるから……、僕は〔国会の前に〕立ってね、ずいぶん考えたんですよ。なぜ死んだかと。

第三者から言えばね、一時的な自殺行為とか交通事故みたいな形で捉えられる気がし

（高文研、一九九六年）『復帰願望・昭和の中のオキナワ／森口豁ドキュメンタリー作品集』（海風社、一九九二年）『子乞い・沖縄孤島の歳月』（凱風社、二〇〇〇年）『だれも沖縄を知らない』（筑摩書房、二〇〇五年）。

★2　『激突死』一九七八年五月二十一日放送、25分。演出：森口豁、ナレーター：岡部政明、撮影：五間岩俊一、現場録音：宮崎新平、照明：梅崎幹夫、編集：細野健治、音効：高田暢也、録音：川田幸雄、プロデューサー：氏田宏、製作：日本テレビ。

★3　海勢頭豊（うみせど・ゆたか）一九四三年沖縄県与那城町（現・うるま市）平安座島生まれ。フォーク歌手。CDに『海勢頭豊平和コンサート　世直しの歌』『YUTAKA UMISEDO Volume1』『ザンの海』。映画『GAMA（ガマ）――月桃の花』『MABUI』の製作・音楽を担当。著書に『真振』（藤原書店、二〇〇三年）。

★4　Aサイン　米軍による衛生基準に合格した米軍公認の店舗、業者にあ

てね。だけど決してそうではないと僕は思ったんですよ、その時。……僕らは育ちが……沖縄でしょう、で彼はそういう政治的な問題にもある程度興味を持っていたし……。自分は何もしなくても中央権力からいつも拘束されているような、そういう気持もあったしね。★5

こんなことも言っていた。

安房 決してね、犬死にみたいな死に方ではなかったんじゃないか……。僕は僕なりに、事故現場も見たし、そして彼が住んだ東京や川崎にも行ってね。……彼は何かを訴えたかった、そして母もそれは多分納得してくれたと僕は思うね。警察側もね「単なる事故じゃない」と。僕もまた「単なる事故では済ませない」と思ったしね。★6

他人に語るというよりは、自分に言い聞かせるように言葉を一つ一つ噛みしめながら訥々と弟の死の中心にあるものに近づこうとしている。決して明快な語りとはいえないが、語り難きを語り起こすような、だが、それでもなお〈何か〉が韜晦のうちに確信されている。印象的なのは、言葉と言葉を繋ぐ間に、寄せては返す漣の弱拍のように〈……〉が静かに鳴っているところである。その沈黙において、自らを踏み破った分身の強拍の最も深いところに触れている

たえられた許可証。「A」サインの「A」とは「Approved（許可済）」の頭文字で、業者は店内に許可証を掲示した。

★5 『復帰願望・昭和の中のオキナワ／森口豁ドキュメンタリー作品集』海風社、一九九二年、一一六頁。

★6 『復帰願望・昭和の中のオキナワ』海風社、一九九二年、一二〇頁。

ようにも思える。

ここで仄めかされているのは、死に場所がなぜ国会議事堂でなければならなかったのか、その死は偶発的な事故死ではなく覚悟のうえだったこと、そしてその死には沖縄に出自を持ったことが小さくない比重で影を落としていたということである。つまり、一人の青年の死は、還元不可能な場所として選び取られた国会議事堂と「中央権力からの拘束」と「沖縄」が不可逆的ともいえる線上に浮かび上がらせることになった。遺品として残された黒のヘルメットの真中に残された鉄扉の格子模様の生々しい痕跡は、激突死のすさまじさを物語ってあまりあるが、「中央権力から拘束」された「沖縄」の、一人の青年が死を賭して彫り込んだイコンのようにさえ思えるのだ。

血を分けた分身との見えざる対話。森口豁はそんな対話の言葉の間に潜む〈……〉／沈黙の声を聴き取る耳と行間を読み取る目を持つ数少ないテレビディレクターの一人である。そしてその〈……〉に、一人の沖縄を出自にもってしまった青年の〈激突死〉の背後にある時代の文脈が読み取られていくのだ。

〈なぜ？〉に促され人と場所を訪ねるうちに、やがて兄・安房が韜晦のうちにくるんだ思いも寄らない事実が判明する。弟・安隆が米兵相手のクラブでボーイをしていた一九七〇年十二月二十日、コザの街が火をまとった「コザ暴動」★7で逮捕・起訴された一人であったということである。

「コザ暴動」は、酒に酔ったアメリカ兵が引き起こした交通事故処理に当たっていたMPが犯

★7　コザ暴動
一九七〇年十二月二十日未明に、琉球政府統治下のコザ市（現沖縄市）で、アメリカ人を加害者とする交通事故を契機に発生した車両焼き討ち事件。

一九七〇年十二月二十日午前一時過ぎ、コザの中心街にある胡屋十字路から南に五〇〇メートルほどの地点で、軍雇用員の沖縄人男性がアメリカ軍教務兵の運転する乗用車にはねられる事故が発生。MPによる事故処理に不信感を持つ群衆が事故現場を取り囲み、MPによる不満を口々に叫ぶなど周囲は騒然となった。加えて、近くでもう一件の交通事故が発生し、周囲の混乱がさらに大きくなったところでMPが群衆に対して威嚇射撃を行ない、これを契機に群衆がMPと加害者に襲いかかった。群衆はさらに、当時色によって区別されていた米軍人・軍属用ナンバーの車両に次々と放火した。午前二時半になると群衆は五千人を超え、交番などにも投石を行ない、胡屋十字路から数百メートルのところにある嘉手納

人のアメリカ兵を逃がしたことに民衆が怒り、アメリカ軍人軍属所有のイエローナンバー車やMPカーに次々と火を放ち、ペンタゴンと永田町を震撼させた、米軍政に対する沖縄人の鬱積した不満が一挙に爆発した戦後最大の騒乱であった。火を放たれた米人車両は七三台にもおよび、膨れ上がった民衆の怒りはベース内や軍司令部まで向けられようとした。

暴動を捕獲した映像には、路上で赤く燃え上がる車両や乗用車から引きずり出されたアメリカ兵が群衆に制裁を受けるシーンとともに喚声と拍手、指笛に交じって「沖縄はどうしたらいいのか！　沖縄人も人間じゃないか、バカヤロー、この沖縄の涙が分かるかお前らは。」とか「殺してやれー！　どうして沖縄人が、あんた、車にひかれて殺されても、無罪とはないぜ。タタッコロセー。」「なんでMPをかばうか。沖縄人をかばってくれよ。バッカロー、何ヶ年我慢したか。二十五年もね、沖縄は可哀想ではないか。」という激しい声の存在を教えてくれる。声が立っているのである。いや、叫びを通して怒りが立っているのである。群衆はイエローナンバーの車両に火を放ち、己の心に火を放ったのだ。

赤く燃え上がる映像にシャウトした声はまた上原安隆のものでもあったのだ。コザを赤く焦がす火を放ち、石礫を放った群衆のなかにゴーゴーやツイストを外人よりも上手に踊る上原安隆がいたのである。古ぼけた手書きの起訴状には「建造物以外への放火」の罪名と上原安隆の名があった。

◎

基地第2ゲートから基地内へ侵入した。結果、アメリカ軍人の車両七〇台以上が炎上し、警官五人・沖縄人十数人・アメリカ兵十数人が負傷したが、民家からの略奪行為は発生しておらず、米軍のみを標的にした暴動だった。警察は騒乱罪を適用し、バーのボーイ・マネージャー五人、工員二人、無職三人の十人を逮捕したが、いずれも証拠不十分で起訴されなかった。

★8　桐山襲（きりやま・かさね）
一九四九―一九九二。東京都杉並区生まれ。小説家。早稲田大学在学中、新左翼の学生運動に参加。一九八三年『パルチザン伝説』でデビュー。新左翼の学生運動、連合赤軍、全共闘等を主題にした。著書に『パルチザン伝説』（河出書房新社、一九八四年）『風のクロニクル』（河出書房新社、一九八五年）『風のクロニクル戯曲』（冬芽社、一九八五年）『スターバト・マーテル』（河出書房新社、一九八六）『聖なる夜　聖なる穴』（河出書房新社、一九八七年）『「パルチザン伝説」事件』（作品社、一九八七桐山襲★8の小説『聖なる夜 聖なる穴』（河出書房新社、一九八七年）は、一九七〇年十二月二十日深夜の「コザ暴動」とその五年後の一九七五年、沖縄国際海洋博覧会★9の開会式に出席のため来沖した皇太子夫婦の目の前で、暗い穴から火炎瓶が投げつけられた「ひめゆりの塔事件★10」に触発されて書かれたものである。沖縄民権の父とされ復帰運動で偶像化された謝花昇★11と同じ名前をもち、一九六〇年代の後半から七〇年代初めにかけての首都の反乱で機動隊のジュラルミンの楯で顎を砕かれ、全ての歯を失い失意のうちに沖縄に戻った「もう一人のジャハナ」が、沖縄戦の惨劇の場となった暗いガマのなかで天皇の国家を下から支えた謝花の〈正気〉ではなく、全てを失い神戸駅頭で発狂し、廃人同然になって帰郷した謝花の〈狂気〉を生きなおし、皇太子夫妻がひめゆりの塔の前に立つ、まさにその瞬間、暗い洞穴から躍り出て自らに火を放ち命を絶つ青年の一日と、丘の上の売春宿で働く不思議な少女が「コザ暴動」を幻視（聴）した一夜を描いた物語である。この二つの〈一日（一夜）〉に、幾つもの昼と夜が重なり、沖縄の百年の記憶と遺恨がポリフォニックな想像力によって描写されている。

　青年と少女はたった一夜をともにするにすぎないが、全ての失われた歯を少女によって蘇生させられる〈妹の力〉の寓意ともいえる不思議な交感が、少女のもとに通い詰めるようになったヤマトの技師との会話のなかに挿入されていた。一九七〇年十二月二十日の深夜、丘の上の売春宿で交わされる少女とヤマト人技師の会話には、オキナワとヤマトの、二つの戦後の違いを耳と眼のメタファーで表現している。

　少女は窓の外に〈声〉を聴く。だが、技師はそれを聴く耳をもたない。

年）『亜熱帯の涙』（河出書房新社、一九八八年）『都市叙景断章』（河出書房新社、一九八九年）『神殿レプリカ』（河出書房新社、一九九一年）『未葬の時』（作品社、一九九四年）ほか。

★9　沖縄国際海洋博覧会　一九七五年七月二十日から一九七六年一月十六日まで、「海――その望ましい未来」をテーマに沖縄本島北部の本部町で開催された。第一次振興開発計画の目玉と位置づけられ、事業費は総額二三七一億円。入場者数は当初の予定入場者数を下回り、地元企業の倒産、関連工事による自然破壊など多大な後遺症を遺した。跡地は国営沖縄記念公園となっている。

★10　ひめゆりの塔事件　一九七五年七月十七日に沖縄県糸満市で発生した事件。沖縄国際海洋博覧会出席のため沖縄県を訪問していた皇太子夫妻（現天皇、皇后）が、ひめゆりの塔を訪問の際に、ひめゆり部隊の洞窟内に隠れていた沖縄解放同盟員二名から火炎瓶を投擲された。皇太子夫妻に怪我はなく、犯人は現

「声？　声なんて何も聴こえないよ。誰の声も聴こえない。……きみの耳はどうかしているんじゃないのか？　窓の外は完全な夜だ。路地を流れてゆく足音だって、もう途絶えてしまった。……全く、きみはときどき変なことを言うな。風もないのに風が吹いていると言ったり、何も聴こえないのに声が聴こえるといったり。〔後略〕」

「あんたは大和人だから聴こえないのよ。でも、あたしにははっきりと聴こえるわ。遠くの声……いま、何かが壊れる音がしたわ……大勢の人たちが駆けてゆく……。ああ、フィフィが聴こえるわ――」

「フィフィ？」

「指笛のことよ。〔中略〕ああ、たくさんのフィフィが聴こえるわ。大勢の兄さんたちが、目に見えないものを奮い立たせようとしているんだわ」★12

ここではある越えがたい決定的な落差が示唆されている。技師にはどんなに耳を澄ましても声も風の音も聴くことはできない。ただ汚れた夜の町が丘の下にぼんやり霞んでいるにすぎないといい、少女が風のなかに聴いた幾つものフィフィや大勢の人たちが駆けていく足音を「幻聴」としかみない。

そしてあと一つ。

行犯で逮捕された。裁判の結果、懲役三年六ヶ月の実刑判決が下った。

★11　謝花昇（じゃはな・のぼる）
一八六五―一九〇八。沖縄の社会活動家、自由民権運動家。沖縄県島尻郡東風平町（現在の八重瀬町）生まれ。沖縄県初の県費留学生として東京帝国大学農科大学に進学。卒業後、県技師に任命され高等官となる。平民出身で沖縄最初の学士、高等官となった謝花は県民の尊敬を集め「東風平謝花」として親しまれた。農工銀行の設立や製糖法の改正、造林指導など多くの実績を残すが、杣山問題（藩有林開墾問題）をめぐって、知事に着任した奈良原繁と激しく対立し退職。すぐさま沖縄倶楽部を結成し、一八九九年に機関誌「沖縄時論」を発刊、自治権や参政権獲得の必要性を訴え自由民権運動を主導するが、反対勢力の弾圧が厳しく運動は志半ばで挫折。その後発狂して死に至る。著書に『沖縄糖業論』（私家版、一八九八年）『謝花昇集』（伊佐真一編、みすず書房、一九九八年）

「何だって？〔中略〕いったい何が見えるというんだ、裸のままのきみの二つの眼に――」
「火よ、火が燃え始めたわ！」★13
「火よ！」

聴こえないものを聴き、見えないものを見る、それを「幻聴」や「幻視」というなら、他でもないその幻を聴く耳と、幻を見る眼こそ、日本の戦後にはない沖縄の戦後性が含意されていたのだ。桐山襲は丘の上の会話の背後に、沖縄とヤマトの二つの戦後の非対称性を見ているようにも思える。幻を聴く耳と幻を見る眼、それが「聖なる穴」と「聖なる夜」の〈聖なる〉というあえての言い添えがいわんとすることでもある。少女が窓の外に聴いた、目に見えないものを奮い立たせる「たくさんのフィフィ」や「大勢の人たちが駆けていく足音」、そして「火！」とは、『激突死』のなかの赤く燃え上がる炎の映像の背後で鋭く鳴っている「沖縄はどうしたらいいのか！　沖縄人も人間じゃないか、バカヤロー、この沖縄の涙が分かるかお前らは。」という声と共振する。

さらにいえば、その「フィフィ」と「火」は上原安隆のものであり、暗いガマのなかから躍り出て、自らの身を焼いた「呪われたジャハナ」のものでもあったのだ。見えないものに促され火をわがものにする〈何か〉。それは上原安隆の血を分けた双子の兄・安房が韜晦のうちに仄めかした沈黙の〈……〉に息づいているものでもあった。

「コザ暴動」とは上原安隆にとって何だったのか、そして上京した〈その後〉の上原安隆の生

★12　『聖なる夜　聖なる穴』河出書房新社、一九八七年、一五二頁。

★13　『聖なる夜　聖なる穴』河出書房新社、一九八七年、一五五頁。

き方にとってどのように影を落としていったのか。彼の幼い頃からの友人は「会うたびにその話はちょくちょく出てきた」こと、また「自分の過去には沖縄っていう背景があるもんで、本当に嫌だなって、塞いでいたんです。コザ事件に参加したことについては内面は誇りに思っていたんですが、裁判とかいろいろあってやっぱり怖かったんでしょうね」と語っていた。この友人の言葉は「コザ暴動」の後に安隆が抱きしめた「フィフィ」と「火」のありかたを伝えていて興味深い。誇りと嫌悪と怖れ、この複雑に入り組んだ心的迷路こそ彼のヤマトの日々を荒れさせた当のものだったのだ。あの「いつも自分のクニに誇りを持って」いて「誰かが、沖縄に対する批判をするとすぐぶちまけるような／何だか……毎日反発しているような」怒れる沖縄青年の生まれ出る場所でもあったのだ。

上原安隆が抱きしめたその後の「フィフィ」と「火」は、彼が沖縄を離れ「日本復帰」を挟む本土体験によって変奏させられる。というよりも、「コザ暴動」で放たれた火の対象は、イエローナンバーにのみ限定されるものではなかったということである。暴動の渦中、礫のように投げられた声のなかの「二十五年も我慢したのだ」というときの、〈二十五年〉はアメリカの占領ということと同時に、アメリカが沖縄を占領し続けることを望むとした「天皇メッセージ」を始原にした日本国家の意志の関与においてはじめて成立した時間でもあったのだ。〈二十五年〉の不条理は二重の意味を持っている、ということなのだ。だから「フィフィ」と「火」には可能性としての「もう一つのコザ暴動」、「未来のコザ暴動」が内懐されていた、とみても不当ではないだろう。丘の上の少女とヤマト人技師の、決して嚙み合うことのない会話にはそのことを強く暗示させるものがあった。さらにいうと、「フィフィ」と「火」は、戦後にのみ限定されるものではなく、暗い穴のなかで「ジャハナ」の〈狂気〉によって喚起される沖縄百年の記憶の穴から吹き上げてくる「目に見えないもの」の現前でもあった。

上原安隆の生身の〈激突死〉と森口豁のドキュメンタリー『激突死』、そして桐山襲の『聖なる夜 聖なる穴』。現実とドキュメンタリーと小説的想像力が重なるところに、一人の青年の死の〈なぜ?〉が浮かび上がり、そこに「フィフィ」と「火」の精神譜が書き込まれる。

森口豁は一人の沖縄出身の青年が死に場所として選んだ国会議事堂と一九七三年五月二十日という日付が単なる偶然ではなかったこと、「激突死」は事故ではなく、覚悟の上での行動だったことをドキュメンタリーの文体によって裏づけていった。それはまた、兄・安房が韜晦のうちに確信した〈何か〉を明らかにしてもいた。森口豁は青年の短すぎる生と激しすぎる死から、日本復帰とその後の沖縄が辿った時間を問うことをやめない。ドキュメンタリー『激突死』を作り上げた直後に書かれた「なぜ沖縄か――一沖縄青年の生と死で考える」(「マスコミ市民」一九七八年九月)では、復帰しても変わらない沖縄の現実と人々のやりきれなさ、ヤマトのマスコミや運動の言説から沖縄の「お」の字も見えなくなったことを挙げていた。そして「コザ暴動」から三十年目、上原安隆の「激突死」から二十七年目の「たった一人のコザ暴動/喜瀬武原・東京・そして今」(「琉球新報」二〇〇〇年十二月二十日)では、上原安隆の死が「交通事故死」ではなく、「コザ」と「国会議事堂」を貫いた、たった一人で敢行した「コザ暴動」であったことを沖縄の戦後史と復帰後の文脈で拾い直し掬い上げて見せた。

ドキュメンタリー『激突死』は、国会議事堂へ向かって猛スピードで走るバイクから見た震える画像に「♬俺の孤独の道はここまで来たんだよ／突っ走れ　突っ走れ／気狂いじみた野郎たちの／胸の正気の扉をぶち破れ／ワーォー！」というたたきつける歌声が矢となって暗転し、エンディングをしるしていた。時速八〇キロに加速していくアクセルを絞り込みながら、ヤマトの日々で抱きしめていた「たくさんのフィフィ」と「火」を首都の空へ解き放った。彼は己の心に火を放ち、二十七年の生を内破した。内破することによって沖縄の日本への「復帰」の限界を越え、その向こうを見た。「毎日反発している」彼の〈在日〉もまた決して凪のなかに囲われてはいなかった。

上原安隆という名のあまりにも戦後的な生と死。一九七三年五月二十日の「たったひとりのコザ暴動」に釣り合うだけの表出を、私たちは、今、持ちえているわけではない。

3 言葉が法廷に立つ時

一九七二年二月十六日、東京地方裁判所刑事十六部。その前年の十一月十九日、「沖縄国会」といわれた衆議院本会議場で爆竹を鳴らし、第三の琉球処分としての沖縄返還協定批准阻止と七二年返還粉砕を叫び、在日沖縄人への決起を呼びかけるビラを撒き、国会史上前例のない行動をとって、建造物侵入と威力業務妨害法の刑法犯（刑法第百三十条、同第二百三十四条）で起訴された沖縄青年同盟（沖青同）の三名に対する第一回公判でのことである。人定質問がはじまった瞬間であった。

「ムカセー、カイシャインヤタシガ、ナマー、ヌーンソーネン」

不思議な響きをもった言葉が法廷に放たれ、一瞬水を打ったような静寂と緊張が走った。ほんの数秒であったが、時間が凍りついたように思えた。裁判長の顔に明らかに動揺が走ったのを傍聴席からも見て取れた。おそらく、壇上の中央に鎮座した男は、目の前で何が起こったのか理解できず、頭の中は真っ白になっていたのだろう。しばらくして、忘我の状態からふとわれに返ったとばかりに、甲高い声が無音の空間に響き渡った。

「日本語で話しなさい、日本語で！」

気が動転していたとしか思えなかった。その甲高い声音には戸惑いと苛立ち、法廷を侮辱されたことに対する屈辱と怒りがない交ぜにされていた。それからそこで繰り広げられた光景は、ほんの数秒前の水を打ったような静寂とは打って変わって言葉と言葉、肉体と肉体がぶつかり合う騒乱状態になった。失った威厳を必死に取り繕うかのごとく、裁判長は退廷と拘束命令を連発。しまいには三被告、弁護人、傍聴人すべて退廷した後の空っぽの法廷で、たった一人残った検事が起訴状を朗読するという世にも稀なる一人芝居が演じられた。

いわゆる沖青同の「沖縄語裁判闘争[★1]」である。この日の東京地裁でのデキゴトは、翌十七日朝刊で沖縄の地元二紙は東京支社発として社会面で大きく（沖縄タイムスは七段、琉球新報は六段）取り上げていた。二紙の記事は、「沖縄語裁判」がどのように報道されたかということにとどまらず、一記者の目を通して露出した当時の時代意識を見るようで興味深い。「大荒れの初公判・国会での爆竹事件／方言でば声、陳述／裁判長怒り拘束命令／次回は通訳付きで」の見出しで、沖縄タイムスは報じていた。

やっと人定質問にはいったかと思ったとたん、こんどは被告の島添が「ムカセー、カイシャインヤタシガ、ナマー、ヌーンソーネン」と沖縄の方言がいきなりとび出し、裁判長は「日本語で答えるようにしなさい」と忠告した。すかさず島添被告はまた「ウチナーヤニホンどヤガヤー」と不敵な笑いを浮かべて裁判長に食ってかかった。三被告とも終始、沖縄の方言で罵声をとばし、態度をくずすなどそれこそ大胆不敵に出て「沖縄の方言を知らないで裁判

★1 沖縄語裁判闘争
一九七一年十月十九日、「沖縄国会」といわれた第六七回臨時国会衆議院本会議で爆竹を鳴らし、「沖縄返還協定批准阻止」「第三の琉球処分粉砕」のビラを撒き「建造物侵入」と「威力業務妨害」で逮捕・起訴された沖縄青年同盟所属の三名の初公判（二月十六日）で、三名がそれぞれの出身地である沖縄本島、宮古、八重山の言葉を使って陳述、小林裁判長が「日本語使用」を命じたことから、沖縄の言葉の来歴を通して日本と沖縄の関係史を一挙に浮かび上がらせた。日本国家による沖縄併合と復帰運動の同化主義を同時に問い、沖縄における〈主体〉の思想に波紋を広げた。三月三日の第二回公判での弁護側の通訳申請は、裁判長によって拒否された。沖縄語が法廷に立った「事件」としても記憶される。

――ができるのか」とあざ笑い、裁判長の忠告を一蹴した。

（「沖縄タイムス」一九七二年二月十七日朝刊）

記事全体から見ればほんの一部分にすぎないが、ここから伝わってくるのは、悪意としかいいようがない視線である。その日、傍聴席で一部始終に立ち会った者からすれば、なるほどこんな風に見られているんだ、と妙な気分になったことを覚えている。沖縄語による発話行為と裁判長とのやりとりを「不敵な笑いを浮かべて」とか「あざ笑い」と描写するところは、法を犯した者へのステレオタイプな通念の投影であるが、問題なのは、悪意の一般性ではなく、「沖縄語裁判」が開示してみせたある精神の履歴である。というよりも、法廷の場で意表を衝くように放たれた沖縄語が、沖縄の精神史のもっとも繊細な領域に踏み込んだだけに、記者の神経を逆なでした、といった方があるいは正鵠を射た言い方なのかもしれない。悪意の依って立つところには「日本復帰運動」が情熱的に体現したモノロジカルな同化主義からする対他意識を読まずにはおれない。その意識の内部では裁判長の動転と記者の悪意は合わせ鏡のように頷き合っているはずだ。

もう一紙の琉球新報はどうだったのか。「〝沖縄方言〟で紛糾――沖縄国会爆竹事件の初公判――／裁判長、弁護人に退廷命令」という見出しで報じていた。ここでは見出しの沖縄方言と本文での標準語をダブルコーテーションで括ったところに、この裁判の意味するものへの注目と配慮を感じさせる。

「ウチナーグチで話したい」（被告）「日本語で話しなさい。沖縄語は日本語ではないと規定します」（裁判長）。「ナンセーンス。ウチナーグチを認めろ」（傍聴人）「その男退廷」（裁判長）――。／開廷後間もなく、被告らの人定質問が始まった。島添被告がいきなり沖縄の方言で話しはじめたため小林裁判長は「日本語で話しなさい」と強い口調で命令。三被告はかわるがわる沖縄方言で「なぜ沖縄の方言が分からないのか」「なぜ方言を使ってはいけないのか」と抗議をはじめた。意味がわからない小林裁判長はそのたびに大声で「日本語で話しなさい」「とにかくだまんなさい」の連発。珍問答の応酬に沖縄青年同盟のメンバーの多い傍聴席は爆笑。興奮した裁判長は「チバリヨ」（がんばれ）と叫んだ傍聴者に大声で「拘束」命令を下した。／いったん休憩後、裁判所が合議。日本語について「日本語とは広く一般に通用している標準語をいう。被告はその標準語を使えると判断します」と〝標準語〟を使うよう指示した。

（「琉球新報」一九七二年二月十七日朝刊）

法廷に立った三名と裁判長とのやりとりを「珍問答」としつつも、沖縄語の侵入で正気を失い慌てふためいた裁判長の姿が浮き彫りにされ、威厳を取り戻すために裁判長がすがった「日本語」の権威と「大声」、そして「拘束命令」という権力行使の顛末まで追っている。悪意の目で見た記事との違いがある。ただ、こうした違いはあったにしても、両紙に共通していえることは、三名が自らの口に乗せた言の葉を、「沖縄語（ウチナーグチ）」とはいったが、一度だって「方言」といったことはなかったにもかかわらず、なぜか「方言」と表記したことである。新聞表記ではそれがスタンダードだということだろうが、「方言」とすることと、「沖縄語」とするのとでは、言語学的な系譜には還元できない〈主体化〉をめぐる政治への態度の差がでてくることは明らかである。だからこそ、記者が見逃さず書きとめた休憩をはさむその前と後での裁判長（所）の見解の変化が問題となってくるのである。

つまり、沖縄語による陳述に動揺した裁判長が最初に「日本語を話しなさい。沖縄語は日本語ではないと規定します」と口にしたことは、言語をめぐる政治の領域へぐっと近づき、日本語と沖縄語との〈裁き／裁かれる〉関係を抜きさしならない対立軸として顕現させた。裁判長の言葉はそのまま国家の言葉であることを、何の媒介もなしにまざまざと見せつけた。ところが、「休憩」と「合議」をはさんだ後「日本語とは広く一般に通用している標準語をいう」と定義づけしたことは、言語が法を呼び出し、稀に見る言語裁判に発展するはずの争点を、「標準語－方言」という言語学的系譜に巧妙に囲い込み、回避していったのである。そこでは琉球諸島語は「方言」とみなされ「日本語・標準語」の下位概念として内属させられる。記者はそのことを目敏くキャッチしていた。そうした新聞が伝えた機微に鋭く感応しながら、儀間進[★2]は〈法廷に立った沖縄語〉のアクチュアリティを「そのとき、そこでなされた日本語論争は、支配者層が琉球方言をどのように位置づけてとらえているか、ということを物語って余りあるけれども、そのことよりも、法廷でふいに方言を話し出すことによって、国家権力の側がもっている認識の亀裂に鋭くくさびを打ち込み、今までのような耐える姿勢ではなく、文化の側から

★2　儀間進（ぎま・すすむ）一九三一年、沖縄県那覇市首里平良町生まれ。琉球大学文理学部国文科卒。元高校教諭。一九七〇年、個人誌「琉球弧」を創刊（～八号、一九七八年）。『蜻蛉日記・沖縄口試訳』（ガリ刷り、一九八一年）、『うちなぁぐちフィーリング』（沖縄タイムス社、一九八七年）により第八回沖縄タイムス出版文化賞受賞。『続うちなぁぐちフィーリング』（沖縄タイムス社、一九九六年）『語てぃ遊ばなシマクトゥバ』（沖縄タイムス社、二〇〇〇年）など。

の攻撃の武器としたことである」（「言語・文化・世界」「中央公論」一九七二年六月号）とまっとうに受け止めていた。ここでも「方言」と使っているが、儀間進の視点と論点は、そうした言い方を凌駕するほどの喚起力を持っていた。だが、それよりも仲宗根勇[★3]の発言はもっとラディカルに核心を衝いていた。沖縄語裁判が報じられた直後、沖縄タイムス文化コラム「唐獅子」欄でこんなことを書いていた。

> 「裁判所では、日本語を用いる」（裁判所法第七十四条）
> 　この何気ない、無意味に見える法律の一条文に秘められた抑圧の構造に、真正面から衝突し、それを見事に剔抉して見せた一群の青年たち。どうしようもない日本社会のただ中で、沖縄とその文化の歴史的優位性を、支配の論理のヒダに食い入って、新鮮なたたかいの方法に転化させ、展開している新しい沖縄の青年たち。彼等、沖青同（沖縄青年同盟）の、人々の意表を突く行動のパターンは、小気味よいほど、私たちの慣れ切った固定観念の臓腑をえぐる。それは、たたかいの感性を、いま一度ゼロ点へ引きもどし、いっさいの「既成」の存在をバラバラに解体してみることの重要性を私たちに教えている。[★4]

幾分過大な評点だとしても、「沖縄語裁判闘争」が「支配の論理のヒダに食い入って」「慣れ切った固定観念の臓腑をえぐる」ことであり、「たたかいの感性を、いま一度ゼロ点へもどし、いっさいの「既成」の存在をバラバラに解体する」試みのひとつであったことは、虚飾なしに

★3　仲宗根勇（なかそね・いさむ）一九四一年、沖縄県具志川市生まれ。東京大学法学部卒。元簡易裁判所判事。六〇年安保闘争の渦中で体験した日本左翼の沖縄を排除した一国主義的論理に衝撃を受け、帰省後の佐藤来沖抗議行動では復帰運動の限界を見せつけられる。「新沖縄文学」初の懸賞論文「私の内なる祖国」に入選。新川明、川満信一の後続世代として鋭い復帰運動批判の論陣を張る。「沖縄「革新」の没落と再生」（「新沖縄文学」四四号、一九九〇年）、「〝国家〟理念の世界史的変質」（「新沖縄文学」四八号、一九九一年）ほか。著書に『沖縄少数派』（三一書房、一九八一年）。

★4　仲宗根勇「意表を突く沖青同」「沖縄タイムス」、一九七二年二月二十四日。

認めてもいいことにちがいない。

◎

では、ウチナーグチ裁判でいったい、何がどのように問われたというのか。まずいえることは、言語そのものが法廷に立ったということである。日本の裁判史において言語そのものが法と関わった事例は、きわめて稀なことであった。これは、「国家語」への一元化を仕込んでいくために採られた言語政策が、言葉の風景を一つに均していくことにいちおうの成功をおさめたということを教えてもいる。むろんそうなるためには「標準語（共通語）－方言」関係が言語イデオロギーとして強力に機能したことはいうまでもない。

沖縄語裁判闘争は、こうした「標準語（共通語）－方言」関係を裏返し、儀間進もいうように「国家権力の側がもっている認識の亀裂に鋭くくさびを打ち込んだ」のだ。言葉と法を出会わせた沖縄語の叛乱は、天皇の国家が百年をかけて成し遂げようとした沖縄併合の暴力を、一挙に現前化させもした。明治政府が他の制度的インフラに先駆けて手がけた日本人教育のための「会話伝習所」★5にはじまり、「爾今軍人軍属ヲ問ハズ標準語以外ノ使用ヲ禁ズ沖縄語ヲ以ツテ談話シタル者ハ間諜トミナシ処分ス」とした沖縄戦における日本軍の命令綴り「球軍会報」★6、そして戦後も同化主義を内面化するように沖縄の教師たちによって熱心に行なわれた共通語励行と「方言札」★7まで、教育と訓化、監視と処罰を生々しく甦らせずにはおれなかった。

一九七二年二月十六日、東京地裁で裁判長が「日本語を話しなさい。沖縄語は日本語ではな

★5　会話伝習所
明治政府による「琉球処分」の過程で沖縄県が誕生した翌年の一八八〇年に、沖縄県庁内に設置された、日本語教育機関。琉球藩時代の首里、那覇の学生の中から優秀な人材を入所させた。他府県には例がなかった。

★6　球軍会報
沖縄戦の際、米軍上陸まもない四月九日に出された、沖縄守備軍第三十二軍の命令伝達。方言を使うことがスパイと見なされるという伝達。

★7　方言札
標準語励行の強行手段として、各地の学校で用いられた罰札。沖縄語をつかった生徒に「方言札」と書かれた木札を渡し、これをもらった生徒は沖縄語を話している他の生徒を見つけて渡すきまりであった。方言札にひもを通して首にさげさせるという、屈辱的な方法もとられた。一九四〇年には、沖縄県学務部の推進する標準語励行運動を日本民芸協会の柳宗悦らが手きびしく批判した方言論争が一年余にわたって展開された。

いと規定します」と断定し「標準語」使用を命じたことは、一九四五年四月五日沖縄戦で発せられた「標準語以外ノ使用ヲ禁ズ沖縄語ヲ以ツテ談話シタル者ハ間諜トミナシ処分ス」の軍指令とそのまま垂直に結びついていることを知らされる。ここに共通していることは、異言語に対する極端なまでの猜疑と恐れである。パニック状態に陥った裁判長の「大声」と沖縄語を使った者をスパイとみなした軍隊の監視の「目」は、一九四五年の沖縄戦の修羅場と七二年の東京地裁の法廷空間を時空を越えてつなぎ合わせている。

そして何よりも「法廷に立った沖縄語」によって問題にされたことは、国家への同一化を内面化し、沖縄人自ら進んで母語を捨て去っていくような主体のありかたである。日本の近代国家が沖縄に対してとった言語政策は「標準語－方言関係」のイデオロギー機能を強力に発動させ「言葉狩り」を行なったことであった。そうした言語政策を下支えしたのが権力の傘の裾野を広げた官庁と学校であった。先にも触れた「会話伝習所」での共通語教科書であった「沖縄語会話」や一九四〇年の「方言論争」のきっかけとなった沖縄県学務部による「方言撲滅」運動、戦後でいえば「日本復帰運動」の中核的な存在であった沖縄教職員会★8が情熱を傾けた「共通語励行運動」にその草の根的な倒錯をみることができる。忘れてはならないことは、ここでの言葉に対するまなざしや運動が日本人・国民意識の育成と不可分に結びついていたということである。「国民」の誕生には「国語」が創作されなければならず、「国語」が生まれるためには「方言」が発見されなければならなかった。「方言」は遅れた言葉、卑下すべき言葉として改める対象にされ、国家語としての標準語に位置づけられ内属される。こうした言語に加えら

★8　沖縄教職員会
琉球政府発足の同日、一九五二年四月一日結成。群島政府文教部長だった屋良朝苗が初代会長に就任。事務局長に新里清篤、事務局次長に喜屋武真栄。「沖縄復興の基盤は教育に在る」との信念から、戦災校舎復興、教職員の生活向上など沖縄の教育向上に努めた。六〇年代には復帰運動の中心的組織として、アメリカから様々な圧力を受けながらも、日の丸奨励や方言札復活など、日本との同化教育を推進した。一九七四年四月、沖縄県教職員組合（沖教組）として、日本教職員組合（日教組）に一括加盟。

れた位階化の際立った事例は、沖縄の植民地性を抜きにしては語れないはずだ。

ここにきて、フランツ・ファノン★9が処女作『黒い皮膚・白い仮面』（みすず書房、一九九八年）の第一章で、言語への洞察からはじめたことの深い意味を知らされる。「私は、言語現象を根本的に重視するものである」という書き出しの「黒人と言語」は、植民地化された人たちの〈対他の次元〉にメスを入れていた。「植民地化された民族はすべて――言いかえれば、土着の文化の創造性を葬り去られたために、劣等コンプレックスを植えつけられた民族はすべて――文明を与える国の言語に対し、すなわち本国の文化に対して位置づけられる。植民地の原住民は、本国の文化的諸価値を自分の価値とすればするだけジャングルの奥地から抜け出たことになる。皮膚の黒さ、未開状態を否定すればするだけ、白人に近くなる」とファノンが言ったことは、沖縄に当てはめてもそれほど誤差を感じさせない。ファノンはここで言語を文化的価値として捉え、言語と植民地化された民族の主体／脱主体のありかたを問題にしたのだ。「話すとは、断固として他人に対し存在すること」であるともいっていた。

フランス領マルチニック島を出自に持ったフランツ・ファノンが黒い皮膚の人間と植民地化された人たちの言語現象を解明し、本国の文化に位置づけられた植民地住民のコンプレックスを解き放つ試みの核心に、時と所を隔てていたとはいえ、もっとも接近したのが「日本復帰」を自らの身を切るように内側から批判した〈反復帰〉・〈反国家〉の思想だった。注目すべきなのはやはり〈対他の次元〉と〈主体〉のありかたが言語との関係で考えられていたことである。「反復帰」論の本格的な登場を告げた新川明★10の「「非国民」の思想と論理――沖縄における思想の

★9 フランツ・ファノン(Frantz Omar Fanon) 一九二五―一九六一。フランスの植民地であった西インド諸島マルティニク島生まれ。精神科医で、白人支配を批判し、アルジェリア独立運動で指導的役割を果たした思想家。ポストコロニアル理論の先駆者とされる。第二次世界大戦ではフランス軍に従軍。大戦後、アルジェリアで精神科医の職に就いていたが、フランスの植民地主義に反対し、アルジェリア民族解放戦線に参加。アルジェリア独立（一九六二年）を目前に、白血病で死去した。著書に『革命の社会学』（みすず書房、一九六九年）『地に呪われたる者』（みすず書房、一九六九年／みすずライブラリー、一九九六年）『アフリカ革命に向けて』（みすず書房、一九六九年）『黒い皮膚・白い仮面』（みすず書房、一九七〇年／みすずライブラリー、一九九八年）ほか。

★10 新川明（あらかわ・あきら） 一九三一年、沖縄県嘉手納町生まれ。一九五五年琉大入学、

自立について」（叢書『わが沖縄』所収、木耳社、一九七〇年）では、復帰思想の虚妄と日本コンプレックスを自覚化し、それを一つ一つ突き崩しながら〈ノン〉を織り上げ〈自立〉へと至る自己史が検証されていた。そのなかで新聞記者として大阪支社に勤務していた頃、家庭環境のせいで沖縄口（ウチナーグチ）が満足にしゃべれないことに強い自己嫌悪と羞恥を覚え、アパートに帰ってから妻を相手に沖縄口（ウチナーグチ）の習得に努めたという興味深いエピソードが紹介されていた。「思えば六〇年安保をはさんで前後四年の大阪生活で、わたしが得たものといえば、一つはいわゆる「母なる祖国」幻想を現実の生活体験を通して突き崩す契機を持ったことであり、もう一つは沖縄人として、その言語を、アクセントの誤りや語彙の貧しさはやむを得ないとしても、なんとか口舌にのせることができたことの二つだけといえるかもしれない」と振り返っていた。

　何でもないようだが、ファノンがいっていた植民地化された人々が土着文化の創造性を葬り去られたことと、植えつけられた劣等コンプレックスを解き放つ端緒をしるす行為が言語体験との関わりにおいて語られているのである。いわば、沖縄口（ウチナーグチ）の習得は、日本への同化コンプレックスからの脱出と未成の「主体」の領域に踏み出していくためには避けては通れなかったということである。沖縄口（ウチナーグチ）の学習行為ということにとどまらず、言語をめぐる政治への気づきがより重要だということを教えている。これをもって「沖縄語ナショナリズム」だと批判したつもりでいる者がいたら、自らの思想的退廃を知るべきである。一つの言語が失われることは、ひとつの想像力が失われることでもある、といったファノンの後続世代であるエドゥアール・グリッサン★11の言葉を思い出してみてもいい。

在学中は「琉大文学」創刊にかかわり詩の創作や評論を展開、一九五五年、琉球大学を中退、沖縄タイムス社入社。同社鹿児島支局、関西支社、八重山支局長、「新沖縄文学」編集長、『沖縄大百科事典』編集長、編集局長、社長などを務める。八重山支局勤務のとき沖縄タイムス紙に「新南島風土記」（六四年八月から翌年九月まで四十四回連載）を連載、島の根っこから国家を相対化する視点を獲得する。七〇年前後、川満信一、岡本恵徳らとともに復帰思想を内側から踏み越えていく〈反復帰・反国家〉を展開、情況への発言を越えて沖縄で生きることの意味を根源的に問い返す思想として、沖縄の後続する世代に大きな影響を与える。沖縄の「差異性」や「異族性」を発見し直し、それまでの沖縄人の主流的な精神の志向性としての日本への同化主義を抉り、伊波普猷の「沖縄学」や謝花昇の「沖縄民権運動」に同種の幻想を読み込み鋭く批判。そのため歴史学者の間から激しい反発・非難を浴び、論争を巻き起こした。著書に川満信一[★12]の「ミクロ言語帯からの発想」は、そうした言語をめぐる政治に踏み出した注目すべき論考になっている。これは復帰運動批判と沖縄における「主体」の回路を言語の問題と関わらせて本格的に論じたものである。琉球諸島に細密画のように紋様を描いて散在する言葉の地図を「ミクロ言語帯」として、島尾敏雄[★13]が提唱した「ヤポネシア」論を手がかりに、これまで琉球弧の島々の言葉が辿ってきた単一のコードを組み変え、多言語主義的な可能性へと差し向ける。「ヤポネシア」の想念を言語論的に大胆に応用し、琉球諸島のミクロ言語帯の乱脈、不統一に眼差しを返してみせたのだ。この眼差し返しこそこの論考の魅力となっている。

自らの言語体験を振り返り、日本民芸協会と沖縄県学務部との間で交わされた「方言論争」を批判的に捉え返し、宮古多良間島の「一秀才」の例を挙げていた柳田国男の指摘を援用しつつ「ことばの重構造」について述べていた。

> 「たとえば多良間島の一秀才は、小学校を平良の町に卒業し先ず宮古島の語を学び、師範学校時代を首里で送って、ここで沖縄本島と標準語とを学んだ」（『沖縄県の標準語教育』）と柳田国男が書いているように、場合によっては日本語（共通語）に達するまでに四重の言語障壁を突破しなければならないような、ことばの重構造というのは、そのまま支配の重構造と一つになっており、それだけに沖縄内の方言、あるいは沖縄方言と共通語の関係は、たんなる方言問題にとどまらず、多様な問題を包括している。[★14]

『反国家の兇区』（現代評論社、一九七一年）『異族と天皇の国家』（二月社、一九七三年）『琉球処分以後』（朝日選書、一九八一年）『新南島風土記』（大和書房、一九八五年、第三十二回毎日出版文化賞／朝日文庫、一九八七年／岩波現代文庫、二〇〇五年）『詩画集・日本が見える』（築地書館、一九八三年／画：儀間比呂志）『りゅう子の白い旗』（築地書館、一九八五年／版画：儀間比呂志）『増補 反国家の兇区――沖縄・自立への視点』（社会評論社、一九九六年）『沖縄・統合と反逆』（筑摩書房、二〇〇〇年）『南風よ吹け』（琉球新報社、二〇〇三年／絵：儀間比呂志）ほか。

★11 エドゥアール・グリッサン（Edouard Glissant） 一九二八年マルティニク島ブゾダン生まれ。詩人、小説家、思想家。デレク・ウォルコットと並ぶ、現代カリブ海文学の第一人者。ニューヨーク市立大学大学院教授。一九四六年、パリに留学。哲学と人類学を専攻し、同時にアフリカおよびカリブ海域に関わる種々の政治／文化運動に参加。

「日本語に達するまでに四重の言語障壁を突破しなければならなかった」のは川満自身でもあった。「だからこそ」と続けていう。「だからこそ、ヤポネシアという多系列の時・空間概念によって、沖縄が、さらに琉球弧の島々が、それぞれの異質性をもとに国家支配の軛をふり落とすためには、いま一度、方言と標準語の関係を問い返す必要が生じてくる」とし、そこからミクロ言語の胎内の闇に降り立ち、言葉が生まれてくる初源の光景まで想像力を届かせていた。ところが、これまでの言葉をめぐる歴史は、川満も指摘したように、ミクロ言語帯から広域言語帯としての日本語へと一方向的に進む言語の階梯しか歩んでこなかった。その言語の階梯は権力の併合のグラフト（接木）機能をなぞるものであることは明らかである。「ミクロ言語帯からの発想」はそうした言葉の階梯を批判し、新たな視界に抜け出る道を模索しようとする意欲に充ちていた。だからこそ言語批判は政治批判にならざるを得なかったし、そのゆえにまた、「政治や経済のありかたまで含めた文化一般の問題」とならざるを得なかったのだ。進歩主義的な言語観からは閉ざされているとしか見えない、ミクロ言語圏の「魂の門」を開き、「寡黙の内側にはぜる」言葉の群れを、群れそのものの文体で発明し直すことが問われたのである。そしてミクロ言語帯の内界で多元的に発光する言葉たちに思いを寄せ「ことばの社会的機能の便宜を得たかわりに、方言の拠ってきた文化と精神風土の秘境を喪失し、ミクロ言語の胎内の闇に輝くことばの生霊たちを埋め殺すとすれば、沖縄の不幸は政治の表層にみられる不幸などとはくらべものにもならないほど深いものになるはずである」と結んでいた。

琉球弧のミクロ言語が法廷に立ったのは「ミクロ言語帯からの発想」が書かれてからほぼ一

一方で、本格的な創作をはじめる。著書に『全－世界論』（恒川邦夫訳、みすず書房、二〇〇〇年）『〈関係〉の詩学』（管啓次郎訳、インスクリプト、二〇〇〇年）『レザルド川』（恒川邦夫訳、現代企画室、二〇〇三年）ほか。

★12 川満信一（かわみつ・しんいち）
一九三二年沖縄県平良市生まれ。詩人。琉球大学卒業後、沖縄タイムス社入社。同社鹿児島支局長、文化事業局長などを務める。「琉大文学」創刊にかかわる。一九五〇年代の土地闘争で敗北した農民たちが南米へ移民していくことを見送ったときの体験で大きな思想的課題を背負い込む。六〇年代に入り国家の問題に突き当たり、琉球処分から沖縄戦、天皇制、復帰運動の内実を問う。六〇年代後半から新川明、岡本恵徳とともに〈反復帰・反国家〉論を展開。「沖縄における天皇制思想」は沖縄において初めて天皇制を本格的に論じたもので、後に「共同体論」「民衆論」でそれ自体パラドックスに充ちた〈共生・共年後のことであった。言葉の精霊が法廷ではぜた瞬間だった。そういった意味で「沖縄語裁判闘争」は、「ミクロ言語帯からの発想」を、状況へと転綴させる実践だったといえなくもない。それはまた、川満信一が新川明の「〈憲法幻想〉の破砕」（「現代の眼」一九七〇年十一月号）や、批判を込めながらも平恒次[★15]の「「琉球人」は訴える」（「中央公論」一九七〇年十一月号）の論考が、沖縄の主体をめぐる風景を編み変えようとする試みであることに共感しつつ、「ミクロ言語帯からの発想」も「予定される国家の一方的な支配、文化についての画一的な見地からなされる地方性の扼殺に対して、たたかいの足場としての礎石を明らかにしていくためのものである」といった視座に足場を置いていたことはたしかである。

とはいえ、こうして言葉が法廷に立つまでには、日本語の手前で「ことばの重構造」を難題として抱えながら吃音を囲う多くの「出沖縄」の群像がいたことを忘れてはならないだろう。

◎

『反国家宣言――非日本列島地図完成のためのノート[★16]』は、そうした「出沖縄」の群像にカメラを向けていた。沖縄青年同盟の「沖縄語裁判闘争」からはじまり、非日本列島地図を描くように、大阪の沖縄人集落、一九七二年復帰をはさむその前後の沖縄に移動、さらに八重山の台湾人移住者を訪ね、それから一挙に北へターンし、北海道のアイヌへと至る旅の記録である。このロードムービーは、川満信一の「ミクロ言語帯からの発想」との深いところでの共振があるように思える。なかでも印象に残ったのは、中学を卒業したばかりの、まだどこか幼さが残

死〉の思想へと深められていく。詩集に『川満信一詩集』（オリジナル企画、一九七八年）『世紀末のラブレター』（一九九四年）、著書に『沖縄・根からの問い』（泰流社、一九七八年）『沖縄・自立と共生の思想』（海風社、一九八七年）『ザ・クロス21世紀への予感 川満信一対談集』（沖縄タイムス社、一九八八年）『川満信一コラム文庫』Ⅰ～Ⅲ（エポック、一九九五年）『宮古歴史物語』（沖縄タイムス社、二〇〇四年）、バレエのための台本『あこうの木物語』（一九八一年）『四季』（一九八七年）『マホナリ』（一九九五年）『黒潮の道』（一九九六年）など。

★13　島尾敏雄（しまお・としお）一九一七―一九八六。横浜市生まれ。作家。長崎高商を経て九州大学を繰り上げ卒業。第十八震洋特攻隊隊長として、奄美大島に赴任。戦後、赴任地の島の娘であったミホと結婚する。神戸で富士正晴らとともに「VIKING」創刊。上京して吉本隆明、奥野健男、詩人の清岡卓行らと雑誌「現

る少年や少女たちが、東京の晴海埠頭に下船するシーンである。これらの集団就職の「出沖縄」たちが、タラップを降りるところからパスポートを提示しての入管手続き、埠頭に集められそれぞれの雇用先の会社が用意したマイクロバスに乗り込む表情などを捉えていた。

　この集団就職の中学や高校を卒業したばかりの少年や少女たちの静かな下船風景は、それより三年前、同じ埠頭で入国手続きを拒否しパスポートを焼き払った沖縄出身の学生たちが中心となった、渡航制限撤廃闘争を撮った『沖縄列島』の騒然とした映像とはあまりにも対照的なだけに、いっそう心に染み入るものがあった。

　埠頭に降り立ち、それぞれの就職先が用意したバスに乗り込む映像に、奇妙なニッポン語を使う男の声がかぶせられる。「ただいま紹介になりました琉球政府東京事務所厚生労働課長の大城です。えー、皆さん、三泊四日の長い船旅、大変ありがとうでございました。なお、ご苦労さんです。皆さんの元気な顔で、就職するという意味で、皆さんの受け入れ機関である、東京都、千葉県、埼玉県、神奈川県、静岡県の各県の関係機関の方々をはじめ、事業所の方々が朝の五時頃から起きて、この埠頭に待っておりました。皆さんは今日、はじめて東京都の晴海埠頭に立っております。皆さん、足許を見てください。〔中略〕次に、皆さんは、なかなかキレイな顔をしているし、少し色は黒いけれども、一冬過ぎますと、皆さんの顔色も、私のように黒くはなりませんが、もっと白くなります。ですから、よく健康に留意して、頑張っていただきとうございます」と。

　何という光景だろう。悲しいのではない。哀しいのだ。「少し色は黒いけれども、一冬過ぎ

代評論」を始めるが、妻の病気のため妻の実家がある奄美に帰島。鹿児島県立図書館奄美分館長などを務めた。長男は写真家の島尾伸三で、漫画家のしまおまほは孫にあたる。著書に『非超現実主義的な超現実主義の覚え書』（未來社、一九六二年）『琉球弧の視点から』（講談社、一九六九年）『出孤島記』（冬樹社、一九七四年）『死の棘』（新潮社、一九七七年）『夢の中での日常』（沖積舎、一九九二年）ほか多数。

　奄美諸島から沖縄諸島を経て、宮古・八重山の先島諸島までを含んだ「琉球弧」と、日本列島を形成する他の二つの弧、千島弧、本州弧をあわせた日本列島全体を島尾は「ヤポネシア」と呼び、硬直化した日本の歴史や文化の画一性から解き放つ視点の提示や、日本列島の多様性の発見を提唱した。吉本隆明の「南島論」とともに、「本土中心」の思考を覆すインパクトを沖縄に求めるものであるが、沖縄の側からは違和感の表明もなされた。

★14　川満信一「ミクロ言語帯からの発想」「現代の眼」

ますと、皆さんの顔色も、私のように黒くはなりませんが、もっと白くなります。ですから、よく健康に留意して、頑張っていただきとうございます」――迎える琉球政府の役人も、迎えられる集団就職の少年や少女も、同じ戦後を漂流しているのだ。

それから琉球政府東京事務所厚生労働課長は、極めつけのセリフで決めるといわんばかりにお願いいたします。汗水を流して働く人は、その心はこんなに嬉しいことはない、そういう歌「そこで、私は、皆さんといっしょに、これから労働者の歌を歌いますから、皆さん手拍子をでございます」と、次第に昂ぶってくる自分の感情に煽られるように、ハンドマイクのスピーカーの声が割れるほどの大声を張り上げ「アシミジユナガチー、ハタラチュルヒトヤー、ククルウレシサヤー、ユスヌシユミー、ユスヌシユミー、ユイヤサーサー、ユスヌシユミー……」。

歌うということではなかった。まるでアジテーションだった。海を渡り晴海埠頭に降り立った集団就職の若すぎる後輩たちへの労働教訓歌ともいえる琉球民謡「汗水節[★17]」の披露は、大城を名乗る琉球政府東京事務所厚生労働課長の精一杯の励ましのようにも聴こえた。だが、このシーンはアメリカ占領下の軍事的植民地沖縄から流れ出すアドレセンスと労働力がどのように「日本本土」の労働力市場に内属化されていくのかを写し込んでいた。

そして、次に重なる少女の声は、あの多良間島の少年が辿った「日本語」に至る言語の階梯を思い起こさせる。もっともここでは「秀才」などではなく、中卒や高卒の出稼ぎ労働力である。それだけにいっそう「日本語／標準語」へと至る道は痛切な様相を帯びてくるように思えた。

一九七一年一月号。

★15　平恒次（たいら・こうじ）一九二六年、沖縄県平良市生まれ。スタンフォード大学大学院卒。イリノイ大学教授。ハーバード大学「NEWCOMEN賞」、米労働省「ローレンス・R・クライン」賞などを受賞。著書に『人間性の経済学――もう一つの豊かな社会論』（ダイヤモンド社、一九七〇年）『日本国改造試論』（講談社現代新書、一九七四年）ほか。

★16　『反国家宣言――非日本列島地図完成のためのノート』一九七二―九五年／モノクロ／16㎜／65分
製作：プロダクション犀、演出：山崎祐次、川島和雄、石川蘭子、馬野雅由、撮影：岩永勝敏、秋山洋、構成：安田哲男、山崎祐次、進行：馬野雅由、編集：大島ともよ、録音：尾形竜平

★17　汗水節（あしみじぶし）一九二八年、昭和天皇「即位の礼」が行なわれたさい、記念行事の一環として実施された「勤倹貯蓄運動」のキャンペーンソングのための歌詞を

「東京で知っていることって、どういうこと？」とマイクを向けられた少女は、はにかみながらも「人が多いこと……、公害……、あと、何かな……、言葉がキレイ」と答える。すかさず「そうかね、東京の言葉ってきれいかね？」との問いかけに、「沖縄で訛りが多いから。一度行って直したいと思って。自分にとって、今、言葉を直したいから」と続けていた。この少女の話から見えてくるのは、つい最近まで通ったであろう学校空間で、沖縄の先生たちによって実践された「言葉狩り」の影である。

「祖国復帰運動」と歩調を合わせるように、戦後沖縄の学校には教師たちが行なった「日本人・共通語教育」や「国民教育」の実践報告が残されている。ここからは「日本人（国民）」教育と「日本語（共通語）」教育がペアの関係で取り組まれていたことがよくわかる。例えば「日本語（共通語）」の問題でいえば、「正しいことばの指導はどのようにしたらよいか」の共通テーマのもとに、「共通語指導の根本態度」、沖縄各地区の〈不正語〉や〈方言使用と共通語使用〉の「実態調査」、教師個人の「観察記録」や「指導の記録」などがこと細かく調査され、レポートされている。学校空間における司祭型権力がいかに子供たちの言葉の風景を単一に敷き均していくのかということの驚くべき実例集にもなっていた。そこでは琉球弧のミクロ言語を〈不正語〉と〈正しい言語〉に振り分け「問題」として徹底的に可視化し、矯正していく。そのためのエンジンとして「共通語励行運動」と「方言札」があったのである。

ここではその報告から二例だけ紹介してみることにする。沖縄本島中部の前原地区の教師の報告には「児童の言語生活の実態」として〈生活のなかの言語〉で「俗語、方言にうずくまり。

沖縄県学務部社会課が一般公募、具志頭村字仲座の青年団長をしていた仲本稔の歌詞が入選。宮良長包が作曲した。「汗水ゆ流ち　働らちゅる人ぬ／心嬉しさや　与所ぬ知ゆみ　与所ぬ知ゆみ／ユイヤサーサー　与所ぬ知ゆみ／スラヨースーラー　働かな」という歌詞。

粗野、大声、語感、発音におかまいなく、あいまいな発声で覆われ、言葉のやりとりが感情的で、その粗野な生活のむき出しである」とか「学校生活における言語活動」では「一日中獣座する。自主的に発表しない。言語不明瞭。文字の拾い読み。話の要点がはずれている。発表〈発言〉はするが断片的で言葉として纏まりがなく完結していない」とか「学習における実態」の〈表記〉では「語らいが貧弱なために……方言の直訳体、文の纏まりない・主語、述語関係が明確でない・接続詞が妥当でない・副詞、修飾詞の使用がない」とされ、〈話す〉では「共通語が身についていないために語いが貧弱で充分に表現することが出来ない。言葉に対する感覚に乏しく表現が感情的でむしろ行動に訴える児童もある。意見を発表しても自己中心的で粗野である」というように、リゴリスティックなまでにミクロ言語のアラを探す視線に貫かれている。「言語生活の場における実態」ではどうか。〈家庭生活の場における言語生活〉で「七割方言。言葉づかいも、それぞれの地域の慣習の上に立ち粗野で敬語の使用がない」と指摘し〈友達間の言語生活〉に至っては「地域的にも慣習上からも土着の人が多く、方言のやりとりで乱暴な言葉づかいである。落ちつかない態度で纏まって静かに話す様子に欠けている」とまでいう。〈学校生活における言語生活〉では「教室内での話は、共通語の使用はあるが完結されていない。断片的であり、休み時間、清掃時、登校、下校其の他作業時方言にかえる傾向にある。方言と共通語の混用」などなど、監視する視線と摘発する視線は、息苦しいまでに言語現象の細部に渡って向けられているのがわかる。

また那覇地区のある中学校の「話す能力を伸ばすための指導」報告のなかではこんなことが

いわれていた。「しかるにわれわれがあずかっている生徒たちの言語生活をみると、その基本ともいうべき共通語さえしっかり身につけていない状態であり、方言との二重生活からくる共通語の誤りも大きいものである。まして美しい言葉づかいにみがきあげることは、今後の指導の力点である」と述べ、別のところでは「生徒は教科書に使ってあることばや、ラジオのアナウンサーの使うようないわゆる標準的なことばづかいや正しい言いまわしができないからしかたなく方言を使うというのではなく、共通語を使おうという心構えができていないからだと思う」と嘆きをいれている。

この二つの例は沖縄教職員会が発行した「沖縄教育」(第五号、一九五七年)に載っている「教研大会研究収録」から拾ったごく一部である。例外的だからそうしたということでは決してない。他の研究・実践報告もこの例とほとんど同じか、もしくはそれ以上の内容になっている。ここから見えてくるのは、当時の沖縄の子らの学校や地域での言語生活は、共通語よりもむしろそれぞれのミクロな地域言語を使用している者が多数を占めている実態であり、そのためにその矯正が教師たちに強く意識されていることである。そして「ラジオのアナウンサーの使うようないわゆる標準的なことばづかいや正しい言いまわし」の美しい標準語(日本語)のイメージに対し、琉球諸島語の方はといえば「粗野」「断片的」「感情的」「乱暴」などのマイナスイメージが過剰なまでに付与されていることである。先の前原地区の教師が、「俗語、方言にうずくまり」「一日中獣座する」とレポートした、〈うずくまり〉や〈獣座〉という言葉に最もよく表われている。標準語励行運動による言語の位階化は、沖縄では六〇年代後半まで続けられた。

こうした沖縄の教師という司祭型権力の視線は、東京地裁の裁判長という司法権力の視線と決して別物ではない、といっても言い過ぎではないだろう。

柳田国男が「沖縄県の標準語教育」で例に挙げ、また川満信一も「ミクロ言語帯からの発想」で援用していた多良間島の一秀才が歩んだ〈言語の階梯と四重苦〉や『反国家宣言——非日本列島地図完成のためのノート』で、東京の言葉はキレイで自分の言葉は訛りが多く直したい、と晴海埠頭でのインタビューに答えた集団就職の少女のなかに宿る言葉の屈曲は、こうした戦後沖縄の学校空間で行なわれたすさまじいばかりの琉球諸島語に対する「言葉狩り」と共通語／国家語への「改造計画」を抜きにしては理解できないだろう。ここにあるのはまぎれもない、植民地主義的言語地図である。

ミクロ言語帯からヤマトに流れ出てきたこれらの出自が辿る道は、植えつけられたコンプレックスと「キタナイ」訛りがあるとみなされた母語を捨て去り、「キレイな」言葉であると幻想した「標準語／日本語」に同一化するか、それともミクロ言語帯の胎内の闇に降り立ち、言語と主体をめぐる未知に赴いていくのか、そのいずれかであった。

一九七二年二月十六日、沖縄語が法廷に立った日、インタビューに答えた少女の声とその背後の無数の彼／彼女の言語の階梯は、これまでの同化主義的な線からミクロ言語帯の乱脈や凹凸をそのものとして自立させる列島化された主体のオートノミーへの道があることを、少なくとも予見させたことは間違いない。「今までのような耐える姿勢ではなく、文化の側からの攻撃の武器とした」（儀間進）ことであり、「慣れ切った固定観念の臓腑をえぐる」（仲宗根勇）行為であったといえよう。法廷に立った三名の出自が沖縄本島・宮古・八重山であったこと、そしてそれぞれの言葉での陳述を試みたこと、このことは裁判所法第七十四条「裁判所では、日本語を用いる」という法門の前で未発に終わったとはいえ、被植民地化された人たちの言語を巡る闘いと、列島化した主体のオートノミーを開く試行として記憶されていくであろう。まさにフランツ・ファノンがいった「話すとは、断固として他人に対して存在すること」を身をもって証したのだ。晴海埠頭で思いもよらぬ「汗水節」で迎えられた「出沖縄」たちの〈在日〉には、「書かれざる一章」が降り積もっていた。

4　死に至る共同体

黄褐色に変色し、破れ目も目立つ一枚のガリ版刷りのビラが残されている。「沖縄返還協定粉砕」の斜体文字が二段組の真中で踊っているそのビラは、一九七一年五月十九日、沖縄で取り組まれようとしていたゼネラルストライキに呼応する「沖縄返還協定粉砕／5・19ゼネスト貫徹沖縄労農集会」への結集を呼びかける内容のものである。沖縄青年同盟の前身、沖縄青年委員会が出したものであるが、呼びかけの最後には、水道橋駅近くの中央労政会館の簡単な地図と上映時間が書かれ、「戦後二十五年、島はどう変わったか。この映画は現地でロケ、〝集団自決〟を我々に問題提起として訴える」という短い文句がそえられた制作集団「島」のドキュメンタリー『それは島』★1の上映案内が囲みで紹介されていた。

5・19ゼネスト★2は、日米共同声明による沖縄返還に反対し、返還協定粉砕を掲げて実施されようとしたものである。五月二十一日の「沖縄タイムス」では「はからずも返還協定粉砕のスローガンの中に、戦争体験を踏まえた沖縄県民の〝二度と戦争はいやだ〟という精神の底流がよびさまされたことであり、それがまさに〝ゼネストの心〟として浮き彫りにされたことはエポックであった。それこそ沖縄返還をテコに日米安保体制の強化とアジア防衛体制への布石、

★1 『それは島――集団自決の一つの考察』制作集団「島」、一九七一年
監督の間宮則夫は一九二九年東京市杉並区生まれ。早稲田大学専門部法律科卒。一九五一年日本映画社に入社。東京シネマ、日経映画社を経てフリーとなる。PR映画を撮る一方で「映像芸術の会」「杉並シネクラブ」などの記録映画運動に参加。一九七一年には『それは島』を自主制作する。

★2 5・19ゼネスト
一九七一年五月十九日、佐藤・ニクソン共同声明に基づく沖縄返還協定粉砕を掲げて行なわれた復帰協主催のゼネスト。〈日米共同声明路線の返還協定粉砕、完全復帰〉を要求、午前零時から24時間全面ストに入る。教職員会・全軍労・マスコミ労協など五十四単組約五万四千人が24時間ストを実施したほか、七単組二千人が時限スト、官公労など六単組五千人が年休行使で参加した。このストで公立の小・中・高校四二九校全部が休校となったほか、那覇市でバスの四分の三がストップ、那覇市役所をはじめ各市町村

自衛隊の沖縄進駐をはかろうとする本土政府に対する県民の〝刃〟」と位置づけ、その意義を説いていた。ゼネストは組織労働者だけではなく、高校生、大学生、農漁民、商店主などの未組織の市民も含め十万人余が参加したといわれる。そうしたゼネストにまで発展した沖縄現地のうねりに呼応する在日の沖縄出身学生・労働者による小さな集会と、そこで上映された渡嘉敷島の「集団自決」を扱った記録映画は、どのようなつながりがあったというのだろうか。

一九七一年五月十九日の政治ストと一九四五年三月二十八日に起こった凄惨な「集団自決」。この一見奇異にみえる組み合わせを理解するためには、ジャーナリズムの目が「〝ゼネストの心〟として浮き彫りにされた精神の底流」として感じとった、七〇年代はじめに沖縄がくぐろうとした状況の先端の壁と深層の襞を抜きにしては語れないはずである。

二つのことが挙げられる。その一つは、六九年の日米共同声明による沖縄返還の内実が、軍事的植民地を解約するものではなく、基地沖縄の日米共同管理体制への移行を現実化する自衛隊の沖縄進出であった。日米共同声明では「復帰後は日本防衛の一環」と位置づける日本政府の意図が表明されていた。ゼネスト直後の五月二十日には、防衛庁が沖縄返還後六千八百人の自衛隊配備を発表した。沖縄の人々はいわば、二十五年ぶりに日本の軍隊と向き合うことになったのである。そうした自衛隊の進出がより具体的になるにつれて、沖縄戦と日本軍による沖縄住民虐殺や「集団自決」などの記憶を生々しく呼び起こすことになった。

二つめは、国家幻想と本土との系列化・同化を求める復帰運動が、ナショナルヒストリーを内面化していたがゆえに盗用される構造が露呈したことと、その擬制の終焉を宣告する思想潮

役場の窓口がしまった。同日の県民総決起大会には那覇五万人、宮古五千人、八重山五千人が結集、右翼や米兵と衝突するなど怒りと抗議の声が沖縄を包んだ。

流が「国政参加拒否闘争」[★3]などを通して胎動してきたことである。復帰運動の内部ではほとんど問われることはなかった国家の問題を対象化しつつ、戦前の皇民化教育や天皇制を下支えした心的メカニズムと同形のものが、絶たれることなく引き継がれていたことに着目し、それを内側から踏み越えていく実践でもあった。

　こういうことができる。皇民化教育がいきついた極限としての沖縄戦、とりわけ「集団自決」は、七〇年代沖縄の思想的地平においてはじめて視野のなかに入り、その内部の闇に分け入る筋道を見出すことができたということであり、復帰運動の擬制を内側から終焉させる思想によって、沖縄の近代と現代を一望できる文体が獲得され、戦前が戦後に延命された根を探りあてることが可能になった、ということである。

　そうした戦前が戦後へ延命していくありかたを、「集団自決」へこだわることによって、早くから感じ取っていた一人が中里友豪[★4]ではなかっただろうか。中里は幼少の頃の三年間、慶良間列島の前島で生活した体験をもっていた。惨劇が起こる前の年に一家は沖縄本島に引き揚げたが、そのことがいっそう強く「集団自決」を意識させることになった。一九六五年、彼が所属した演劇集団創造[★5]が「島」を上演したときのパンフレットに寄せた「島へ――慶良間列島の集団自決をめぐって」のなかで、学生の頃その「島」を演出したときに慶良間に渡ったこと、そしてその六年後に「島」再演が決まった時も訪ね、体験者から聞き取りを行ない、そこで感じ、考えたことを書いていた。木を切ったり壕を掘ったり、山での避難生活に必要なものとしてもってきたはずの剃刀や鍬や鉈が、親が子を、子が親を殺すために使われ、ほんの二十四時

★3　国政参加拒否闘争　一九六九年の佐藤・ニクソン共同声明で沖縄の七二年返還が確定、返還準備の一環として沖縄の「国政参加」が決まった。復帰協はじめ革新諸政党、労組等は、復帰闘争の成果として選挙運動にのめり込んでいくが、「沖縄近代史研究会」を中心とした労働者、市民、学生などの批判的な潮流は、「国政参加」は沖縄住民の要求を逆手にとり、日米共同声明路線による返還を沖縄住民の代表を得て承認していくものであるとして、自立的な選択を打ち出す。七〇年十月に「国政参加拒否大討論集会」を開催、「国政参加拒否・投票ボイコット」運動を展開した。新川明は大江健三郎への投函されなかった手紙の中で、「国政参加」の欺まん性となぜそれを拒否するかを書いていた。大きな流れにはならなかったが〈反復帰論〉を実践に移した取り組みとして注目された。

★4　中里友豪（なかざと・ゆうごう）　一九三六年、沖縄県那覇市生まれ。琉球大学国文科卒業。

間前までは生きるために山奥に逃げてきたはずなのに「死の決意に急変したのはなぜか」「自決の場で、一人として死を拒まなかったという事実は何を意味するのだろう」と問いを立てていた。生き残った者たちが、いちおうに教育や政治の強権に責任を負わすことに違和を感じ「奥深いところに眠らせている傷、その沈黙」をこそ問題にする。そして「ぼくが渡嘉敷島で考えたことは、ただ一つ、個人がもっと強くなることだ、であった」と結んでいた。

「島へ――慶良間列島の集団自決をめぐって」の三年後、今度は「接点としての慶良間」（「沖縄タイムス」唐獅子、六八年八月三十日）を書いている。短いコラムだが重要なことがいわれていた。石田郁夫が『沖縄 この現実』（三一新書、一九六八年）のなかで「村落共同体の生理が、この悲劇を生んだ」としたことに、納得のできない部分が残るとして〈意識〉の問題に改めて着目していた。その〈意識〉とは、「戦前の意識構造が戦後の今日まで変わらずに太い根っこのようなかたちで続いているとも考えられる。（中略）慶良間についていえば時間がたつにしたがって濃密になっていく沈黙が、なお隠然たる力をもっていて、それがあるときには免罪符の役割をはたし、日本人であることの証をたてようと機能することである」として、「変わらない部分、沈黙の部分に、鋭いモリの形」で降りて、自分をぶつけることではないか、と説いていた。

このエッセイで思いあたるのは、中里が伊礼孝★6、川満信一、真栄城啓介、嶺井政和★7らとともに行なった座談会「沖縄にとって「本土」とは何か」である。『沖縄 本土復帰の幻想』（三一新書、一九六八年）に収められたこの討論は、一九六八年・夏に行なわれていたので、ちょうど「接点としての慶良間」を書いた時期と重なっていることになる。「沖縄にとって「本土」とは何

元高校教諭。詩誌「EKE」同人。演劇集団創造団員。『コザ・吃音の夜のバラード』（オリジナル企画、一九八四年）『任意の夜』（オリジナル企画、一九八六年）『ラグーン』（EKE企画、一九八九年）『思念の砂丘』（沖縄タイムス社、一九九七年）、戯曲「越境者」（二〇〇〇年沖縄市戯曲大賞）。

★5 演劇集団創造　一九六一年に知念正真、中里友豪、幸喜良秀らがコザで結成したアマチュア劇団。常に沖縄の状況と深くかかわりながら演劇活動を展開した。代表作は「人類館」「コザ版どん底」。「人類館」は、一九〇三（明治36）年、植民地帝国日本の国威発揚の場として大阪で開催された第五回内国勧業博覧会の「学術人類館」に、「未開人」として「琉球人」「北海のアイヌ」「台湾の生蕃」「朝鮮人」など生身の人間が「展示」された事件を素材にパロディ風に描きながら、支配－被支配、見る－見られるという関係性を浮彫りにし、演劇による沖縄の近代史の総括ともいえる作品になってい

か」が沖縄の戦後言説史の分岐点をしるしづけるものであったことは本書の「〈巡礼〉と朱の×印」でも触れるが、ここで中里友豪は渡嘉敷島での集団自決のことについて言及していた。戦争責任問題に話が及んだ際、慶良間列島の前島にいたときシンガポール陥落で、日の丸と万歳で祝賀行進をした記憶と、4・28の復帰集会で女子高生が全員日の丸の鉢巻で参加したことに触れ、そうさせた教師の責任を問い、沖縄教職員会内部に克服できない古い体質として共同体意識があること、集団自決の悲惨に「部落・親族・血縁的な、運命共同体的な関係と心情の織り合わせ」があり、それが沖縄戦の凝縮されたものになっているのではないかといっていた。そして「誤解されるのをおそれずにいえば、それの戦後的再生というもの、断絶しないで持ち込まれているものを見つめてゆく必要があるのではないか」と指摘していた。ここには「免罪符の役割」や「日本人であることの証をたてようとする機能」に目を落とした、「島へ」での問題意識が持続され、「接点としての慶良間」の〈接点〉が揺るぎないものとして認識されていることをうかがわせる。「太い根っこ」のようにつながっている意識構造への批判的視点が避けられないことがいわれているのだ。

中里友豪もまた、「共同体」を問題にする。だがそれは石田郁夫のように〈生理〉の次元に還元することではなかった。そうではなく〈意識〉を問い、掘り起こしていくことだった。〈生理〉は自然性に属し、責任が問われるにしても外在的であることを越えられない。〈意識〉は内在的な責任にまで踏み込み、視座を問い、「沈黙の部分」に光をあてる。この視座は死者よりもむしろ生者に、いや、生者の沈黙により重心をおいて考えられている。だからだろう、

る。

★6　伊礼孝（いれい・たかし）　一九三五年、沖縄県島尻郡伊是名村生まれ。琉球大学国文科卒。儀間進らとともに「琉大文学」に関わる。作品に「「小国寡民の思想」について」（『新沖縄文学』六四号、一九八五年）「水——その民俗誌」（同七六号、一九八八年）「まぼろしの琉球王国」（同八五号、一九九〇年）、著書に『チョルンの歌』（協栄印刷、一九六五年）『沖縄人にとっての戦後』（朝日選書、一九八二年）『執着と苦渋——沖縄・レリクトの発想』（沖縄タイムス社、一九九四年）『沖縄・釣りの民俗誌』（沖縄タイムス社、一九九七年）。

★7　嶺井政和（みねい・まさかず）　一九三四年、沖縄県名護市生まれ。日本大学卒業。沖教組書記長・沖共済理事長などを務める。論考に「伊江島・伊佐浜の抵抗」（『新沖縄文学』五〇号、一九八一年）「教育委員会制度」（『新沖縄文学』六六号、一九八五年）「琉大が燃えた日」（私家版、二〇〇〇

生き残った赤松元大尉や当時の指導者である元村長の沈黙を問い、その声を聞きたいといっていた。沖縄戦の凝縮した形としての「集団自決」の内部にある共同体的関係と心情の織り合わせが断絶せずに戦後に持ち込まれ、それが「復帰運動」のなかで再生されていくありかたとしての、生き残った者の「沈黙」にこだわりつづけた。「接点としての慶良間」は、状況の尖端と島々の共同体的意識の深層を引き合わせたということである。

とはいえ、中里友豪においても、分岐点となった〈六八年・夏〉の段階では、川満信一と伊礼孝との妥協のない対立では、伊礼孝の側にあり、伊礼同様、復帰思想の限界を感受しつつもなお、その限界の手前にとどまっていた。「邯鄲の歩みではなかったかと疑うことからはじめよ」は、その苦すぎる内省である。振り返って、いっていた。

邯鄲の歩みではなかったかと疑うことからはじめよ——このことばが、いまぼくの脳裏を擦過する。それはずっと以前から、苦い響きを伴っておくびのように激しく突きあげたり引いていったりしてあったように思う。はっきり記憶にあるのは、六八年の主席選挙のときのさまざまな議論の中で、自分が自分の肉声として発したことば「日本人であることの選択」だけであったこと、それ以外のことばは、誰かのことばの援用であり、それに乗っかって、気がついてみると取りかえしのつかない地点に自分は立っていたと自覚する自己嫌悪である。それ以来、「七二年返還」や「日米共同声明」、そして進行しつつある「国政参加選挙」、これらすべての動きが、鋭く、そして醒めた意識で照射されるべき疑問として現在するように

年)。一九五六年の「第二次琉大事件」(軍用地の無期限接収と地料一括払いの方針を示すプライス勧告に反対するデモに参加した琉球大学の学生のうち、反米的な言動があったとして大学が六人を退学、一人を謹慎処分にした事件。七人のうち四人が「琉大文学」の同人だった)で退学処分を受けた学生の一人。

――なった。★8

これは「七二年返還」や「国政参加拒否」についての立場を述べているところであるが、中里友豪にとって、伊礼孝もそうであったように、初の主席公選に託した夢や政治的幻想が、復帰運動を集約する形で誕生した「革新政府」によって、ことごとく崩壊させられた地点での覚醒としていわれている。「邯鄲の歩み」という言葉を使ったところに、中里の「自己嫌悪」を思い知らされる。ここでもあの〈六八年・夏〉の討論が潮目となっていたことが自覚されている。中里友豪をして「取りかえしのつかなさ」を自覚させたのは何であったのか。それは、座談会のなかで「いま、ぼくに、なぜ「復帰」に関わるのかと言われれば、それは、いってみれば日本人であることことの選択だと思うんです。いま自分に必要なのは……。日本人だから日本に帰るんだというのではなくして、日本人であろうとすること、どういう日本人であるかということ、それの選択として考えぬくべきだろうと思うのです」といっていた、「日本人であることの選択」に収斂するものへの内省であった。「集団自決」の持つ意味を、早くから考えつづけた中里の同じ座談会での〈共同体意識〉についての、じゅうぶんに注目されるべき言及と照らし合わせるとき、この「邯鄲の歩みではなかったかと疑うことからはじめよ」からの照射によって、自らの内部のアポリアは透視され、〈島〉がいっそう切実な原風景となっていることを思い知らされる。

「国政参加拒否闘争」とは、日米共同声明路線による「沖縄返還／日本復帰」という名の琉球

★8　中里友豪「邯鄲の歩みではなかったかと疑うことからはじめよ」「琉球弧」二号、一九七〇年十一月。

処分を、沖縄の代表を得て公に承認させていく、いわば共犯の儀式への参加を拒否し、投票をボイコットしていくたたかいであった。この国政参加拒否・投票ボイコットは、復帰思想批判を実践の領域に移したはじめての取り組みでもあった。沖縄現地の返還協定粉砕ゼネストに呼応する在日の沖縄出身者の集会で「集団自決」を撮った記録映画を上映する一枚のビラが語っているのは、そうした沖縄の時代思想との共振であったといえよう。

◎

ドキュメンタリー『それは島』は、慶良間列島の渡嘉敷島で起こった「集団自決」を映画でとらえようと試みた、おそらくはじめての記録である、といちおうはいうことができる。ここで「いちおう」という留保をつけたのは、作り手たちの意欲にもかかわらず、「集団自決」の核心に迫りえたかといえば必ずしもそうはなっていない、という理由からである。カメラは「集団自決」に入り込む手前で島民の拒絶に会い、沈黙の扉を開けるまでには至っていない。

このドキュメンタリーは、見る者に二つの異なるフィルムの折り目が同在していることからくる奇妙な印象を抱かせる。たぶんそれは島と島びとたちの外来者へ向ける受容と拒絶の姿勢からくるものであり、それが小さくない比重でフィルムの性格をしるしづけているようにも思える。このドキュメントが現前化させた二つの折り目のあらわれは、むろん二元論的に振り分けられるというものではない。矛盾しながら互いに深く浸透しあう、そんな関係である。それはまた、島と島びとたちの戦争と戦後のくぐりかたが縫い合わせた内在の形でもあるはずだ。

では、島と島びとたちがみせる受容と拒絶の姿勢は、フィルムにおいてはどのように写し込まれているのだろうか。撮る側と撮られる側に一定の了解性が生まれたところで成立した映像、いわばカメラを受容したところからいえば、一人の老漁師とアダン★9に囲まれたトタン葺き平屋で一人で暮らす貧しい老婆を撮った場面を挙げることができる。カメラの眼はその二人を執拗に、だが、慈しむように凝視していた。魚網を肩に担ぎ、白い砂浜に足跡を残しながら一人で海に入るところや、手作りの木製のミーカガン（ゴーグル）で一人黙々と漁をする場面は凛とした暮らしの叙事詩を描きあげていた。また破れ目や裾のほつれが目立つスカートで、左足がくの字に変形した裸足の老婆の姿と、その暮しの日常に重ねた老婆自身の若いときの島でのモーアシビー★10のことや移民でヤマト、台湾、中国を渡り歩いた経験を語る声は、この島が刻んだもう一つの歴史を教えていた。帝国日本の侵略と戦争が、小さな島から出た女の半生によって生きられた足跡を伝えていた。淡々としたカメラワークだけに、かえってこの島を通り過ぎていった時代の酷さを考えさせられる。そしてヤモリ這う夜、深い闇のなかに浮かび上がった灯りにくるまれて一人三線を弾く男の孤影と、「戦友」を合唱する男たちの歌声のウェーブは、「集団自決」を生き延びてきたこの島の男たちの心的風景を象っているようで、消しがたい印象を残す場面にもなっていた。また住人のいない赤瓦の廃屋に残された教科書や位牌、日本地図、そしてアーマンやミミズの死骸を運ぶ蟻の群れの動きなど、島に生息する小さな生きものなどを捕捉した映像は、過疎に捨てられていく島の現実に視線を導いてくれる。

しかし、そういった島の生活誌を叙述した映像が、一転し別の折り目を暴力的に縫い合わせ

★9　アダン
タコノキ科の常緑小高木。海岸地帯に自生し、幹から太い支柱根をタコ足状に多数出す。株には雌雄の区別があり、雌株はパイナップルに似た集合果をつける。以前は葉を草履、帽子などの材料とした。

★10　モーアシビー
農村で、夜間に若い男女が集落のはずれの野原（モー）で遊ぶこと。男女混じって円陣を作って座り、三線にあわせて歌い踊った。主に沖縄本島中部・南部で用いられた言葉。

ようとするのは「集団自決」の内部に踏み込もうとしたときである。そのとき、島びとたちはカメラに険しい拒絶の目を向けるか、身をかわす。集落の路上でのインタビューシーンは、撮ることと撮られることの一方的な関係を見せつけた。カメラの暴力性をこれほどあからさまにしたケースもめずらしい。カメラを避け、拒絶する島びとの姿も際立っていた。間宮則夫は、島の日常レベルでの撮影はうまく遂行され、また島びとたちは渡嘉敷島での一般的な戦闘状況については饒舌なぐらい語ってくれるのとは対照的に、「集団自決」の内部の問題にふれていこうとすると、口を閉ざしてうまくいかなかったことを告白していた。

撮影スタッフが一九七〇年九月下旬から十一月上旬までの一ヶ月あまり、空家を借りて合宿をしながらロケを敢行したのは、ほぼ半年前の三月二十八日、二十五年ぶりに軍民合同で行なわれた慰霊祭と、それへ出席しようと元海上挺進第三戦隊長赤松嘉次元大尉★11と元隊員たちが渡島しようとしたため、那覇空港で大掛かりな阻止行動が組まれたことから、島と島びとたちを揺るがした二つの「事件」の波紋がまだおさまらない、敏感な空気につつまれていたときであった。『鉄の暴風』（沖縄タイムス社編、朝日新聞社、一九五〇年）や『慶良間列島 渡嘉敷島の戦闘概要』★12などで「集団自決」の「軍命」を下したとされた赤松元大尉は、空港での激しい糾弾と阻止行動にあい、結局渡嘉敷島へは渡れなかったが、この「事件」は沖縄戦と「集団自決」の傷の根深さを人々の前に突きつけ、渡嘉敷島のみならず当時の沖縄社会に大きな波紋を投げかけた。『それは島』のロケは、こうした沖縄を揺るがした「事件」が余韻を曳いて島と島びとたちの表情をこわばらせていたところに敢行された。だからその波紋と島びとたちの鋭敏な反応をじ

★11 赤松嘉次（あかまつ・よしつぐ）
沖縄戦当時、渡嘉敷島を守備した陸軍海上挺進隊第三戦隊長。一九四四年九月二十日、特幹船舶隊一三〇人とともに渡嘉敷村に入村。渡嘉敷、渡嘉志久、阿波連に駐屯。一九四五年八月十九日、渡嘉敷国民学校校庭にて武装解除降伏。

★12『慶良間列島 渡嘉敷島の戦闘概要』一九五三年、渡嘉敷村遺族会編。「集団自決」の記憶が生々しく残る一九五三年、当時の村長と校長らが中心となって発刊した。

かに受けざるを得なかったのだ。間宮は「私たちが渡嘉敷島にアプローチしようとした時、島は例の赤松来県反対抗議行動のあった直後であり、島はあまりの反響の激しさに対応できないのか、極度にそのことに警戒的であった。「お前たち何を撮りに来た!」「集団自決は絶対にしゃべらんぞ!」。泡盛をあふっては嚙みついてくる島びとたち。また「過ぎ去ったことは過ぎ去ったこと。今は問題ではない」という意識の流れにも私たちはぶつかった」(「何故私たちは〝集団自決〟を映画にするか」「新沖縄文学」第十九号、一九七一年三月)と書いていた。

そうだとして、では、島をゆるがした合同慰霊祭と赤松元大尉の渡島が投げかけた波紋に、撮影行為を通してスタッフが見たものは何であったのか。まず撮影の手がかりにした『慶良間列島　渡嘉敷島の戦闘概要』は、住民を死に追いやった守備隊長赤松元大尉と守備隊への「呪詛の記録」であったが、実際に接した島びとたちからはかつての兵隊を懐かしむ声は聞けても、帝国軍隊を憎む声は聞かれなかったことの落差であった。その落差に戸惑いつつ「〝戦闘概要〟は戦時の極限状況における異常として、戦闘の想い出の生々しい時期に記されたものであり、〝慰霊祭〟は肉親を死に追いやった元凶に対する怨念を二十五年という歳月のフィルターが浄化したことによって行なわれ得たのかもしれないということだ」として、真実とは何かというジレンマを抱えさせられる。

そして、赤松嘉次元大尉の慰霊祭参加阻止行動に対する赤松本人の姿勢と「慰霊をする発想」そのものに目を向ける。ここで間宮は、「彼は帝国軍人として、また天皇の忠実な赤子として、ひたすら自らに課せられた使命を忠実に遂行しただけであり、その過程において、そのことのために、住民を集団自決に必然的に追い込んでしまったということに対する自己批評と歴史分析が徹底的に欠けている。彼は敗戦このかた今日まで、そうした思想点検を、ついぞ行なったことがなかったにちがいない」と糺していた。この帝国軍人の行動規範こそつまり、それは自己批評と歴史分析という内省する視線が欠けているゆえに、渡嘉敷島の住民から呼ばれて慰霊祭に参加しようとしたことの根っこにあるものである、といっているように思える。同時にまた、激しい糾弾と渡島阻止行動のなかで争われた「集団自決」の命令を下したか下さなかったかという責任の所在を、個人に帰結していくようなやり方はさして重要ではないとして、別な次元に目を向け、問題のありかたを探る。

問題なのは、彼自身が「命令」であり、彼の行動そのものが「命令」である状態に当時の島が置かれていたことである。／もし赤松元大尉が命令を下さなかったなら彼に代わる他の「赤松」が下したかもしれないし、もっと大胆に言えば住民個々の意識の中に命令を下した「赤松」が存在していたかもしれないのだ。★13

注目すべきは、島に絶対的権力として存在する守備隊長としての「赤松」の存在そのものが命令であるということと、島びとの意識のなかに存在する「赤松」を指摘したことである。ここにおいて、島民の合同慰霊祭と元守備隊兵士の出席、そして「集団自決」を「命令した元凶」とみなされた赤松元大尉の個人的な責任を問題にし、渡嘉敷島に渡ることを阻んだことで

★13　間宮則夫「集団自決の思想——集団自決の記録『それは島』撮影後書」「青い海」一九七一年九月号。

「半分の目的は達成した」渡島阻止行動を、同時に相対化する視点が獲得されているといってもいいだろう。渡嘉敷島の住民が一般論としての戦記は雄弁に語りながらも、「集団自決」については沈黙するのは、「単に悲惨な思い出を新たにすることを厭う気持ばかりではなく、自らの意識のなかに「赤松」の存在を認めているからではないだろうか」といっていたことは、そういった意味でも無視できない視点であるといわねばならない。

その前に、しかし、間宮則夫は沖縄戦と沖縄の戦後を〝悲劇〟としてしかとらえてこなかったヤマト人と映画スタッフ自身の認識について糺すことを忘れてはいなかった。ここには、いわば「集団自決」を撮る行為そのものを問う姿勢があった。この撮る行為を問うことを映画の構成体にしたことは、そのような自己批評へのこだわりからだった。撮影行為をあえてさらすということは、このドキュメンタリーに独特な立ち位置と視線の政治を導入していることはたしかである。それは島びとたちのしたたかな拒絶の姿勢によっていっそう際立ち、フィルムに緊張感を与え、ドキュメンタリーの可能性と不可能性、カメラを介在させた撮影行為の難題をさらけだしているようで興味深い。カメラが島を犯す、そんな印象さえ抱かされるのだ。

「集団自決」を撮ることを問う、二重の企ての映像による表出は、例えばこんなふうに提示される。島の集落の路上で録音機を肩にしたスタッフの一人が、島びとに対して突撃インタビューもどきを仕掛ける。マイクを向けられた島民の一人は、麦わら帽子のツバを引き顔を隠して逃げるように背を向ける。無理やりマイクを向けられた一人の婦人の前に、物陰から8ミリカメラを持った男が現われる。意表を突かれた婦人が逃げながら、思わず漏らした「あのとき子供だったからわかりません。小学生だったから覚えていませんよ」という言葉をマイクは非情にも捕獲していた。ここで何が起こったというのか。というよりも、観る者は否応なく「あること」に気づかされる。その「あること」とは、婦人の発言の明らかな矛盾である。マイクが一瞬のうちに拾った発話に走る裂け目といえばいいのだろうか。つまり、こういうことなのだ。路上のインタビューもどきで答えられるようなものではない、ということはわかりきったこととしても、小学生の時に集団自決の修羅を体験しているとしたら、覚えていないということはありえない。婦人はウソをついたことになる。だが、そのウソはここではほとんど問題にはならない。問題なのは、あの体験を語るわけにはいかない島内部の黙契のようなものが強く働いているということである。あるいは、体験を言葉にする筋道が絶望的なまでに失われているか、体験と言語化の間には越えがたい深淵が横たわっていることを感じ取ってしまった心のカタチがあるということである。かろうじて立ち止まりインタビューに応じた消防団員風の男にしても「そんなことはあまりわかりませんね」とそっけない返事を返すだけである。「集団自決」の内部に入り込もうとするカメラに対するあからさまなはぐらかしと拒絶。集団自決で失った手首を長袖シャツに隠した、「憤怒も怨恨ももっていなかった」として間宮が紹介していたKさんと思われる男の後ろ姿を、繰り返しインサートするのは、島びとの内部に入り込めないもどかしさの映像による叙述のように思えてくる。

この露悪的にも見えるインタビューとそれを8ミリで撮る様子をカメラで追う企ては、フィルムによる自己批評ということになるが、そこで提示された映像は、カメラのもつ暴き、晒す装置と、その暴き、晒す演出のあざとさまでも写し込まずにはおれなかった。撮ることを撮る、つまり撮影行為の自己批評は、むろん作り手の意図でもあるが、その意図を越えて、このドキュメンタリーを限界づけてもいる。

こうした路上で嫌がる女たちを追いかけまわすような行為は、酒に酔った男が投げつける「お前たち！　そんなことを探ってどうしようというのだ！」という言葉によってしたたかに撃たれたはずである。露悪的なインタビューはまた、「死に至る共同体」の内部に入り込めない苛立ちを表出していた。この苛立ちが一種ゆがんだ形で現われたのが、山羊と豚のと殺シーンである。火に焼かれ黒くこげた山羊の胴体と切り落とされ岩場に置かれた頭部、四肢と口を縛りつけられた豚を二人の男が押さえつけ、一人の男が喉もとに包丁を入れ、ねじる、解体シーンを執拗に反復する生々しい映像は、どこにでもみられる島の風物誌ではあるが、それが「集団自決」をテーマにした、しかも渡嘉敷島で撮ったドキュメントであることによって、過剰な意味を帯びて見る者のイメージを挑発する。そのとき、離島の生活誌が一挙にカミソリや鍬やこん棒で肉親を手にかける「集団自決」の凄惨なイメージを暴力的に連想させもする。だが、この生々しい場面は、ほかならぬ撮影スタッフの「集団自決」の沈黙の扉をこじ開けることができないことの深いジレンマを表現したものであるようにも思えてならない。

◎

映画は深いジレンマを刻印される。この刻印されたジレンマこそ、「集団自決」を撮ったはじめての映画を特徴づけ、限定づけているものである。沈黙の扉の前で迂回せざるを得なかった、といったのはそういった意味である。結局「島とは踏み込めば踏み込むほど、とらえどころがない。いってみれば、気負い込んだ私たちは見事、島の血縁共同体的なヒエラルキーによって、他所者・旅人として、あたたかくむかえられ、丁重にあつかわれて、つつがなく追い出されてしまったような気がしてならない」と呟く以外なかった。

ラストの数分間は、こうした「丁重にあつかわれて、つつがなく追い出されてしまった」映画の結末を伝えているように思える。ここでは、島の女たちがカチャーシーを踊る映像に島の若者たちと撮影スタッフの討論の声を重ねる方法がとられている。「集団自決がタブー視されているが、それについて若い人たちはどう考えているか」というスタッフの問いかけに対する島の男と女の応えと、その応えのなかで吐かれたキーになる言葉を引き取って「あまりにも大変のことだから、それをはやく忘れたいということについてどう考えるか」という問いに、話は流れを創り出し焦点に近づくかに思えるが、核心までいけないもどかしさを感じさせる。たとえば、那覇空港での赤松大尉阻止行動について、ほんとうはこの島の人たちがやるべきだとか、マスコミに踊らされているとか、という島の青年の発言は、映像にじゅうぶん切り結べたわけではない。そうした若者たちのディスカッションの言葉がかぶせられた映像は、一見何の関係もなさそうな二つの宴席で踊る女たちの姿である。一つは夜の屋内の貧しい灯の下で、もう一つはビロウ樹の下の昼の光のもと、絣を着た老婆たちが入れ替わり立ち代わりカチャーシーを乱舞する。島の女たちのこねる手の流れと身体表現の見事さは、若者たちの教科書風な言葉を呑み込み、あのはぐらかしと拒絶の背後にある地獄を見てしまった記憶の深淵から吹き寄せてくる、無為の文法の底抜けの勁さのようにさえ思えてくる。女たちの身体の流れと若者の会話の合間合間に「集団自決とは　流出とは」とか「集団自決は宿命か」とかという文字が画面に挟み込まれる。

そして、「貧困　離島　閉ざされた社会構造　天皇陛下万才　大日本帝国臣民　大東亜共栄圏　祖国復帰　ヤンキーゴーホーム　自衛隊　国民総生産第三位」の文字が画面いっぱいに並べられる。これは、このドキュメンタリーを貫くテーマか、さもなければロケを通して摑み取った、集団自決と「それは島」の〈それ〉の名づけとも受け取れる。

映画は「島がわれわれにせまってくる」「島をつきやぶるものは」とインポーズされた文字が畳みかけるように切迫しながら、「事実関係みたいなものをはっきりさせない島の体質みたいなものはどこからくると思いますか。島自体の持つ体質としてあるんじゃないかと僕は感じられる」というスタッフの言葉が重なった、サンゴの砕石を敷きつめた海へ出る道を抜け、島の集落と海原を俯瞰する映像で終わる。この俯瞰は二十五年前に島びとたちが逃げ込んで巻き込まれた修羅場からの視線と見なすことができる。

このラストのカメラワークは明らかにファーストシーンを意識したものと思われる。始まりのシーンは、夜の闇のなか切迫した息遣いで、生い茂った植物をかき分けていく。これは二十五年前の集団自決の惨劇の場（暗い壕や沢）にカメラが入っていくことを、いわば、山奥に入った島びとたちの足どりと目線で辿っていくということが想定されているはずである。こうした入口と出口の対照的なカメラワークで気づかされるのは、切迫した息遣いは共通しているものの、最初のカメラの深い暗闇のなかに入っていく、限定し焦点を定めようとする視線に対し、ラストのカメラは砂浜と海に抜ける、視野を開放していく違いである。闇と光、虫の目と鳥の目を、あるいは含意させているのかもしれない。

ところで、だが、このラストは、視る装置としてのカメラの物理的な運動からみると、たしかに集団自決の島に入ることと出ることはできたにしても、はたして映画は集団自決の修羅をほんとにくぐり抜けることはできただろうかという問いを残す。答えは否である。それは撮る行為を撮る、二重の仕掛けにおいていみじくも鮮明にさせられた島びとたちの拒絶と、山羊や豚をと殺するところを執拗に反復する映像から伝わってくる苛立ちに関係していた。カメラは島と島びとたちの閉ざされた沈黙の闇を、ついに開くことはできなかった。そうであるならば、抜け出たはずのラストの島を鳥瞰する視野は、むしろ「島をつき破ること」ができない、視ることの不可能性をこそ表象しているといえないだろうか。そのことはそのまま間宮則夫自身がいった「気負い込んだ私たちは見事、島の血縁共同体的なヒエラルキーによって、他所者・旅人として、あたたかくむかえられ、丁重にあつかわれて、つつがなく追い出されてしまったような気がしてならない」という、あの告白を、カメラの運動で立件するものであったといえよう。

ドキュメンタリー『それは島』が沈黙の扉の前で苛立ち、事実関係をはっきりさせない島自体の体質そのものの内部に、言葉をもって降りていったのが、友利雅人の★14「あまりに沖縄的な

★14　友利雅人（ともり・まさと）　一九四七年、宮古城辺町生まれ。本名・池間政次。早稲田大学在学中、三里塚闘争で頭部に重傷を負う。沖闘委解体後、元メンバーたちがつくった結社「離島社」に所属。「離島社」は富村順一公判支援闘争で沖縄青年委員会〈海邦〉とともに共闘組織を組む。〈反復帰〉の影響を受けた沖縄の戦後世代の視点から沖縄論を展開。「あまりに沖縄的な〈死〉」（「現代の眼」、一九七一年八月号）「戦後世代と天皇制――ひとつの前提」（「新沖縄文学」二八号、一九七五年）「含羞と憤怒」（「青い海」七九号、一九七九年）「思想の不在、不在の思想」（「新沖縄文学」五九号、一九八四年）「黙するに時あり、語るに時あり〈仲里効との対談〉」（「新沖縄文学」六四号、一九八五年）「路上のパンセ」（沖縄タイムス、一九八八年七月―八九年三月）など。元沖縄タイムス記者。一九九七年に末吉公園の森の中で自殺。

〈死〉」であった。

　友利は沖縄の悲劇の象徴として繰り返し語られてきた「ひめゆり学徒隊」や「鉄血勤皇隊」の死に対し、それを語ることが沖縄の傷や禁忌に触れる死として「ひめゆり学徒隊」の死と鋭い対照をなすものとして渡嘉敷島の「集団自決」をとらえ、『渡嘉敷島の戦闘概要』では記されなかった、村民が語ることを避けた領域に「集団自決」の本質を解く鍵の存在をみる。『それは島』についてもこんなことをいっていた。「『それは島』というドキュメンタリー映画にあらわれた村民たちの表情にはカメラに対する恐怖、憎悪のようなものさえうかがわれるのだ。村の内部の確執に触れようとする他所者に対して村民たちはしたたかな拒絶をもって報いていることはたしかなのだ。それに苛立ち、ドキュメンタリーの精神などぶっても始まらない。真相の曖昧さと、現在に至るまでつづいている村民の沈黙に対して、それを取材するということでこの集団自決といわれる陰惨な事実のアポリアを突き破ることはできないと考える」と断じ、わが娘を手にかけて生き残った老父について触れ、村民の間の確執が存在するだけではなく、同一人の内部で葛藤が消しがたいものとして刻み込まれていて、加害‐被害の主体が錯綜し、ねじり合わされていることに着目する。この錯綜とねじり合いに島民の沈黙があり、また全島民がその〈場〉にいたということによる否定できない暗黙の「共犯関係」を読み込んでもいた。だから、「共犯関係」において集団自決の責任追及は二重なのだ。

一　赤松大尉とその部下たち、駐在巡査——もちろんこれらの者たちの責任がないわけではない。

ただ、村民が自らの背負わなければならぬ重荷を転位させただけ、かれらが過剰に負わされているということは、ありうるといえるだけだ。これを想定することを避けつづけるかぎり何ごとも始まりはしない。この意味において集団自決における責任追及はいつでも二重なのである。この二重性のゆえに、村民の記録も赤松の弁明も相対化されざるをえない。★15

「集団自決」を生き延びた体験者の内部にある加害と被害のねじり合い、共犯関係と責任の二重性。この地点から折り返す視点で眺め直すと、「死に至る共同体」には明治以降の皇民化の帰結と、軍隊と戦争によって架橋された離島の共同体のなかにある国家の倒像がみえてくる。友利は「死に至る共同体」の原像を、ほとんどの家が寝床で潮騒が聞こえるくらい静かな島に、巨大な国家意志がおしよせてくるとき、島びとはその国家意志をあたかも自然のように受け容れるところに見ていた。受け容れるものは、あの戦争の時代では「皇国観念」であったが、それが島であることによって独特な屈曲をたどる。そこに「沖縄的」なるものが流れ込む。むろんここでの「沖縄的」なるものは、島一般から導き出されるものではなく、コロニアリティが介在していることはいうまでもない。「離島のちいさな共同体に絶対的な権力としておしよせてくる国家の意志を、絶望的に受容していく島民、共同体とより強大な共同体の間に存在する〈軋み〉の極限としてこの集団自決はその無残な姿をとどめている。沖縄的なあまりに沖縄的な死、というべきである」と述べていた。島共同体と国家の間に存在する〈軋み〉の極限に、あまりにも沖縄的な〈死〉があるとすれば、個人的な責任追及によってはその〈軋み〉を透視

★15　友利雅人「あまりに沖縄的な〈死〉」「現代の眼」一九七一年八月号。

することはできないことはいうまでもない。「集団自決」の沈黙の扉をひらくこととは、こうしたいわば明治以降の皇民化で縫い合わされた共同体間の〈軋み〉をあやまたず読み破ることなのだ。そうしてはじめて、沖縄の近代が内面化した天皇の国家への同化幻想と国家を求心する日本復帰運動とが分かちがたく結びついていることの要諦が理解されるということだろう。

それはまた中里友豪が「島へ」と「接点としての慶良間」でいっていた「奥深いところで眠らされている傷、その沈黙」や共同体意識の「太い根っこ」と無縁ではないはずである。そして「島へ」のなかで導き出した「ぼくが渡嘉敷島で考えたことは、ただ一つ、個人がもっと強くなることだ、であった」地点の極北にあって、その個人さえも崩壊させかねない、個と共同性の融点にして沸点で火中の栗を拾うように、「あまりに沖縄的な〈死〉」の二重性と「死に至る共同体」の〈軋み〉、そして惨劇の後の〈沈黙〉の意味を見出すためには、なお川満信一の「民衆論」を待たねばならなかった。それはまた、「自決の場で、一人として死を拒まなかったという事実」のおそるべきアポリアに分け入っていく、それ自体アポリアに満ちた思考でもあった。

友利雅人の「あまりに沖縄的な〈死〉」は、沖縄の戦後世代がどのように戦争と出会い、戦後責任へ批判的に介入するかを示した注目すべき論考になっていた。「集団自決」と「日本復帰運動」を出会わせたのは、六〇年代後半から七〇年代はじめにかけての沖縄の思想の力であった。そしてそこにこそ「沖縄返還協定粉砕5・19ゼネスト」と呼応する在日の沖縄出身の小さな集会で『それは島』が上映された理由と時代の文脈があった。『それは島』の〈それ〉の根拠に目を落としつつ、われわれの内部の「赤松」は繰り返し問われなければならないだろう。そのとき「死に至る共同体」が歴史の逆光のなかから輪郭を浮かび上がらせ、〈今〉に刻みつづける。

5　反乱する皮膚

一九七〇年十二月二十日の遅い朝だった。明け方にわずかに仮眠をとっただけの寝ぼけマナコでトイレに立ち、部屋に戻ろうとしたときだった。何かただならぬ声音が寮の廊下を駆け抜けた、と思った。まだ完全には目覚めてはいない頭のなかにそれは「オキナワデ、カクメイガ、オコッタゾー！」と渦巻いた。寄宿生の一人に、眠りを妨げられた寮生たちがにわかにざわめきたったが、「カクメイ」なるものが「コザ暴動」だとわかったのはしばらく経ってからであった。

「われら南の島の灯たらん」という思いを込めて命名されたという、東京の狛江市にある沖縄出身の男子学生寮「南灯寮」[★1]でのデキゴトであった。木造二階建てで、戦前は軍需工場の工員寮だったという。沖縄がまだヤマトの視野のなかに入ることがなかった一九五〇年代初期、在本土沖縄県学生会の帰省活動のなかから生まれたルポルタージュ『祖国なき沖縄』（沖縄県学生会編、日月社、一九五四年）には、「南灯寮」とそこに寄宿した若きオキナワたちの存在が少なくない役割を果たしたといわれている。

『祖国なき沖縄』は、一九五四年に初版が出され、六八年に再版されている。一九五二年四月

★1　南灯寮
一九四七年、東京で沖縄県出身学生の援護活動を行なっていた財団法人沖縄県学徒援護会が、沖縄県事務所および財団法人沖縄財団の協力を得て、東京都狛江市岩戸一三九〇番地にあった株式会社昭南製作所の工員寮を購入し、東京およびその周辺の大学に在学する沖縄県出身学生のために設立した男子学生寮。財団法人沖縄県学徒援護会が総理府の委託を受けて管理運営にあたったが、やがて自治寮となった。

のサンフランシスコ講和条約の発効によって沖縄がアメリカの分離統治下に置かれ、その翌年の十一月に訪沖したニクソン副大統領が「共産主義の脅威があるかぎり沖縄を保有する」と言明、そのまた翌年の五四年一月にはアイゼンハワー大統領が一般教書で「沖縄の無期限保有」を宣言したことを背景に、「これらの措置にたいし、沖縄県民の祖国復帰の希求の一表現」であったと初版の監修者は再版にあたっての「あとがき」で述べていた。

この書はいわば、復帰運動の原型的な情熱の形を示しているといえるが、書名となった「祖国なき沖縄」という言葉は、日本から分離された沖縄の境遇の孤児性に目を向け、母なる「祖国」とみなした日本を回復する願望を正当化するものとして、その後長く復帰運動の幻想を運ぶキーワードにもなった。この書を編んだ沖縄県学生会は、一九五二年に結成されている。本土における沖縄返還運動の一翼をにない、六七年には全国的統一組織として在本土沖縄県学生会連絡会議★2（通称沖学連）となり、活動目的の柱の一つに「祖国復帰のためにたたかう」ことがかかげられている。

ところで、「祖国復帰のためにたたかう」をうたい、沖学連が結成され『祖国なき沖縄』が再版されたその年に、それらとは一線を画す別形の想像力が胎動してきた。沖縄闘争学生委員会★3（通称沖闘委）や、当初は沖縄出身大学生の研究サークル的な活動から、後に集団就職で本土に渡ってきた青年たちが雇い主によってパスポートを取り上げられ、移動・転職の自由を奪われた問題などへの関与を通して実践体として転生した沖縄青年委員会★4（通称沖青委、後に沖縄青年同盟）は、「祖国復帰運動」への批判を通して沖縄の自立と解放への道を模索してい

★2　在本土沖縄県学生会連絡会議（沖学連）「在本土沖縄県学生会の生活と権利を守る」「県学生相互の親睦交流をはかる」「沖縄の祖国復帰実現をめざす」「沖縄の社会的・政治的・文化的発展に貢献する」を目的に、一九六七年七月に結成された日共系の沖縄出身学生全国的統一組織。

★3　沖縄闘争学生委員会（沖闘委）一九六七年、10・8羽田闘争で逮捕、起訴された国費留学生に対し、文部省からの身分打ち切り処分に対する評価と支援の取組みをめぐって国費学生の間で意見が対立。「分裂主義者の茶番劇」とみる日共系の沖学連に批判的な学生によって、六九年年八月結成。準備会段階の六八年八月二十三日、東京晴海埠頭でパスポートを焼き捨て「渡航制限撤廃・渡航手続き拒否」の実力行動に及ぶ。米タン輸送阻止闘争、翌六九年には4・24晴海闘争などを取り組むが、新左翼の党派闘争に巻き込まれ七〇年に解体。

★4　沖縄青年委員会（沖青

った。

こうした批判的ストリームが形成される背景には、一九六七年の佐藤・ジョンソン声明によって、それまでのアメリカによる分離統治から日米共同管理体制へ舵を切ることによって、復帰運動の心情と論理を日米両政府のイニシアティブで編制し直すレールが敷かれたという政治状況の変化もあったが、それよりも〈若きオキナワ〉たちが学生としてであれ、集団就職としてであれ、ヤマトの日々の体験によって抱え込まされた葛藤を、それまでの「祖国なき沖縄」のローマン的自己認識やそのことから「祖国」を求める情熱の形とは異なる流路を求める実存的要請があったということである。

〈若きオキナワ〉たちはヤマトに渡る前は〈おきなわの子ら〉として、「祖国復帰運動」の中心的な担い手だった〈沖縄の先生たち〉の国民教育・日本人（語）教育の情熱のローラー作戦によって言語や知覚の改造の対象とされてきた。だが、実際の本土体験によって、それが仮装でしかなかったことを知らされる。それはあたかも被植民地民が植民地本国に足を踏み入れることによって抱え込んだやっかいな知覚の迷宮のようなものに似ていた。図式的になることを恐れず、フランツ・ファノンの「黒い皮膚・白い仮面」のひそみに倣ってあえていえば「沖縄の皮膚・日本の仮面」とでもなろうが、まさに〈おきなわの子ら〉がまとった意匠が生体験によって剝離し、打ち消そうにも打ち消すことができない皮膚の反乱のように受け止められたということである。

ファノンにとって、皮膚はまず染色体の現われとしての、自覚されない自然としてあったが、

委、後に沖縄青年同盟）
一九六八年頃から在京の沖縄出身学生たちによってはじめられた「沖縄問題研究会〈海邦〉」を母体に、七〇年二月に結成。沖縄出身者のパスポートが雇用主によって不当に取り上げられ、転職・移動の自由を奪われる問題や差別的な待遇に対する支援活動、富村順一公判支援闘争、沖縄現地の実践と呼応した街頭行動、ベトナム反戦運動などを沖縄人の主体形成と関わらせながら独自に取り組む。復帰路線を行動的にラディカルにしただけの「沖縄奪還」を主張する「沖青委〈中核派〉」と、復帰運動批判を明確にし沖縄の自立を主張するノンセクト「沖青委〈海邦〉」に分裂。「沖青委〈中核派〉」は〝皇居突入行動〟に、「沖青委〈海邦〉」は、七一年十月に沖縄青年同盟に発展解消、〝国会内決起〟行動の挙に出る。

故郷から出ることによって過剰なまなざしにさらされ、歴史の文脈に避けられず置き換えられていくことを自覚化させられることになる。「黒」はだから視線の政治によって発見されたものなのだ。たえず投げかけられる「ニグロ野郎！」「ほらニグロ！」「ママ、見て、ニグロだよ、ぼくこわい！」という視線の矢、いや、囲繞する過剰な視線。「身体的図式」が「人種的皮膚的図式」にとって代えられ、剝き出しの見る／見られる関係のなかに投げ込まれる。その身体は「引き延ばされ、分断され、再びめっきにされ、冬の日の白い光のなかに喪色にうち沈んで戻って」くるものになった。「黒人の生体験」はそうした「人種的皮膚的図式」のひりひりするような経験の内側をめくり返していくようにして書かれていた。

われわれにとって「身体的図式」が「人種的皮膚的図式」にとって代えられたことは、少なくともなかった。だが、見る／見られる関係が歴史性として存在していることを知るのは、それほど時間がかかることではなかった。やがて皮膚は、われわれにとって被植民地民の〈知覚の地政学〉のようなものにとって代わった。マルチニックと沖縄、そこに絡み合うものがあるとすれば、コロニアル／インペリアルな関係を乱数として引き受けてしまう心象の脈拍といえようか。〈知覚の地政学〉は、例えばそれはこんな声を心象の地図に書き込む。

四十日間も暮らした本土。東京の生活を通じて、常に死の意識の底にうごめいていたものは、沖縄であった。〔中略〕オキナワ、あまりにもオキナワ人らしいボク。日本人というには、あまりにもオキナワ的なボク。オキナワ的思惟方法。オキナワ的現実認識。オキナワ的存在形態とその把握。そうだ、ボクは、あまりにもオキナワ的すぎるようだ。ボクにとって、オキナワは、自分の影である。現実的に私の精神的表現であるオキナワ。私の故郷オキナワ。私がオキナワでなくなったとき、私は何になるか。日本人か国籍不明（正体不明）か。私の生みの親であり、もう一つの私であるオキナワ。私からオキナワがなくなる時があるか。私は、世界人であるべきであり、オキナワ人であってはいけないか。世界をオキナワからみてはいけないか。[★5]

中屋幸吉[★6]が一九六二年七月二十九日から九月十日まで過ごした東京で書き綴った「あまりにも沖縄人である僕――上京日誌」の最後の日付を持つノートである。鹿児島から沖縄へ帰る船上で記されたこのモノローグは、中屋幸吉にとって転位への句読点となったというだけではなく、在日の沖縄出身者の〈オキナワ〉への旅と復帰幻想からの脱出のはじまりの声ともなった。「あまりにオキナワ人らしいボク。日本人というには、あまりにもオキナワ的なボク」「ボクにとって、オキナワは、自分の影である」――そういうことなのだ、この声は、まぎれもない〈在日〉の内側から呟きかけてくるわれわれの声でもあった。そしてその声は、半ば問いかけの形をとりながら、収拾のつかない無限旋律となってわれわれの〈在日〉を不安にしたこともたしかである。我の内側から呟きかけてくる声を、我自身が聴く、そこに類としてのわれわれの近傍から立ち騒いでくるオキナワがあった。そのオキナワは「自分の影」であるがゆえにいっそう悩ましく付き纏う。付き纏う「オキナワ」をつかまえようとすればするほど、それは遠

★5　中屋幸吉「あまりにも沖縄人である僕――上京日誌」『名前よ立って歩け――中屋幸吉遺稿集・沖縄戦後世代の軌跡』三一書房、一九七二年。

★6　中屋幸吉（なかや・こうきち）　一九三九年、沖縄県石川市生まれ。琉球大学文理学部史学科卒。五九年宮森小学校に米軍ジェット機墜落事故で姪が焼死、ショックを受け休学。復学後は琉球大学新聞部に入部し、学生新聞で論陣を張る。六二年に琉球大学学生会代表で上京、四十日間滞在。六六年六月沖縄中部、知花城で自殺。『名前よ立って歩け――中屋幸吉遺稿集・沖縄戦後世代の軌跡』（三一書房、一九七二年）。

ざかり、実体を隠す。そう、だから影なのだ。実体には決して還元されないオキナワとは、だから関係の函数として存在するということなのだ。そこに「あまりにもオキナワ的なボク」たちに立ち現われてくる知覚の地政学としての「沖縄の皮膚・日本の仮面」があった。

中屋幸吉の船上の独白を、実際に私（たち）が知るのはまだ少し後のこと――『名前よ立って歩け――中屋幸吉遺稿集・沖縄戦後世代の軌跡』が発行されたのは一九七二年六月――であったが、「あまりにもオキナワ的なボク」は、六〇年代後半から七〇年代初めにかけての在日の〈若きオキナワ〉たちに確実に散種され、反乱する皮膚となって復帰運動の論理を内破し情況の熱を孕んでいった。

「南灯寮」は、「論争の南灯寮」ともいわれたように、沖縄出身学生たちの沖縄へ寄せる思いの錯綜する坩堝でもあった。そのゆえに、八十名近くの〈若きオキナワ〉たちが集団で生活するそこは、実践組織にとっては格好の〈オルグ〉の対象と〈細胞〉を育てるねらいどころとされた。

あの「カクメイ」騒動があった朝も、そんな〈オルグ〉の一日だった。当時私は、沖縄問題研究会〈海邦〉からかかわり、実践組織となった沖縄青年委員会になってもずるずると居座り続けていたが、そこで「復帰」を行動的にラディカルにしただけの沖縄奪還を主張するグループとの確執から沖縄青年委員会〈海邦〉を名のり、反復帰・沖縄自立の旗色を鮮明にしていった。そのためのいわば理論誌のようなものの必要に迫られ「われら南の島の灯たらん」に寄宿する〈細胞〉の部屋で寝泊まりしながら、数名の主だったメンバーとカンカンガクガクの日々に明け暮れていた、というわけである。

◎

いっぱしの工作者気取りで出入りしていた「南灯寮」での「カクメイ」騒動から間もない年が変わった一九七一年一月のある日、言葉のぶつかり合いと路上の騒乱に疲れた身心を映画館の暗がりに滑り込ませた。そこで思いもかけない光景を目撃する。それは、コザの街を赤くこがした炎のゆらぎがフィルムの運動を通して現前化したように思えたのだ。

正月興行として封切られていた深作欣二の『博徒外人部隊』★7である。沖縄戦のスティグマを思わせる、若山富三郎が演じた片腕の大男の、コザの路地の闇をたっぷりと吸い込んだ形相と、沖縄の遺恨を噛みしめるような抑制された、だが、ドスの利いた太い声に、胸に高鳴るものを感じた。その生きざま／死にざまは、中屋幸吉の船上のモノローグや〈若きオキナワ〉たちの皮膚の反乱を、大胆に拡張し暴力の相で表出してみせた。

私がスクリーンでみたものは、〈祖国なき沖縄〉のローマン的な声とはまったく異なる声の質であり、それまでの日本と沖縄の幻想婚を棄却し、葛藤のスパークルとして描破していた。ここでいう日本と沖縄の幻想婚とは、沖縄戦を本土決戦の捨て石としたことや沖縄を切り離しアメリカの占領に置くことによって戦後を築き上げたことからくるヤマトの側の贖罪意識と、そうしたことへの差別告発やそれでも「祖国」とみなして熱く焦がれる沖縄の幻想の結びつきのことである。その幻想の結びつきが復帰を「民族的悲願」や「国民的課題」という擬制の共

★7　『博徒外人部隊』一九七一年、東映。監督：深作欣二、脚本：神波史男、松田寛夫、深作欣二、撮影：仲沢半次郎、出演：鶴田浩二、小池朝雄、室田日出男、曽根晴美、渡瀬恒彦ほか。

同性を築き上げていったのだ。

『博徒外人部隊』は、そうした贖罪意識・差別告発のコンプレックスとは無縁のダークサイドで、ヤマトから流れたアウトローと沖縄の地勢から立ち上がるエージェントの抗争と分有（の兆し）として動かしたところがある。異なる二つの戦後の出会いと葛藤と抗争があった。「おれたちの履歴書」「おれたちの縄張り」「おれたちの仇敵」の三部で構成されていて、十年ぶりに出所した元浜村組代貸の郡司益夫（鶴田浩二）が、かつての舎弟たちを廃屋になっている組事務所に集め、ある企てを話す場面は、抗争を演出する二つの異なる戦後の相関図を書き込んでいて印象深い。

ある企てとは、沖縄で新しくやりなおすことであった。組も縄張りも失い、今ではくすぶりながらどうにか生き延びているだけの身の上をぼやき、オッサンと慕われた由利徹が、終戦後のどさくさ時代を懐かしむところで、すかさず鶴田浩二が応える。「そんな場所ならねぇことはない。終戦後みてぇに、新しく縄張りをつくるのにうってつけの場所なら、日本にただ一つ残っている」といい、懐から沖縄地図を取り出し、「ここだ」と名指す。不意の地図に、「おきなわー！」と憧憬とも溜息ともとれる声音が一同の口を衝いて出る。郡司が言うには、ムショに沖縄出身の新入りがいて、そいつの話を聞いてイケルと踏み、「もちろんヤバいことはヤバい。このままドブ泥みたいに沈んでいくよりは、そっちのヤバいほうに賭けた。それでみんなに来てもらった」というわけである。彼らの履歴書の少なくとも輝いていた時をしるしていた、今では廃屋となった組事務所の暗闇でくべた焚火は、この集団のホモセクシュアルな結集と夢を再起させるメタファーにもなっていた。夢を再起させるのは沖縄であった。

アウトロー集団がかつてを回復するためのドリームプレイスとして沖縄がまなざされたということだが、ここでの夢の再起と「おれたちの履歴書」を理解するため、渡辺武信が深作欣二の『血染の代紋』（七〇年）や『博徒外人部隊』について指摘していた、「〝戦後〟理念との一体化」と「〝戦後〟の消滅を示す風景」について考えないわけにはいかない。つまり、郡司が「イケル」と踏んだ、その根拠とは何かということである。

こんなことを言っていた。「やくざ同士が戦後の荒野の中だけに許された自由を利用してつくりだした組織が、ある理想化の過程を経て〝戦後〟理念と一体化し、これが、着流し映画の〝家〟に似た役割を果たしている。ここではいわば整然とした象徴体系の欠如した荒廃そのものが、〝戦後〟の象徴として働いている。かくして自分たちの組織が、社会全体の秩序の回復によって圧殺されていく時、ヒーローがそれに殉じて死ぬのは必然であり、その死はたいていの場合、〝戦後〟の消滅を示す風景によって、痛ましくも逆説的に償われるのだ」（「任侠映画の変質と退潮」『映画的神話の再興』所収、未來社、一九七九年）。

郡司の企図はいわば、沖縄という時空によって「戦後の荒野の中だけに許された自由」を賦活し、もういちど失われた時を生き直すことであった。ではその「生き直す」ためには何が必要なのか。終わりを始まりにすることである。終わりを始めにすることが可能なのは、日本と沖縄の戦後性の違いである。郡司が「イケル」と踏んだ直感は、そうした戦後性の違いを嗅ぎ取っていたからであり、沖縄には「どさくさ」が残されているが日本はもはや戦後ではなく、一体化できる〝戦後〟理念も不可能になったということだ。

「戦後の荒野の中だけに許された自由」と「整然とした象徴体系の欠如した荒廃そのものが、〝戦後〟の象徴として働いている」場所を、沖縄地図に見たアウトローの口を衝いて出た「おきなわー！」の感嘆符には夢の再起が期待されていた。終わりを始まりにすること、郡司たち博徒の沖縄行のためには、仁侠映画のルーティンを転倒しなければならなかった。すなわち、郡司が大東会へ殴り込む始まりの場面は、物語の定型からすれば締めくくりのカタストロフィーであったはずである。だが、『博徒外人部隊』はエンディング（にすべきところ）をオープニングに置いた。終わったところから始まる物語。ここにこの映画が沖縄が介在することによって導き出した劇の独特な位相を読まずにはおれない。深作はそれを〈流れること〉と暴力の即物性によって描いた。

むろん、それだけではない。郡司をして沖縄を呼ばしめるものは、桜の代紋にしょっぴかれるとき、泣いてすがった女が沖縄出身で、入獄中に「私を探さないで下さい」と書いたハガキを寄こしどこへとも知れず消えた女へのリビドーがあったという解釈を拒むことはできない。このリビドーは郡司たちの生きた戦後と夢の再起が逆説的に投射されていたはずである。だから、〈女〉は郡司の愛人ということにとどまらず、〈沖縄の女〉であることによって、あの一体化されるべき〝戦後〟理念そのものの審級にもなっていた、といっても決して言い過ぎではないだろう。

ここで、郡司が「ヤバいほうに賭けた」といった「ヤバさ」について考えてみたい。それは終戦直後の横浜がそうであったように、縄張りを巡って血で血を洗う抗争への予感ととれるが、しかしそうしたやくざ抗争に回収できない沖縄の未知なるものへの怖れの触知としてもとれる。そのことは第二部の「おれたちの縄張り」で明らかにされるが、それはまた、この映画を『博徒外人部隊』と名づけた深作の沖縄像を語ってもいた。縄張りを巡る抗争が、やくざ同士のそれとしてだけではなく、ヤマトと沖縄のインペリアル／コロニアルな関係が絡んでくることであった。

郡司たちが沖縄に仮託したと思い込んだものは、ほんとうは「残された唯一の終戦後」ではなく〈外部〉だったということなのかもしれない。深作欣二は沖縄を〈異族〉として描いた。いや、描かざるを得なかった。そしてその〈異族性〉は「タックルス」(叩き殺す)や「ヤマトンチュ」(日本人)という言葉に込められた殺意のベクトルとなって投げ返された。

例えば、片腕の大男でコザのボス与那原が郡司に凄むところがある。

与那原　ヤマトンチューに沖縄でデカいツラはさせない。ここは俺たちのシマやさ。
郡司　だれのシマだと関係ねぇ。力づくでぶんだくる。それだけだ。

このやりとりはなかなかに興味深い。郡司にとって沖縄は「戦後の荒野の中だけに許された自由」がなければならず、そこではただ力づくだけが倫理として信じられる。ところが、与那原の構えには明治の琉球処分以来の被虐の記憶が表出させせられている。それから、この無頼の集団が沖縄の異族性を身をもって知らされるのは、沖縄の路地の闇の奥においてであった。
与那原の実の弟狂犬ジルー（今井健二）たちの襲撃にあって関（渡瀬恒彦）とオッサンを失い、売春街の一角のバーでシケ酒を飲んでいるときのことである。路地の奥から老婆が歌う哀調を帯びた琉球民謡が流れてくる。沖縄から南洋に移民にいった男たちの歌であったが、その沖縄語の歌詞の意味はもちろん彼らにわかるはずはなかった。それどころか、感情に絡みついてくる哀調に苛立ち、たまらなくなった鮫島（室田日出男）が「うるさーい。ワカンネー、ひと言だってワカンネー！　日本の歌を歌え、日本の歌をヨー！」と路地の奥に向かってどやしつける。そばにいた尾崎（小池朝雄）がなだめるように、「やーるーぞー見ておれ、口には出さぬ。肚におさめた一途な夢をー……」と畠山みどりの「出世街道」を二人で歌いだす。このシーンは、ヤマトのアウトローが迷い込んだ沖縄の路地の闇に同一化できない、いや受け容れられることを拒まれた深い苛立ちを写し込んでいた。

ただ、ひとり郡司だけは〈流れる者〉の触覚で出稼ぎ移民の歌に感応した。ふとしたきっかけで知り合うことになる、郡司のもとを去った女とそっくりの娼婦の部屋で、再び流れてきたその歌「南洋小唄」★8を「今の俺たちにぴったりのような気がする」といい、歌の意味を女によって知らされる。だが、別の夜、女は沖縄の男たちの出稼ぎの歌を、「いつの日か、女の下の口がものを言えば、これまでのアワレ、すべて語り尽くすだろう」と替え歌にする。「ムトゥシンカカランヌー」★9の歌にして返したのである。

『博徒外人部隊』の物語性は、二つの線の対位法的組み合わせになっているとみていいだろう。

★8　南洋小唄
戦前の沖縄演劇界の人気役者比嘉良順が、一九三九年、タイヘイレコードに吹き込んだ自作曲。「恋しふるさとぅぬ／親兄弟とぅ別り／憧りぬ南洋／渡てぃ着ゃしが」（恋しいふるさとの親兄弟と別れ、南洋諸島の新天地に夢を託して移民してきた）と歌いはじめられ、「明きてぃ初春ぬ／花咲ちゅる頃に／錦重にやい／誇てぃ戻ら」（懸命に働き、貯蓄をし、初春のように花咲く豊かな暮らしを得たら、誇らしく故郷沖縄に錦を飾って帰ろう）と結ばれている。南洋移民引揚者がよく歌ったとされる。
南洋諸島は、西太平洋の赤道付近に広がるミクロネシアの島々のうち、一九一四年から一九四四年まで日本統治下にあった、現在の北マリアナ諸島・パラオ・マーシャル諸島・ミクロネシア連邦の事を指す。ビザ不要で渡航できたため移民が多く、一九四〇年には約五万人の沖縄人が移住していた。南洋興発会社の管理下の糖業が主で、漁業も盛んであった。戦時中は米軍のその一つは、終戦後の自由さが残されているただ一つの場所としての沖縄に仮託した夢が、狂犬ジルーとコザのボス・片腕の大男の与那原兄弟によって突きつけられた〈異族としての沖縄〉と出会い、それとの抗争と、抗争を演じた者のみに許された分有が、日本復帰による沖縄の統合を拒む男たちの暴力の劇として描かれるラインである。

あとの一つは、郡司を沖縄に赴かせたかつての女への隠された思慕が、沖縄の路地の奥とそこに生きる「ムトゥシンカカランヌー」に出会うことによって〈無所有の闇〉とまぐわう線である。沖縄に仮託した夢は〈異族としての沖縄〉によって自らの〈外人〉性を自覚させられ、路地の奥の「ムトゥシンカカランヌー」の〈無所有の闇〉によってより深く混乱し、苛立ち、そして流れた。片腕の大男与那原が身体化した〈異族としての沖縄〉の殺意は、女の「下の口」と対になっていることは間違いない。

封切後、しきりにコザ暴動を予感したかどうかが論じられた。はっきりさせておきたいことは、この映画が沖縄に流れてきた「おれたち」の視点で語られていたにしても、暴動の予見の結晶は、日本の戦後の風景の外部で、歴史を逆なでにする片腕の男の生きざま／死にざまの強度と路地の闇の奥の「ムトゥシンカカランヌー」の語り尽くせないアワレを呑み込んだ無所有の「下の口」においてである。だが、もし、アウトローたちの言動にコザ暴動に接続される線があるとしたら、それは片腕の男の壮絶な死に「妙な具合だ。俺はこいつといっしょに大東会と戦いたいと思いはじめたところだった」と呟く、その呟きのうちに分有された〈異族性〉と「南洋小唄」のエレジーの共和圏に感応した〈流れること〉の倫理においてなのかもしれない。

空爆を受け、多くの沖縄人が戦没している。
★9　ムトゥシンカカランヌー　「元手のかからない商売」という意味で、娼婦のことをいう。

『博徒外人部隊』は、郡司たちの生きた戦後（の消滅）と与那原たちの生きた戦後（その片腕が含意した戦争の記憶と占領の継続としての終わらない戦後）を交差させた。そして「整然とした象徴体系の欠如した荒廃そのもの」を生きる無頼たちの暴力は、沖縄の〈異族性〉の侵入によって担保された。だからこそ「おれたち」の仇敵・大東会を、沖縄の地に足を踏み入れる始まりの港湾で相討つことができたのだ。

一九七一年の冬、スクリーンで繰り広げられたフィルムの運動の終わり、遂行された反逆の後の路上に、飛び散った真っ赤な鮮血は沖縄の図像を結晶させた。そしてその鮮血が結晶した沖縄地図の向こうに、たしかに私の反乱する皮膚は沖縄戦後史の臨界で火柱が立つ幻をみた、と思った。

アウトローたちが沖縄で殉じた「戦後の荒野のなかだけに許された自由」の後に、鮮血で書き込んだ沖縄地図は、決して実体には還元されない〈在日〉の「影としてのオキナワ」が投影されているようにも思えた。「南洋小唄」の流離が二つの戦後を巡って無伴奏で歌われた風景が、ここにはたしかにあった。

6　〈エネミー〉の考古学

映画化に必要な条件がほぼ揃っていたとしても、いざクランクインの段階でオクラ入りになった映画はそう珍しいことではない。流産した理由もさまざまであろう。だが、描かれた対象があまりにもその時代や社会を成り立たせている生々しい領域に触れているということが理由だとすれば問題は複雑だ。

笠原和夫★1の手になる「沖縄進撃作戦」★2（一九七五年執筆）はそんな問題作の一つであった。「これは沖縄のね……要するに、岸信介が朴正熙（パク・チョンヒ）とフィリピンのマルコスの三者の提携という形で、沖縄を含めて反共デルタ地帯というのをつくろうとしてたんですよ。ところが、沖縄には沖縄連合旭琉会★3という地元の組があって、これが岸信介のいうことを聞かないわけだ。で、その旭琉会を押さえるということで、東声会――東亜友愛事業組合のナンバー2で宜保俊夫さんという空手の名手がいましてね、この人が沖縄でいろいろ動くわけですよ。それが沖縄やくざ戦争の元で、紛争が起きるわけでね。そういう話をひっくるめて沖縄の激動を書いたんだけど、〔中略〕宜保さんは沖縄の東映の小屋主でもあるんだよ（笑）。で、〔岡田茂さんが〕「そんなのアレしたらエラいこったぞ。俺は命がいくつあっても足りないから、頼むからやめてくれ」って言うん

★1　笠原和夫（かさはら・かずお）　一九二七―二〇〇二。東京都生まれ。脚本家。日本大学英文科中退。海軍特別幹部練習生から様々な職を経て東映宣伝部に入る。一九五八年、脚本家デビュー。マキノ雅弘監督『日本侠客伝』シリーズ、深作欣二監督『仁義なき戦い』シリーズ（第四部まで）の脚本ほかで知られる。主に東映で、時代劇、やくざ映画の脚本を多数執筆。沖縄を舞台にした『日本女侠伝　激闘ひめゆり岬』を含め、代表作に『博奕打ち　総長賭博』『県警対組織暴力』『二百三高地』『大日本帝国』『226』『浪人街』など多数。作品は緻密で且つ徹底的な取材に基づき執筆された。著書に『笠原和夫シナリオ集 仁義なき戦い』（映人社、一九七七年）『鎧を着ている男たち――やくざは男社会のパロディ』（徳間書店、一九八七年）『2／26』（集英社文庫、一九八九年）『福沢諭吉――日本を世界に開いた男』（集英社文庫、一九九一年）『昭和の劇――映画脚本家・笠原和夫』（共著、太田

で、せっかくホンができたんだけど、「お前、泣いてくれ」って言われて（笑）」と、流産した事情を明かしていた（『昭和の劇』太田出版、二〇〇二年、三七七―八頁。荒井晴彦と絓秀実の共同インタビュー）。

「沖縄進撃作戦」は、敗戦後の「戦果アギヤー」★4から出発した「遊人（あしばー）」★5たちが、やがて組織暴力として纏まり、沖縄の主な盛り場に分立していた各派が諍いつつも、沖縄進出をうかがうヤマトの暴力団へ対抗するため連合するが、内部にくすぶる火種につけ込まれ引き裂かれていく様相を、壮絶な抗争を通して描いたシナリオである。その容赦ない剝き出しの暴力によって、沖縄の戦後社会の澱みや熱を鋭く抉りだす。沖縄戦から米軍占領――その現実は沖縄にとっては〈軍事的植民地〉として、また「残存主権」という国際法上の抜け道で日本に繋ぎ止められていた〈海外県〉として――を経て「日本復帰」へと至る軌跡が、パフォーマティブな暴力のクロニクルとして刻まれている。その抗争はあたかもフランツ・ファノンがいった植民地主義的現実は「マニ教的な善悪二元論」にならざるを得ないということと、それを廃棄する暴力の「ブーメラン運動」とも呼ぶべき往還に喩えたとしても決して間違いではないだろう。ここで注意してほしいのは、組織暴力といっても沖縄におけるそれは、日本の「やくざ社会」の伝統と定型に収まるものではなく、日本の戦後社会の外部――アメリカ占領下で生まれ、独自に展開したということである。笠原和夫はその暴力の起源を沖縄戦に見ていた。

『破滅の美学』（笠原和夫著、ちくま文庫、二〇〇四年）のなかに収められた「遊人（あしばー）」のなかでこんなことを言っていた。

出版、二〇〇二年）『映画はやくざなり』（新潮社、二〇〇三年）『「妖しの民」と生まれきて』（ちくま文庫、二〇〇四年）『破滅の美学――ヤクザ映画への鎮魂曲』（ちくま文庫、二〇〇四年）『「仁義なき戦い」調査・取材録集成』（太田出版、二〇〇五年）。

★2 「沖縄進撃作戦」 一九七五年執筆の笠原和夫の未映画化シナリオ。『映画はやくざなり』（新潮社、二〇〇三年）に収録されている。

★3 沖縄連合旭琉会 「那覇派」と「山原派」に分かれ対立抗争を繰り返していた旭琉会が、復帰を機会に、本土暴力団の沖縄進出阻止を図るため、一九七〇年十二月に沖縄連合旭琉会として団結。初代会長は仲本善忠。理事長に又吉世喜、新城喜史。その後も組織内の争いは絶えず、組織の統廃合を繰り返していった。一九八三年、翁長良宏が三代目会長に就任して三代目旭琉会が発足、構成員約千人を擁する沖縄県内最大の暴力団となった。その後、一九九〇年九月に富永派が分裂して沖縄旭琉会を結成。一九九沖縄に〈暴力〉があるとしたら、まさしく戦争が生んだ荒廃以外のなにものでもなく、そのエネルギーの根源は「沖縄ナショナリズム」（＝沖縄独立）にある。それが、昭和四十七年の本土復帰を機に、〈暴力〉は〈任侠〉に擦り替えられ、沖縄ナショナリズムは〈チャンとした御家庭〉の天皇制を支えるヤマトンチュウ（本土）のナショナリズムに組み込まれざるを得なくなった。この郷土愛の二重性が、近年沖縄のやくざ戦争のイニシエーター（初発因子）であった。その悲劇の代表的人物が、昭和四十九年十月、宜野湾市のナイトクラブで三発の銃弾を浴びて殺された新城喜史である。★6

ここには沖縄における暴力とそれがどのような質を持ち、変形されていくのかが無駄のない言葉で言い当てられている。暴力と抗争の原光景が見定められているのだ。

「沖縄進撃作戦」は〈沖縄の暴力〉そのものを身体化し、沖縄ナショナリストの新城喜史★7をモデルにした国上英雄と幾分の距離をおきつつも、その暴力を分有し乗り継いでいく弟分の石川健吉を軸にして繰り広げられる、まさに暴力のブーメラン運動といってよい。むろんその運動のイニシエーターは、笠原がいう「沖縄ナショナリズム」と「ヤマトンチュウ（本土）のナショナリズム」の二重性であった。その二重性に割って入り、沖縄ナショナリズムをヤマトンチュウナショナリズムに従属化させ、沖縄を東アジア反共デルタ地帯にすることを目論んだのは、沖縄における最初の右翼団体で、脚本では「愛国同盟沖縄支部」の支部長で琉心舘の師範小波本信永であった。

二年六月、沖縄県公安委員会から指定暴力団に指定された。白昼の市街銃撃戦やカーチェイス、火炎瓶投げ込みなど過激な抗争を繰り広げ、組員の死者や関係のない高校生が組員と間違えられ射殺される事件、覆面パトカーでの警戒中であった私服警察官二名が射殺される事件などが相次いだ。

★4　戦果アギヤー
「戦果の運び屋」を意味し、米軍基地から物資を盗み、盗品を売って稼ぐ人のこと。

★5　遊人（アシバー）
「遊び人」、転じて「不良」を意味する。

★6　笠原和夫『破滅の美学』ちくま文庫、二〇〇四年、二二〇頁。

★7　新城喜史（しんじょう・よしふみ）
沖縄県北部、山原出身。少年時代より喜舎場朝信のグループに入り、「戦果」をあげる。目が大きいことから「ミンタミー（大目玉）・ヨシミ」と呼ばれていた。一九七四年十月二十四日午後十時頃、宜野湾市真栄原のクラブ「沖縄ユートピア」で2メートルの至近距離から弾丸を受け即死。

小波本のナショナリズムは、門弟となった石川の腕の上達振りを見込み「祖国を失った県民の精神を支えるものは、空手道しかない。この前、東京から愛国同盟の松岡総裁が来島されて、同じことを仰言っておられた。今こそ、空手道と愛国精神の普及が大事だ。私は、むしろ遊人である君の根性に期待する所が大きいんだがね」と道場の師範代になることを誘うところや、同じ門弟の伊波が国上を襲撃したさい、止めに入った石川によって片腕を吹っ飛ばされ、その片腕を持参し、壁の日の丸を背にした小波本の前で土下座して申し訳を立てようとする石川に「国上の暴走は君にも責任があるんだよ。石川君、兄弟の義理がすべてではない、もっと大乗的な見識というものが男にはあっていい筈だ」と諌める言葉によく表われている。

二つのことがいえる。一つは空手道と愛国精神の結合であり、二つ目は、「兄弟の義理がすべてではない、もっと大乗的な見識というものがある」という、その大乗的見識である。この〈大乗的見識〉なるものは小波本信永が背にした壁の「日の丸」に対応することがはっきりしている。

それに対し国上英雄のナショナリズムは、小波本から「暴走」とされ、また琉栄会会長大里鉄男からも「国上の馬鹿はもうどうにもならん……〔中略〕こんなことを黙って見ておったら、復帰を前に、大事な本土の業者も資本家も誰一人沖縄に寄りつかんようになる。そんなことになってみろ、沖縄はまた戦前と同じように、ソテツばかり食わなきゃならんようになる!」と疎まれ、「馬鹿」とされたことに含意されている。それはいつだって常識を越える異形の荒ぶる力として怖れられ、それゆえに「日の丸」を背にした任侠ナショナリズムの〈大乗的見識〉

上原勇吉グループの犯行だった。

や日本復帰を算盤勘定ではじく現実主義にことごとく逆らい、はみ出ていくことになる。この国上の「暴走」と「馬鹿」といわれる荒ぶる力の根源は、笠原和夫もいうように沖縄戦にあったが、「戦争前、俺はおやじやお袋と本土へ出稼ぎに行ったよ……こっちじゃソテツしか食うもんがなかったからな……だけど、何処へ働きに行っても、朝鮮人と沖縄人はお断り、だ……〔中略〕それが、本土の、ヤマトンチュの正体だ……」と国上の故郷の墓の前で石川に言い諭す、ヤマト体験まで遡ってもいいだろう。

沖縄やくざ戦争のイニシエーターとしての国上英雄と小波本信永によって体現された、決して相容れることはない二つのナショナリズム。だからこそ小波本は、ヤマトの暴力団の沖縄進撃を阻止するために統一した沖縄連合琉栄会の分裂を工作し、理事長で沖縄ナショナリストの国上英雄を死に至らせた影の仕掛け人的な存在として振る舞う。こうみてくると「沖縄進撃作戦」が最もアブないところを衝いていることがわかるというものだ。笠原和夫が造型した人物像と沖縄ナショナリズムの動線があまりにも状況の熱を孕み、反共デルタを破りかねないほどリミットに近づいたということであろう。

先に引用した「遊人（あしばー）」の冒頭で、笠原は摩文仁の丘でたびたび見かけた〈奇妙な風景〉について触れていた。石垣に囲まれ、庭先の草花も咲き誇っているのに人の住んでいる気配がまったくない屋敷が其処彼処に点在していて、それが沖縄戦で一家全滅した家だと知らされた時である。「不意に、荒野を吹きわたる風が唸りを立てて肌を刺してくるような戦慄に襲われた」と語っていた。その時の戦慄から、凄まじいまでの暴力を身体化した国上英雄が造型されたといえよう。唸りを立てて荒野を吹きわたる風はまた、国上のバイオレンスの内部で鳴ってもいたはずだ。

そして戦争が生んだ荒廃から地熱のように立ち上がってくる〈暴力〉は、「沖縄進撃作戦」では独特の筋肉のエコノミーとして屈曲させられる。沖縄人女性律子が二人のMPによってレイプされるところと、そのレイプの後にとった国上と石川の行為によって現わされる。砂糖を盗んだ律子が二人のMPに砂浜に追い詰められ、裸にされ、レイプされるところを見届けた後、国上は弟分の石川にたいし「体で汚されたもんは体で、清めてやるしかない」とドヤしつけ、自らはMPを殺害する行為におよぶ。石川は石川であっけにとられるが、結局、国上の呪文にかかったように女と重なる。笠原和夫は米兵にレイプされた後「裸身のままボンヤリ砂糖を掻き集めている律子」の姿と、「律子、泣いている。石川も汗と涙を掌で拭う」と描くことによって、セカンドレイプとも思える暴行を独特な筋肉のエコノミーとして反転させていた。女は後に売春街にいるところを引き取られ石川の女房となることによって裏づけられる。このシークエンスは国上の〈暴力の思想〉が内に持つ筋肉の夢や震えをニヒリズムすれすれのところで掬い上げているように思える。「毒をもって毒を制する」式のやり口を反転させた、都合の良い屁理屈にもみえる〈清めと治癒の暴力〉は、「個々人の水準においては、暴力は解毒作用を持つ」とファノンが言う時の「解毒作用」とどこか繋がるところがないだろうか。

◎

ところで、では、戦争の荒廃から立ち上がってくる〈暴力〉とその根源にある沖縄ナショナリズムとは、いったいどのような信憑をとるものなのか。国上英雄にとっては例えばこんな行為として身体化される。


塩屋　「何をする！」

気色ばんで詰め寄ろうとする塩屋と青年たちを、石川が立ちはだかって制する。

国上、着ていたいつもの野戦服の上衣を脱ぎ、雨戸に拡げて掛けると、片手の拇指を割れたウイスキー瓶の角で切り、その血で、上衣の背に大きく「ＰＷ」と書く。

国上　「これが俺たちの旗だ！」

日の丸を焚火の中に投ずる。

シン——となる一座の青年たち。

燃え尽きてゆく「日の丸」。

「ＰＷ」の血文字。★8

これは石川を伴って国上の故郷である沖縄北部のある村に立ち寄った日の夜、「祖国復帰期成同盟山原支部」の若い男女の、村の木立の奥で焚火を囲っての秘密集会に乗り込み、雨戸に張りつけられた「日の丸」を引っぱがすシーンであるが、国上が身体化した沖縄ナショナリズムの出自を鮮やかに描写してもいる。この場面の時代背景となっている一九五〇年代の初期は、

★8　笠原和夫「沖縄進撃作戦」『映画はやくざなり』新潮社、二〇〇三年、一八三—一八四頁。

戦争の混乱から立ち直り始めていく反面、朝鮮戦争とサンフランシスコ条約の発効で、日本の「独立」とひきかえに沖縄がアメリカ占領下に置かれ、極東の不沈空母、弾薬庫、慰安所と化し、その不条理からの脱出として日本が「祖国」として幻想されていく時期でもある。

「PW」とは「prisoner of war」の略語で、捕虜の意味である。国上はこの〈捕虜〉であることに一貫してこだわる。なぜか。少なくとも三つのことがいえる。その一つは、国上英雄と石川健吉が「スイーザ（兄貴）・ウットー（弟分）」のチョウーデー（兄弟分）の契りを結ぶのが留置所であったことである。この留置所での契りによって生まれた国上・石川のカップリングは物語を縫う縦糸となり、連累する。国上の死の後、石川が乗り移るように暴力の原光景に立ち返ることからもわかる。

二つ目は「捕虜収容所」から解放されたとしても、日米の合作によって生まれた沖縄の戦後は、依然として〈捕われの身〉であることに変わりはない、ということが意識されている。それは「頭に捩り鉢巻、HBT★9ファッションと言われる米軍野戦服、脚絆づき軍靴」という彼のコスチュームが時と場所を選ばずその一点張りだということと、国上がたびたび吐く「俺は戦争やっているんだ！」という太い意志のラインによって示唆される。

したがって三つ目は、〈捕われの身〉を解き放つ暴力と沖縄ナショナリズムの矢印はひとりアメリカにのみ限定されていたわけではない。アメリカと手を組む日本、そして沖縄人であることを放棄して日本に同化する「祖国復帰」運動とも敵対せざるを得ない。沖縄の現実はいわばコロニアルなそれであり、依存コンプレックスと劣等コンプレックスの裏返しでしかない

★9　HBT
アメリカ軍の野戦用軍服で、Herringbone Blouse and Trousers の略。戦後衣服が欠乏していたため、米軍から放出されたHBTを仕立て直して着用した。

「日の丸」と「祖国復帰運動」は、国上にとっては我慢がならない排撃の対象と見なされる。野戦服の背に血文字で書いた「PW」を掲げ、「これが俺たちの旗だ！」というテンションは、国上英雄のバイタルさと沖縄ナショナリズムの、いわば戸籍謄本のようなものである、といってよいだろう。

ここにきて、暴力のブーメラン運動を起動させる〈暴力の暴力〉としての〈対抗暴力〉の問題が浮上してくる。『沖縄進撃作戦』はまさに〈対抗暴力〉の絡み合う劇とみなすことができる。そしてこの〈対抗暴力〉を駆動させるものこそ、物語の節目節目で国上英雄が吐く〈エネミー〉の哲学なのだ。この〈エネミー〉は三つに分類できる。

その一つ目は、沖縄各地の盛り場をシマにして分立した各派内部の敵対として表出される。それは権益と組織拡大を狙ったシマ荒しによって暴発し、より露骨に機能する。沖縄における四次にわたる凄まじい抗争はそのことをよく示している。ここでのエネミーはこんな会話のなかに垣間見ることができる。

国上　「俺は戦果だけで喰える。エネミーの機嫌をとって商売することは出来ん」

前原　「エネミーはアメリカだけとは限らんよ。見てみろ……」★10

これは米軍から掻っ攫ったトレーラー一台分のジャム缶を、国上が前原派の事務所で売りつけようとしたときのやり取りだが、前原から戦果アギヤーで得意になっている時勢ではないと

★10　「沖縄進撃作戦」『映画はやくざなり』一七八頁。

たしなめられ、向かいの遊技場で那覇の大里派が入れたジュークボックスやスロットマシンに群れている米兵や若者たちを見ながら交わされたセリフである。ここでの〈エネミー〉は、コザの国上や前原派のシマを荒らしにかかった那覇の大里派に向けられている。つまり、アシバー同士の勢力地図の書き変えをめぐる力学に規定されている。

二つ目は、本土暴力団の沖縄進出に向けられる。コザに事務所を構えた九州小岩組の風体が、前原の仲介で拳銃やライフル銃の売買を国上に申し入れるが、「ヤマトの遊人にはチャカは売らん」と頑として撥ね返す。

長井 「なしてわしらにチャカが売れんのか、理由を聞きたいのう」

前原 「訳を聞きたいと言ってるんだぞ！」

国上 「(方言。翻訳字幕) 本土人はアメリカと講和条約を結んで手を組んだ。アメリカはエネミーだ。だから本土人もエネミーだ。エネミーに武器は売れん！」

前原 「(方言。同前) そんなケチな根性だから、沖縄人は貧乏ばかりしているんだ。お前もそうだ。アメリカから盗んできた戦果のウイスキーや煙草を売り歩いて、やっとこさソーメンすゝってる身分じゃないか。本土人を利用してうまい米の飯を喰えばいいんだ。わしたちだって日本人なんだからな！」

国上 「(方言。同前) 俺は日本人じゃない。沖縄人だ！」

有田 「日本語でハッキリ言えんのかい！」

国上　「(方言。同前) 馬鹿野郎、さっさと本土へ帰らんと目の玉引ッこ抜くぞ！」
前原　「バカ野郎、と言ってるんだよ」
有田　「呆れた田舎もんじゃ！　沖縄の極道は仁義という字も知らんのか！」★11

「本土人はアメリカと講和条約を結んで手を組んだ。アメリカはエネミーだ。だから本土人もエネミーだ」という国上の物言いは直線的にすぎるといえないこともないが、しかし、あえて沖縄語（ここでは〈方言。翻訳字幕〉として）を介在させることによって国上と有田の対立の光景に独特な色調を描き込んでいる。つまり、〈方言。翻訳字幕〉は国上のエネミーがヤマトのやくざ社会の定型には容易には回収されない文体を持っているということであり、その拒絶の意志は、皇民化や沖縄戦で「沖縄語を使った者は間諜とみなし」行使された暴力の記憶の蜂起として、想像力を駆り立ててもくれる。この後、米軍機のジェットエンジン整備の轟音が鳴り響く中で、有田や長井など小岩組の組員は、国上の長柄の斧によって凄まじい制裁を受ける。
そして三つ目は、二つ目のエネミーと重なっているが、より複雑でしかも政治性を帯びた構造になっている。

石川　「兄貴、小波本先生に受けた恩を忘れてはおらんだろうね」
国上　「忘れてはおらんさ。おらんが、義理は義理、エネミーはエネミーだからな」
石川　「エネミー……？」

★11　「沖縄進撃作戦」『映画はやくざなり』一八七頁。

国上「小波本さんの愛国同盟がやっとることは、沖縄人の土をアメリカに売る手伝いだ」

石川「そんなことは先生だって判ってる。先生は、本土復帰を早める為に、今はジッと辛抱してアメリカと争わんようにと努めておられるんだ」

国上「詰まらん辛抱だよ！　アメリカが帰ったら、今度は本土に沖縄の土を売るつもりか」

石川「本土に復帰しないで何処に帰るんだ!?」

国上「沖縄は沖縄へ帰りゃえゝ」

石川「兄貴……兄貴の考えは判らんでもないが、現実を考えてみてくれ。兄貴のやりかたでアメリカや本土と対抗出来ると思ってるのか？」★12

米軍基地拡張のための強制接収に反対する農民を応援する左翼を、小波本信永を沖縄支部長とする愛国同盟がおさえにかかったのに対し、国上らが左翼を尻押し、愛国同盟と真正面からぶつかった事件を石川が問いただす場面である。

国上の口から吐きだされる〈エネミー〉が、どのような構造をもっているのかということと、「PW」の血文字を原光景にした国上の沖縄ナショナリズムが導入した敵対性の力学が明らかにされている。「PW」の血文字がここでは「沖縄の土」に置き換えられ、「沖縄は沖縄へ帰りゃえゝ」という場所からアメリカとそのアメリカと手を結んだ本土が〈エネミー〉として対象化されているのだ。沖縄を反共デルタに築きあげようとする天皇制ナショナリズムと敵対せざるをえないことが領けるというものだ。さらにそれは石川健吉が愛国同盟の伊波と兄弟の杯を

★12　「沖縄進撃作戦」『映画はやくざなり』一九八頁。

交わしたことに対して国上が「小波本は、本土復帰などと騒いでる連中と同じ、俺のエネミーだ。本土に向かってギブミー、ギブミーと言ってるやつと、お前は兄弟になったんだ」と断じ、兄弟の縁を切ることを言い渡されるところと重なっているが、ここからみえてくるのは国上の対抗暴力の政治性である。アメリカはエネミーだ。だから本土人もエネミーだ。エネミーの二つ目の引用でみた「本土人はアメリカと講和条約を結んで手を組んだ」ということからもわかるように、これは、コロニアルな状況における「マニ教的二元論」とそれを廃絶するひとつの回路としての沖縄ナショナリズムがカウンターバイオレンスとして構造化されている、といっても過言ではないだろう。

そしてこれらの国上英雄のエネミーの哲学が一段と深みを帯びるのは、小波本信永の日本ナショナリズムと向き合うところである。兄弟の縁を切った、だが、それでも石川を思いやる心根を持っていた国上が小波本を訪ね、石川を預かってくれるよう頼み込む会話のなかに刻み込まれている。

国上　〔前略〕俺はアメリカやヤマトやあんたらはエネミーだと思っとるが、あんたらを倒しさえすりやえゝとは思っていないよ。エネミーはエネミーなんだということを一生忘れたくないだけなんだ。だから戦い続けるしかないわけだよ。沖縄人が沖縄人として生まれてきたことを誇りと思うようになるには、自分の力を信ずることしかないからね」

小波本　「日本人としての誇りを持つことの方が理想じゃないのかね?」

国上　「俺はこの島で生まれたからね、この島の土の味が一番うまいと思うとるのよ。だから、余分な肥料はまくな、と言うとるだけだ★13」

先の国上と石川、ここでの国上と小波本の対話を併せてみると、沖縄の「やくざ戦争」のイニシエーターとしての二つのナショナリズムとエネミーの関係が見事に描出されている、といっていい。国上英雄によって体現されたエネミーは、「やくざ戦争」の内部においてのみ生きられたのではなく、沖縄戦と占領の継続としての戦後沖縄のコロニアリティに深く根ざしていることを教えている。

こうしたエネミーが行使される劇の結び目に、笠原和夫は沖縄戦、朝鮮戦争、中国革命による沖縄の要塞化、サンフランシスコ条約発効による日本の独立と沖縄の占領状態の継続、軍用地接収や米兵と基地がらみの事件や事故、ベトナム戦争とそれと直結した沖縄の軍事的動向、祖国復帰提灯デモ、祖国復帰協議会結成、佐藤・ニクソン共同声明、本土復帰を巡る促進と反対運動、自衛隊の沖縄進駐、皇太子火炎瓶事件などをスチールやモンタージュによって取り入れていた。国上英雄と石川健吉が体現した対抗暴力のブーメラン運動と〈エネミー〉は、こうした沖縄をとりまく状況から送り込まれ、また状況へと送り返されていく闘争線であった。

◎

★13　「沖縄進撃作戦」『映画はやくざなり』二一八―九頁。

笠原和夫の「沖縄進撃作戦」を原典にして、一九七六年に中島貞夫が監督して製作された『沖縄やくざ戦争』★14は、石川の「現実を考えてみてくれ。兄貴のやりかたでアメリカや本土と対抗出来ると思ってるのか？」という問いに、山原派と那覇派を糾合し、本土の組織暴力団の沖縄進撃に対抗する「沖縄連合琉盛会」が立ち上げられるところからはじまる。「沖縄連合琉盛会」（「沖縄進撃作戦」では「沖縄連合琉栄会」）の結成から、千葉真一扮する国頭正剛と松方弘樹扮する中里英雄（「沖縄進撃作戦」では「国上英雄」と「石川健吉」）のカップリングが、観光目的で沖縄進出をうかがう本土暴力団を国頭が殺害したのがもとで、その収拾に動いた中里がヤマトのヤツラと手を組んだとみなされ、激怒した国頭が兄弟の縁を切ることや、中里が入獄中、国頭の参謀的な存在にのし上がった地井武男扮する石川隆信との確執からくる中里の舎弟の凄まじいリンチがきっかけとなって内部抗争に発展し、国頭の殺害をターニングポイントにした乱反射する抗争が描かれている。

ここでの抗争のイニシエーターは、「沖縄ナショナリズム」と天皇制を支える「ナショナリズム」、つまり〈暴力〉と〈任侠〉の二重性であることに変わりはないが、しかし、映画化のための妥協からか、笠原和夫の脚本での映画化がオクラ入りした理由である愛国同盟沖縄支部の存在と分派工作は注意深く省かれている。

中里派の国頭殺害の背景には、本土暴力団の沖縄進出の思惑と本土復帰という時代の変化にたいする琉盛会内部の現実主義的処世術が働いていた。本土暴力団の沖縄進出に対抗するために連合したときの精神にこだわり「俺の目の黒いうちはヤマトのやつらを見かけたらタタッコ

★14『沖縄やくざ戦争』一九七六年、東映。監督：中島貞夫、脚本：高田宏治、神波史男、撮影：赤塚滋、出演：松方弘樹、渡瀬恒彦、千葉真一、地井武男、成田三樹夫、梅宮辰夫、進藤恵美、尾藤イサオ、室田日出男、矢吹二朗ほか。

ロしてやる！」と凄む国頭の苛烈な沖縄ナショナリズムを、次第に疎ましく思うようになっていたのである。「時代は変わったんだから」という大勢に囲繞され、国頭の沖縄ナショナリズムは次第に孤立し、その分より尖鋭化と激しさを増幅させていく。「兄貴もコザの街もずいぶんと変わってしまった。まるで暗闇の中でもがいているようだ」と洩らす中里英雄の述懐は、この間の事情をよく伝えている。〈任侠〉ナショナリズムとそれに取り込まれた現実主義にとって沖縄ナショナリズムの〈エネミー〉の哲学は「誇大妄想」とか「キチガイ」にしか映らなかった。

とはいえ、『沖縄やくざ戦争』のアクチュアリティは、七二年の日本復帰を挟む世替わり期の沖縄の葛藤を〈暴力の思想〉によって表出してみせたところにある。そのテンションの高さは、ほかでもない、国頭正剛の沖縄ナショナリズムが帯電させたカウンターバイオレンスの熱と危機意識によって裏づけられる。

本土復帰後、巷間では「系列化しないのはオリオンビール[★15]と社会大衆党[★16]と旭琉会だけだ」とアイロニカルに囁かれたが、とりわけこの映画のモデルともなった旭琉会のそれは異彩を放っていた。復帰運動という形をとった沖縄の戦後的抵抗が、結局のところ国家の統合を下支えする同化主義の閾を出るものではなく、政党や労組、企業や行政組織、お金や道路、政治の先端から生活の末端まであらゆる領域に及んだ本土との一体化・系列化の奔流のなかで、「俺はただ、このクニを守りたいだけだ」という国頭の沖縄ナショナリズムが演じた抵抗線と孤高さに今さらながら気づかされる。この『沖縄やくざ戦争』での国頭の「俺はただ、このクニを守り

★15 オリオンビール
一九五七年、名護町（現在の名護市）で沖縄ビール株式会社として設立された、沖縄県浦添市に本社を置くビールメーカー。名護市に生産工場を持つ。シェアでは日本国内第五位だが、沖縄に限れば50％以上という最大のシェアを誇る。

★16 沖縄社会大衆党（社大党）
一九五〇年結党、初代委員長は沖縄群島知事平良辰雄。本部は那覇市泉崎。当初は比嘉秀平や西銘順治などの保守系政治家も在籍していたが、後に相次いで離党したことで革新色を強めていった。結党当初は「国際正義に基づく琉球国の建設」を綱領で謳っていたが、後に沖縄人民党とともに復帰運動の中心に立って署名運動や促進期成会を組織。復帰を前に日本社会党への合流が提案されたが合流せず、復帰後は全国でもユニークな土着の地域政党として再出発した（沖縄人民党は一九七三年に日本共産党に合流）。県知事や議員を多数輩出、沖縄の革新勢力をまとめる存在と

たいだけだ」というセリフは、「沖縄進撃作戦」での国上の「沖縄は沖縄へ帰りゃえ〻」という言葉と共振し、ヤマトとの同化・一体化へと流れた沖縄の戦後史を逆なでにする政治性を帯びていた。

思うに国上英雄／国頭正剛とは「マニ教的二元論」を果てまで辿ったアクターであり〈暴力の思想〉なのだ。その生きざま／死にざまは、コロニアルオキナワを身体化し内側から波立たせた。国上／国頭の死によって「沖縄ナショナリズム」は天皇制を支える「ヤマトンチュウのナショナリズム」に懐柔され、〈暴力〉が〈任侠〉に擦り替えられた。国上英雄／国頭正剛（そのモデルとなった新城喜史）は、復帰後の沖縄にとって「早く忘れてしまいたい、あの忌まわしい〈戦後〉そのものだった」のだ。

だが、「沖縄進撃作戦」と『沖縄やくざ戦争』は、終わったときからはじまるセンソウを書き込んでいる。中里英雄が国頭正剛の命をトルこととひきかえに提示した条件は、ことごとく〈任侠〉ナショナリズムによって裏切られ、中里派は本土暴力団と盃を交わし系列化を果たした琉盛会と全面抗争に入るのだが、山原に追い詰められ、亀甲墓の内部に立てこもり反撃のチャンスをうかがう。その立てこもった亀甲墓の内部で中里の視線はブーメランのごとくあの場所に還る。あの場所とは、「沖縄進撃作戦」のなかで日の丸の旗を引っぺがし「これが俺たちの旗だ！」として掲げた血文字の〈ＰＷ〉である。弟分の一人とラーメンを啜る中里英雄が、ふと何かを思い出すような表情で箸を止めると、バックに長柄の斧をもって暴れる国頭の映像とともに琉球民謡「ＰＷ無情」★17が静かに流れる。このシーンはこの映画のライトモチーフを映

して、根強い影響力を持っている。

★17　ＰＷ無情
戦後、これまで親しんだ民謡のメロディーに創作歌詞をのせて歌った新しい民謡が作られたが、そのうちの一つで、戦後の沖縄の捕虜生活を描いた民謡。作詞：金城守堅・山田有昴・新城長保、原曲は普久原朝喜作「無情の歌」。ＰＷとは prisoner of war の略で戦争捕虜を指し、民間人捕虜と区別するために背に「ＰＷ」という文字が記された衣服を着せられていた。屋嘉村（現在の金武村）にはＰＷ専門の捕虜収容所があり、本土出身兵と沖縄出身兵が隔離されて収容されていた。「勝ち戦さ願て／山ぐまいさしが／今や捕わりてぃ／屋嘉に泣ちゅさ／ＰＷ　哀りなむん」（勝ち戦を願って山ごもりをしていたのに、今や捕らわれて屋嘉で泣く想いだ、ＰＷとは哀れなもの）という歌詞。

像言語として表現して傑出している。

ここでの「亀甲墓」は二つの相反する意味を負わされていることになる。亀甲墓そのものは、女性の子宮を象った造型物とされるところから、死者が還りゆく場所であると同時に蘇えりの場所ともされる。死と生、消滅と誕生の輪廻が含意されている。また、沖縄戦では多くの住民の命を救った避難所となった記憶を思い起こさせる。中里英雄が亀甲墓に立てこもった意味は、したがってこのように解釈することができる。すなわち、この時の亀甲墓の内部は避難所であり、また反撃を準備する砦でもあったのだ。だからこの空間で、原景としての〈ＰＷ〉は見出されなければならなかった。そしてその避難所にして砦でもある立てこもりの内部で、死んだ国頭正剛が蘇える。いや、国頭正剛に中里英雄が乗り移ることによって、国頭の〈エネミー〉が中里によって生き直される、ということだ。

ところで、中島貞夫はこの映画で、笠原和夫が描かなかったもう一つの〈エネミー〉の線を書き込んでいた。それは中里英雄の出自を沖縄の離島（久米島）にしたことであり、そのことは、中里を慕って島から沖縄本島に出てくる青年たちの結集軸になっていた。沖縄本島と離島の間に存在する齟齬や差異の刺（とげ）が内部抗争の隠されたイニシエーターになっていた。国頭によって凄まじいリンチにあった中里の弟分が吐く呪詛の言葉には、こうした国頭のナショナリズムの背後にあって、国頭には必ずしも自覚されていたわけではない、もう一つのエネミーの存在があることを教えていた。

笠原和夫は国上英雄が殺害される直前に琉球民謡「白骨節」★18を歌わせ、至近距離から三発の

★18　白骨節（しらくちぶし）　男に捨てられ、白骨になって浜辺にさらされている女性を唄った独り心中の歌。「白骨（しらくち）になやい　白浜の砂（しな）と／共によ骨や曝さりてでんし／離すなよ死出でぬ　旅に行くまでや／儘どや一道（ちゆみち）なて言ちゃる云語れや／固く信じてど　命（ぬち）ん捨（し）てたしが／里やよ肝変（ちむか）わて　死ぬる命惜しで」という歌詞。

銃弾を浴びて即死した国上の見開かれたままの瞳から伝わり落ちる一滴の涙を添えた。中島貞夫は死の直前、国頭に「ＰＷ無情」を歌わせた。

そしてラスト。手打ち式を済ませた関西広域暴力団旭会の組長・梅津義明と琉盛会のマヌーバー翁長信康がヨットで釣を楽しんでいるところに、まるで国頭正剛が乗り移ったようなコスチュームで疾走するモーターボートから中里英雄が軽機関銃を乱射する。海と空が溶け合う水平線の彼方から渡ってくるように「ＰＷ無情」の三線のソロがテテン、テテン、トゥンと重なる。

国頭正剛から中里英雄に乗り継がれる暴力の連累があった。『沖縄やくざ戦争』で描かれた〈暴力〉は、また、「だからこそ現地人の夢は筋肉の夢、行動の夢、攻撃的な夢となる〔中略〕原住民は夜の九時から朝の六時まで、自己を解放することをやめない」とファノンが言ったような植民地化された人々の筋肉の夢や震えの運動でもあった。二人のアクターの暴力のクロニクルとブーメラン運動は、「夜の九時から朝の六時までの自己解放」と「筋肉のあいだに沈澱する攻撃性」を、白昼のもとに露出させ、沖縄ナショナリズムの〈エネミー〉の考古学を状況の熱に書き込んだ。

『沖縄やくざ戦争』は、沖縄ではついに劇場公開されることはなかった。今もなお上映することはできない。なぜか。最初に紹介した笠原和夫のインタビューでも見た通り、この映画の原典ともなった笠原和夫の脚本が原因であった。沖縄やくざ戦争の元となり、脚本では「愛国同盟沖縄支部」の支部長で琉心舘の師範小波本信永のモデルが沖縄での配給元であったということや、リンチ場面があまりにもショッキングだということが上映禁止の理由だったといわれる。だが、それよりもむしろ、私にはこの映画が封印しておきたい繊細な領域に踏み込んでいくラディカルさに起因しているように思える。「暴走」や「気狂い」として疎まれ、怖れられる、国頭正剛から中里英雄によって乗り継がれ、生きられた〈エネミー〉が、復帰運動や日本ナショナリズムにとっては「早く忘れてしまいたい、あの忌まわしい〈戦後〉そのものだった」ということである。沖縄戦の荒廃を原光景にして、「沖縄は沖縄へ帰りゃえゝ」とか「この島の土の味が一番うまいと思うとるのじゃよ。だから、余分な肥料はまくな」という、自分でも手なずけることができない亜熱帯のバナキュラーな〈暴力〉の強度は、北から流れてくる同化の風にほとんど我を亡失した当時の沖縄にあって、ひときわ異彩を放っていたことは、繰り返し強調しても決してしすぎることはなかった。

7 明るすぎる喪の風景

日本復帰直後の沖縄にロケを敢行し、その年の八月に封切られた大島渚[★1]の『夏の妹』[★2]を最初に観たときの戸惑いが、今でも頭をかすめるときがある。というのも、国家と父性、風景と反逆、性と犯罪、死刑と朝鮮人問題など、日本のフレームを饒舌とも言える話法で求心的に問い詰めていった大島渚のフィルモグラフィからみて『夏の妹』はずいぶん趣を異にしているように思えたからである。

むろん、ディスカッション・ドラマの手法や猥歌や猥談などを攻撃的に挿入したブラックユーモアなど、大島的文法は随所に見られるものの、それ以前の映像にはない乾いた明るさが虚無のようにフィルムの表層に点綴されているように思えたのである。たぶんそれは、大島渚に訪れた表現上の転回からくることなのかもしれない。常に時代のアクチュアリティに鋭敏に応答し、映像によって時代を煽り、サインを送り続けた一人の映画人が、安田講堂の陥落や自衛隊市ヶ谷駐屯地に立てこもり決起を促した三島由紀夫の割腹自決、そして連合赤軍内部で演じられた大量リンチ殺害事件によって、変革が潰え去ったことと戦後の死を宣告された、という強い思いを抱かされたからに違いない。『夏の妹』の前年につくった『儀式』は、「早すぎた日

★1　大島渚（おおしま・なぎさ）　一九三二年、京都市生まれ。映画監督。京都大学法学部卒。京都府学連委員長を務める。一九五四年、松竹大船に入社。一九五九年『愛と希望の街』で監督デビューした後、『青春残酷物語』『太陽の墓場』などのヒット作で松竹ヌーベルバーグの旗手となる。『日本の夜と霧』を、松竹が無断で上映中止したことに抗議し、同社を退社。その後、妻の小山明子、渡辺文雄、田村孟、小松方正、戸浦六宏らと映画制作会社「創造社」を設立する。監督作品に『日本春歌考』（一九六七年）『絞死刑』（一九六八年）『新宿泥棒日記』（一九六九年）『少年』（一九六九年）『儀式』（一九七一年）『愛のコリーダ』（一九七六年）『戦場のメリークリスマス』（一九八三年）『御法度』（一九九九年）ほか。著書に『戦後映画・破壊と創造』（三一書房、一九六三年）『体験的戦後映像論』（朝日新聞社、一九七五年）『同時代作家の発見』（三一書房、一九七八年）『大島渚一九六〇』

本の戦後の総括」ともいわれたが、『夏の妹』はそのエピローグとして位置づけられる作品だとみなすことが可能であろう。

『夏の妹』が封切られた後、竹中労[★3]は厳しい評価を下していた。「大島渚について評価を改める、〝沖縄の安定を予感する〟『夏の妹』という作品に私は断乎不同意である、無可有であろうと叛乱の先触れを、アジテーションというわれわれ（NDU・私）の主張に、いうならば『夏の妹』は予定不調和である、ゆえに、私は創造社・大島渚と決別すべきであると考える」（「映画批評」一九七二年八月号）といっていた。竹中によって『夏の妹』は〈沖縄の安定を予感する〉作品とみなされたのだ。この「予感」はむろん「叛乱の先触れ」と相容れるものではないことははっきりしているが、これはその前年に撮られた深作欣二の『博徒外人部隊』（とNDU[★4]の『モトシンカカランヌー』[★5]や『アルジェの戦い』[★6]を作ったジッロ・ポンテコルヴォの『ケマダの戦い』）が意識されていたことは間違いない。「一九七〇年十二月二十日未明、コザ市で暴動が発生した時点で、深作欣二はこの作品を編集し終わっていたはずである。だが、彼はよくやった。ここには、みごとに〝暴動〟の予見が結集している」（「映画批評」七一年三月号）と書いていた。

竹中労がいう「〝暴動〟の予見が結集している」とは、どのようなことを指していたのかは必ずしも詳らかではないにしても、ヤクザ組織の勢力地図からはじかれ、沖縄に乗り込んだアウトロー集団とそれを許さない沖縄のアシバー集団との抗争、そしてアウトロー集団の仇敵である大組織の沖縄進出に対する迎撃に仮託していたことは想像に難くない。何よりも、仇敵を

（青土社、一九九三年）『戦後五十年映画百年』（風媒社、一九九五年）『大島渚一九六八』（青土社、二〇〇四年）。

★2　『夏の妹』
一九七二年、創造社・ATG。監督：大島渚、脚本：田村孟、佐々木守、大島渚、撮影：吉岡康弘、出演：小松方正、栗田ひろみ、りりィ、小山明子、石橋正次、佐藤慶、殿山泰司、戸浦六宏。

★3　竹中労（たけなか・ろう）
一九三〇—一九九一。東京都牛込区肴町生まれ。東京外国語大学露語学科除籍。父親は戦前に雑誌「新青年」で江戸川乱歩の挿絵などを描いた画家の竹中英太郎。一九五八年、東京毎夕新聞に入社。一九五九年退社しルポライターに。「女性自身」スタッフ・ライターとなる。一九六九年、初めて沖縄へ行き、NDUのドキュメンタリー映画『モトシンカカランヌー』に製作協力。以後生涯にわたって沖縄と関わった。著書に『琉球共和国——汝、花を武器とせよ！』（三一書房、一九七二年）『琉歌幻視行——島うたの世界』

迎え撃って流された鮮血が沖縄地図に結晶化していくラストに、竹中をして「〝暴動〟の予見が結集」するイメージを喚起させただろうことは疑いない。『博徒外人部隊』が本土組織暴力団の沖縄への乗り込みと、それとの抗争によって痛烈にえぐり出したのは、左右を問わずその深層に隠し持っていた「沖縄返還／日本復帰」という名の沖縄従属化の内実であった、といってもよい。

竹中労が『夏の妹』に沖縄の安定を予感し、それとの決別をいい、叛乱の先触れを構想するその先には、ポンテコルヴォがカリブ海の架空の島ケマダに展開した革命のイメージを沖縄に描いていた。ケマダは沖縄であり、「吾ら、ケマダに拮抗しうるか？」を自問する。大島渚が『夏の妹』で描こうとした「戦後の総括」と竹中労の叛乱のイメージは根本的にすれ違う。大島が日本のラディカリズムの死と戦後のエピローグをしるすものとして沖縄の日本復帰をみたとすれば、竹中はなお世替わりの激動にケマダに拮抗する素材を求めた。

一九七二年五月十五日、沖縄は日本に「復帰」した。「復帰」とは私にとって敗北であった。この認識は揺るぎなかった。ここで「復帰」というときの内実は、沖縄の軍事的植民地状態はそのままにしての日本国家による「併合」を意味した。むろんそれは施政権がアメリカから日本に移動したということにとどまるものではなかった。「復帰」の上に「真の」だの、「完全」だの、「平和憲法」だのを接ぎ木し、同化主義の差延化を図る復帰思想のさまざまな意匠は、私たちにとっては越境の対象でなければならなかった。なぜなら沖縄の自立を深く蝕む病根を、復帰思想そのもののなかにみていたからである。沖縄の近代と戦後の時空を縦断してなお還流

（田畑書店、一九七五年）『鞍馬天狗のおじさんは』（白川書院、一九七六年）『ルポライター事始』（みき書房、一九八一年）『美空ひばり』（朝日文庫、一九八七年）『黒旗水滸伝』（かわぐちかいじ画、皓星社、二〇〇〇年）『「たま」の本』（小学館、一九九〇年）ほか。

★4　NDU
日本ドキュメンタリストユニオン。早大反戦連合を母体に、布川徹郎らが結成。アジアへの視点を貫いて次々と作品を発表していった。作品に『モトシンカカランヌー　沖縄エロス外伝』（一九七一年）『倭奴へ——在韓被爆者・無告の26年』（一九七二年）『アジアはひとつ——玄界灘－東シナ海－先島列島－台湾海峡』（一九七三年）ほか。

★5　『モトシンカカランヌー　沖縄エロス外伝』
一九七一年／NDU／白黒／16㎜／70分。「モトシンカカランヌー」とは元手がかからないという意味で、売春を意味する。布川徹郎らNDUが返還前の沖縄に密航、コザの赤線地帯に潜

してやまない国家・民族へと同一化する幻想の共同性。それはまた、「起源論争」や「方言論争」、「帰属論争」や「戦争責任論争」などをめぐって繰り返し立ち現われてきた。沖縄の戦後世代の最もアクティブな試行には、そうした沖縄のアポリアと、沖縄を巡るプロブレマティークにおいて復帰思想の原基を問い糺し、国家へ同一化していく円環の外へ越え出ようとする強い志向があった。

友利雅人の「あまりに沖縄的な〈死〉」は、そんな沖縄の戦後世代の最も良質な思考の軌跡であり、タタカイの戦場をあやまたず言い当てていた。友利は、現に、今、進行形で展開されていた復帰運動に、沖縄戦での集団自決に見られる死に至る共同性と同型の構造を読み取り、閉ざされた島共同体に国家が架橋されていく回路を問い直していた。「この架橋の過程が沖縄にとってもつ意味を明らかにすることは、たんに戦争体験論とか責任論の問題ということではない。それは薩摩侵攻以来の琉球、そして日本近代国家と沖縄の歴史的な関係の暗部を切開することにつながっていくはずである」と言っていた。

思えば私たち沖縄の戦後世代が到達したこの〈アンチ・シュタート〉の思想は「日本近代国家と沖縄の歴史的な関係の暗部を切開する」ことによって拓かれた思考の地平だとも言えよう。だからこそ、「国家指向、いわば死ぬことによって日本国民として生きるという共同性のパラドックスは、集団自決と復帰運動の暗部に、断たれることなく流れ続けてきた」とする揺るぎない認識を獲得することができたはずだ。

入して娼婦たちや日本からの観光客を取材。反米闘争、ゼネスト、黒人兵の暴動などを交錯させながら、戦後沖縄が抱える問題を凝縮させた。

★6 『アルジェの戦い』一九六七年、イタリア／アルジェリア。監督：ジッロ・ポンテコルヴォ、脚本：フランコ・ソリナス、撮影：マルチェロ・ガッティ、出演：ブラヒム・ハギアグ、ジャン・マルタン、ヤセフ・サーディ、トマソ・ネリ。

集団自決は、われわれにとって負の遺産である。そして復帰思想－運動もまた負の遺産である。国家にとりつかれた存在たる琉球・沖縄は島の根底にまで下降するのでなければ、その歴史を転倒することは不可能であるように思われる。アンチ・シュタートとしての沖縄――それがどのような形をとって現われるかはだれにとっても視えてはいないが、われわれにとってここで問題なのは、あれこれのプログラムではなく、国家に収斂していく共同性の回路を断つことである。その方法がみえてくるとき、はじめてわれわれは沖縄としての沖縄に向き合うであろう。[★7]

ここには、「集団自決」という死に至る共同性の深層に下降することによって引き受けざるを得ない負性と、それを越え出るための〈方法としての沖縄〉の原像がたしかな手がかりとして摑み取られている、とみていいだろう。「沖縄としての沖縄」と向き合うこと、だが「復帰」はその流産でしかなかった。そしてその流産を封印した。

一九七二年五月十五日、その日は雨だった。どうしようもない虚脱感が私を嚙んだ。雨は首都の風景を濡らし、われらの「アンチ・シュタートとしての沖縄」を灰色の路上に鎮めた。これから訪れるであろう復帰プログラムの有象無象を想像すると、ただやりきれない思いだけが残った。私の虚脱と敗北のメンタルは、日本の戦後的抵抗を銃をもって越えようとした連合赤軍が、自閉の果てに「死へのイデオロギー」に捕捉され、リンチで多くの同志たちを死に至らしめた事実をみせつけられたときの衝撃にも起因していたが、それよりもむしろ、友利雅人が

★7　友利雅人「あまりに沖縄的な〈死〉」「現代の眼」一九七一年八月号。

いう「あまりに沖縄的な〈死〉」を越える道筋を敷設できなかった、という痛覚からくるものであった。一九七二年五月十五日とは、「国家に収斂していく共同性の回路」を絶つことはなく、日本の版図に閉じていったことをしるした負のクロニクルとして記憶されなければならない。時代はついに「沖縄としての沖縄」に向き合うことはできなかった。

『夏の妹』は、そうした敗北の心象に働きかけてきた。「アンチ・シュタートとしての沖縄」の座礁の上に、やがて書き込まれるであろう奇妙に明るい風景を予感させもした。

◎

大島渚は、自分が韓国や沖縄のことに関わるのは日本（人）としての枠を突破したいからだというふうなことをいっていた。その言い草を信じるとすれば、『夏の妹』も日本（人）の枠組を突破する試みである、といちおうは見ることができる。事実、この映画には、果たしえたかどうかは別とすれば、そんな大島の企てが散見できる。戦争責任と戦後体験、日本の戦後と沖縄の占領、日本復帰と観光化などを巡る問題群が、復帰直後の沖縄を舞台に三つの世代の絡み合いと重なり合う劇として描かれている。

ここでいう、三つの世代の三つの劇とはどのようなことを指していうのか。

まず一つ目は戦争に深く関与した世代で、「沖縄に殺されにきた」日本の男（桜田拓三＝殿山泰司）と「殺す値打ちのある日本人をひとりさがす」沖縄の男（照屋林徳＝戸浦六宏）として登場させられる。二つ目は、少年時代に戦争を経験し、日本と沖縄の進路を決定した一九五二年の日米講和条約と日米安保条約が締結された時代に、沖縄から日本へ留学した国吉真幸（佐藤慶）と同じ大学に在籍した菊地浩佑（小松方正）、その菊地に国吉が妹として紹介した大村ツル（小山明子）の、いわば「戦直派」世代の経験である。三名はかつて奇妙な関係でつながった経歴をもっていた。学生運動に身を投じて投獄された国吉が出所するある暑い夏の夜、菊地は半ば暴力的にツルと関係を結ぶ。そのことをツルの口から知らされ、「こいつのタネに先につかれちゃかなわない。もしついていたとしたら、せめてゴチャマゼにしよう」と国吉もツルと「やる」という込み入った関係をもっていた。その後国吉は沖縄に帰り、今では沖縄県警の幹部になり、菊地は日本の法曹界で勇名を馳せる判事になっている。ツルはホテルを経営していたが引退し、奥武島で余生を送る、何やら巫女の資質の持ち主のようである。

そして三つ目は、国吉と菊地のどちらも父親の可能性を持つ大村鶴男（石橋正次）と、鶴男の妹になるかもしれない中学生の菊地素直子（栗田ひろみ）、その素直子のピアノの家庭教師で、菊地の妻となることが約束された小藤田桃子（りりィ）たち戦後世代の出会いの世界である。鶴男は昼は観光客に沖縄語を一語百円で教え小銭を稼ぎ、夜は歓楽街で流しをしている。

物語は、菊地家の庭で見た桃子を、妹と勘違いした大村鶴男が素直子に宛てた一通の手紙に呼ばれて、素直子が兄を探す沖縄への旅としてはじまる。この素直子の「兄探し」は父親には内緒ということになっているが、素直子の「兄探しの旅」が磁力になって、沖縄と日本をめぐる三つの世代の出自と関係の網目が絡み合いながら一つの場に引き寄せられ、暴かれ、明らかにされていく。

私は『夏の妹』を二つの理由で注目してみたい。その一つは物語の時間の選び取りである。映画は一九七二年五月の復帰直後の沖縄でクランクインし、物語も同時進行的に展開する。なぜ、復帰直後の沖縄だったのか。それはたまたまそうなった、というほどのことなのかもしれないが、しかし〈その時〉でなければならなかったとしか思えないところがある。〈その時〉に作られたということ、いや、〈その時〉を選択したという事実は、ことのほか重要な意味を帯びてくるように思われるのだ。そのことが象徴的に示されるのは、真実（鶴男と桃子の疑似兄妹相姦）を見てしまったことに深く動機づけられた、素直子が「畜生！ 沖縄なんか日本に帰って来なきゃよかったんだ！」と叫ぶところである。大島渚はこの一行を言いたいがためにこの映画を作ったと思わせるほどである。

あとの一つは、沖縄の「日本復帰」を尋常ならぬ視点で読み取っていることである。大島渚は「日本復帰」にメロドラマの構造を鋭く見抜いていた。この大島の視座を的確に探り当てていたのが長部日出雄[★8]であった。「沖縄の本土復帰の前後にメロドラマの構造を見てとった作者は、パロディによる批評といった方法をとらず、メロドラマの基本的な骨法をすこぶるまっとうに踏むことによって、逆にその感傷的で通俗的な幻想性を明らかにしようとしたのであろう。この着目は正確であったと思う。なぜなら、いまや沖縄は真の日本に気づきつつあるけれども、日本はまだ真の沖縄（琉球）を見出していないようにおもわれるからである」（『アートシアター』九六号、一九七二年八月）と指摘していた。「カン違いに始まり、スレ違いを経て、別れに終わる」この映画が、基本的に誤解と錯覚から生まれるメロドラマの骨法を踏んでいるというのだ。

★8　長部日出雄（おさべ・ひでお）一九三四年、青森県弘前市生まれ。小説家。早稲田大学文学部中退。「週刊読売」記者を経て、映画評論家に。著書に『津軽世去れ節・津軽じょんがら節』（津軽書房、一九七二年）『鬼が来た――棟方志功伝』（文藝春秋、一九七九年）『天才監督木下惠介』（新潮社、二〇〇五年）『天皇の誕生　映画的「古事記」』（集英社、二〇〇七年）ほか。一九七三年、直木賞を受賞。

たしかに、これまで沖縄の「日本復帰運動」と本土の「沖縄返還運動」のなかで、日本と沖縄は親子の血縁や男女の関係のスペクタクルとして見立てられてきた。沖縄県祖国復帰協議会は運動方針の柱に「民族意識の昂揚および国民感情の育成」をかかげていたが、その「民族意識」や「国民感情」は、引き裂かれた母と子、恋する男女が一つに結ばれる心的メカニズムに擬せられた。つまり日本と沖縄の関係が親と子、ないしは恋する男と女と見立てられ「抱き取る／抱き取られる」和合のセレモニーとして表象される。

こうした合一の儀式は復帰運動の取り組みのなかに容易に見ることができた。沖縄が日本から切り離され、アメリカの施政権下に置かれる根拠となったサンフランシスコ講和条約（その第三条）が発効した四月二十八日を、沖縄では「屈辱の日」と見なし、毎年その日は沖縄本島を縦断する「復帰行進」や「祖国復帰県民大会」が取り組まれた。その前夜には、沖縄島最北端の辺戸岬と日本最南端の与論島でかがり火を焚き、心は一つであることを確認し合う「焚き火集会」が行なわれた。こうした一体化のシンボリックな行事の一つがいわゆる「4・28海上集会」であった。沖縄と本土からそれぞれ船団を組んだ参加者が、分断の27度線上で対面し「復帰／返還」を誓い合った。このセレモニーは、「祖国」として憧れた日本と、「異民族」のもとで質草にされた沖縄との間の「抱き取る／抱き取られる」象徴行為にもなった。このような沖縄と日本を親子（恋人）に擬し、「抱き取る／抱き取られる」イメージの政治は、制作された幾つかの映像のなかでもっとも効果的に発揮された。

日本政府の代行機関ともいえる南方同胞援護会が[★9]「抱き取ろう、母国へ　沖縄・小笠原」の

★9　南方同胞援護会　一九五六年、日本政府に代わって沖縄問題の解決を図るためにに設立された。五九年に沖縄・小笠原に加えて北方領土の問題も取り扱うようになる。略称は「南援」。各種キャンペーン、映画製作、日米交渉の根回しや日本政府への提言などの他、機関誌「沖縄と小笠原」（二〇号まで）「南と北」（二一号〜五〇号）「沖縄」（五一号から）を発刊、沖縄住民に対する各種援護事業を行なうなど復帰運動に大きな役割を果たした。一九六一年から会長は大浜信泉が務める。副会長渕上房太郎、専務理事吉田嗣延は、戦前、日本民芸協会との間で「方言論争」を巻き起こした時の方言撲滅運動を推進した沖縄県知事と県学務課職員。復帰に伴い廃止。

目的で企画・制作したプロパガンダ映画『沖縄・祖国への道』★10は、「同じ日本でありながら27度線で分断された沖縄」を太平洋戦争で失われた領土と見なし、一日も早い領土回復への道を、母子関係に擬して描いていた。また、同援護会が企画・制作した『沖縄の声』★11では、孤児となった沖縄の人々が親もとの「祖国日本」への思い入れをいっそう強いトーンで演出していた。ラストは「望郷の岬」と呼ばれた辺戸岬の断崖に小学生の一団が並び、27度線の向こうに見える「祖国」の南端与論島を望見するシーンと、岬に並ぶ少女の一人が書いた作文から「早くみんな日本人になりたい」という声を、分断の海にエコーをかけ反復させ、子が親としての「祖国」を慕う心情をエモーショナルに情景化していた。

ドキュメンタリー『石のうた』★12では、沖縄と日本の関係を八重山に残る悲恋伝説を下敷きにして描いていた。冒頭での「生木の枝を裂くように相愛の仲を引き裂かれた一人の乙女はついに石になってしまったという。その嘆きは今にも沖縄に続いている。未だに沖縄は日本本土から引き離され、二十年もアメリカ支配を受けている。私たちは物言わぬ石になる。だが、石だって叫ぶんだ」というナレーションは、そのことを雄弁に物語っていた。

『夏の妹』は、こうした「祖国復帰運動」と「沖縄返還運動」の通俗的な幻想性をメロドラマの骨法でもって揺すぶってみせたのだ。肝心な点は、親と子、恋する男と女を、兄と妹の関係に組み換えたことである。しかも沖縄の兄と日本の妹として転倒させたのである。なぜそうしたのか。復帰運動をイデオロギー的に支えた日琉同祖論に仕組まれた権力の線と血統のうそっぽさを曝してみせたかったのだ。さらにいえば、この〈対の構造〉の組み換えは、素直子の義

★10『沖縄・祖国への道』一九六七年／カラー／35㎜／22分。構成・脚本：黒沢剛、撮影：太田達朗、赤津光男、編集：中野清策、録音：黒須昭、解説：吉岡晋也、制作：対馬好武、企画：南方同胞援護会、製作会社：毎日映画社「抱き取ろう、母国へ 沖縄・小笠原」の標語のもとに、南方同胞援護会が行なった広報活動の一環として制作された映画。

★11『沖縄の声』一九六九年／カラー／35㎜／30分。企画：日本広報センター・南方同胞援護会、製作会社：毎日映画社。『沖縄・祖国への道』の姉妹編。

★12『石のうた』一九六五年／モノクロ／16㎜／41分。演出・構成：沼沢伊勢三、撮影：男沢浩、赤城学、録音：岡崎三千雄、製作：野々村晃、北村孫盛、製作会社：沖縄映画プロ。沖縄の祖国復帰運動と本土の沖縄返還運動の高揚から生まれた映画で、その結びつきを知る上で興味ぶかい。

母になる女を妹と思う勘違いが、疑似的な兄妹相姦の様相を呈することで物語の迷路を深くさせられるのである。親子の血のメタファーで成立した復帰運動の幻想性を兄・妹関係に転倒し、兄妹相姦の劇を介入させたのは、もっともらしい共同性に亀裂を入れることと、復帰後に訪れる新たなるメロドラマを感じ取っていたからであろう。『夏の妹』は、時を隔てた二つの夏の二つの疑似的な兄妹相姦の劇としても読める。

国吉真幸／菊地浩佑と大村ツルの夏と、大村鶴男と菊地素直子／小藤田桃子の夏としてである。

素直子、ぼくの妹。素直子、とつぜんこんな高校生のラブレターのような呼び方をされて君は不愉快になったかもしれない。しかし、この妹という言葉はぼくの血が呼んでいるのです。ぼくの名は大村鶴男。ぼくの身体には、もしかすると君と同じ菊地浩佑氏の血が流れているかもしれない。ぼくは小さい時から父はいないものと思って来たが、ある日母にそのことを問うた時、母は父である可能性のある人の名をふたつ上げました。その一人があなたのお父さまでした。……素直子、ぼくの妹。ぼくは君のお父様やぼくの母なんかのこと、そういう前の時代の人たちのことなんかについてはもう何も言ったりしたりする気はないんだ。ただ、君を妹と呼びたい。そして、できればぼくが生まれ育った沖縄で君に優しくしてあげたい。よかったら、夏休みになったら沖縄へ来ないか。

沖縄の兄（かもしれない）・大村鶴男から日本の妹（かもしれない）・素直子へ宛てた手紙の一部である。ここには大島が企てた幻想性の転倒と復帰後の沖縄で演じられるもうひとつの劇が、兄から妹への「高校生のラブレター」のような手紙でほのめかされている。兄妹相姦を予感させもするが、実際にはそれは、素直子の義母となる予定の桃子によって代理されることになる。そもそもの始まりは鶴男が桃子を素直子と勘違いしたことであった。桃子は鶴男が素直子に宛てた「高校生のラブレター」のような最初の一通だけ残し、その後に届いた手紙はすべて彼女によって処理された。大村鶴男と菊地素直子の出会いを阻み、勘違いとすれ違いと別れをコントロールし、素直子の兄探しを横領しつつ代行する桃子の存在によってドラマはコロニアルな沖縄を巡る複数の劇が誘発されるのだ。

りりィが演じる桃子とは、日本と沖縄の関係を操るアメリカの転倒した表象だといっても過言ではない。あるいは日本の戦後を規定した「アメリカナイゼーション」の人格化だと見ることも可能である。配役に思い切った形式化と象徴化をほどこす大島の話法からすれば、そうした読み取りは的外れとは思えない。日本の戦後に浸透し、日本人と日本国家のありかたを規定した「アメリカナイゼーション」、もっと大胆に読み直せば、桃子は日米安保の性的メタファーといえなくもない。素直子の父と兄を逆説的に犯し、メロドラマをコーディネートしたのはほかでもない彼女だったのだから。そうだとして、ここで興味深いのは、アメリカは占領や権力のイメージを付帯された男性性としてではなく、女性性として喩えられたことになる。〈犯す〉ことの攻撃性が即時的に男を連想させるということは腑に落ちやすい図式ではあるが、それが女によって語られるとするならば、〈犯す〉ことの意味がより深い位相で問われてくることになるはずだ。ここに『夏の妹』の尋常ならざるメロドラマの骨法が躍如とするところでもある。

この映画で示された日本復帰に〈メロドラマの構造〉を見抜いた卓抜な視点に、もうひとつの視点が導入されなければならない。日本の戦後を特徴づけた「アメリカナイゼーション」との関係で沖縄の日本復帰をみればどうなるのか。想像するに、大島渚の日本復帰観は、「アメリカナイゼーション」は日本の内部に深く浸透している。その日本に復帰したのだ。沖縄は、アメリカから脱しようとして、もう一つのアメリカに組み込まれることになる」とした、東松照明[★13]の日本復帰に対する見方が参照されているのではないか、と思わせるところがある。桃子の役回りはそんな「アメリカナイゼーション」をイメージさせる。

東松照明は六一年に『飼育』[★14]の脚本に松本俊夫[★15]とともに協力しているが、六九年にはじめて沖縄に足を踏み入れたときの衝撃から沖縄に深く関わるようになり、『夏の妹』がクランクインする直前の七二年四月に沖縄に渡り、那覇で日本復帰を迎え、そのまま住民票を移し翌年三月まで沖縄に移り住んでいる。戦後写真の一つの峰となった『太陽の鉛筆』（毎日新聞社、一九七五年）に収められた写真のほとんどもそのときに撮影されている。那覇滞在中は当然にも大島渚を訪ねている。この『太陽の墓場』と『太陽の鉛筆』の二人の世代を同じくする作家が、復帰や沖縄認識で何らかの交渉があったと見ることは不当ではない。東松照明の「アメリカナイゼーション」とそれとの絡みで捉えた沖縄の日本復帰に対する認識は、まぎれもない「勘違い」

★13　東松照明（とうまつ・しょうめい）　一九三〇年、愛知県名古屋市生まれ。写真家。愛知大学法経済学部経済学科卒。「岩波写真文庫」のスタッフを経て、フリーに。戦後日本を代表する写真家の一人。広島、長崎、アフガニスタン、沖縄等で撮影。一九六九年、初めて沖縄に渡る。一九七二年には復帰直前の那覇に移り住み、住民票を取り寄せ一年間滞在。現在は一年の半分をそれぞれ那覇と長崎に滞在。著書に『戦争と平和』（岩波書店、一九五五年）『〈11時02分〉NAGASAKI』（写真同人社、一九六六年）『サラーム・アレイコム』（写研、一九六八年）『OKINAWA 沖縄 OKINAWA』（写研、一九六九年）『太陽の鉛筆　沖縄・海と空と島と人びと・そして東南アジアへ』（毎日新聞社、一九七五年）『光る風――沖縄』（集英社、一九七九年）『朱もどろの華』（三省堂、一九七六年）『時の島々』（岩波書店、一九九八年）『東松照明1951―60』（作品社、二〇〇〇年）ほか。一九七五年、『太陽の鉛筆』で日本写

と「すれ違い」への言及でもあったのだ。

実際、「勘違い、すれ違い、別れ」に終わる〈メロドラマの構造〉は、日米のダブルとしてのりりィが演じた桃子の存在によって、愛憎紙一重の矛盾の統一体としての「アメリカナイゼーション」を介在させながら複雑な様相を帯びてくる。大島の企ては、沖縄の復帰を巡って日米が繰り広げた関係のスペクタクルを性的メタファーによって暴き、攪拌することであったといえよう。

あとひとつ、この映画の見逃せない特徴として、〈白〉からの覚醒について触れなければならないだろう。大島は「死の風景」についてたびたび言及している。『夏の妹』は、極端にいうと、死んでいるんですね、みんな。亡霊の映画なんです。みんな死んでいるんですよ。白い着物を着てね。沖縄に行ったということも関係があると思う」（『大島渚一九六〇』青土社、一九九三年）といっていた。また、「琉球新報」（一九九九年十二月二十八日）に寄せた「沖縄、それから」という一文では「七二年に沖縄で『夏の妹』を撮ったとき、みずから気づいて愕然とした。登場人物はみな喪服を着ている。死の衣装をまとっているのである。つまり、私は自分と仲間たちを既に死んでいる人間として自覚していたのだ。ほんの二、三年前、初めて沖縄へ来た私は、この土地から新たな日本革命の狼煙を上げようと思っていたのに」と告白していた。

『夏の妹』を「亡霊の映画」といい、この映画を覆う〈白〉に「死」と「喪」を嗅ぎ取り、ほんの二、三年前までは、この土地から「新たな日本革命の狼煙」を上げようと思っていた大島が、自分と仲間たちを既に死んでいる人間とみなしたのにはどのような理由があったのだろう

真家協会年度賞、翌年芸術選奨文部大臣賞など受賞。二〇〇二年には浦添市美術館で「沖縄マンダラ」展を開催、併催イベントのシンポジウムでは荒木経惟、森山大道、中平卓馬が同一ステージに登壇、話題を呼ぶ。

★14　『飼育』一九六一年、大宝。監督：大島渚、原作：大江健三郎、脚色：田村孟、撮影：舎川芳次、出演：三國連太郎、沢村貞子、中村雅子、大島瑛子、山茶花究。

★15　松本俊夫（まつもと・としお）一九三二年、愛知県名古屋市生まれ。映画監督。東京大学文学部美学美術史学科卒業。日本の前衛的記録映画、実験映画、マルチ映像、ビデオアートの草分け。監督作に『安保条約』（一九五九年）『西陣』（一九六一年）『石の詩』（一九六三年）『母たち』（一九六八年）『薔薇の葬列』（一九六八年）『修羅』（一九七一年）『ドグラ・マグラ』（一九八八年）ほか。著書に『映像の発見』（三一書房、一九六三年／清流出版、二〇〇五年）『表現の世界』

か。おそらく、大島渚において映画的実践が一つの円環を閉じたということであり、そのことと「日本復帰」によって沖縄の戦後史が円環を閉じたことが見事に重なったということであろう。登場人物が白の衣装で一堂に会する料亭と白い砂浜でのディスカッション・ドラマの「白い喪の風景」は、『日本春歌考』★16の冒頭、雪が降るなかを黒服の一団が黒い日の丸を掲げ無言のままデモ行進する「黒い喪の風景」に匹敵する印象的な映像となっている。『夏の妹』の〈白〉は、沖縄に夢見た「革命の狼煙」への弔いの批評だったといえないだろうか。同じ喪の風景でも黒が白に反転していることに注目したい。

そしてラスト、鶴男から「おれ、ほんとの大村鶴男だよ」と告げられても、別れのテープが風に流れる船上から「そんな嘘、沖縄語で言ってみろ！　スータンはね、もっと力をつけて、またここへ来て、ほんとうの大村鶴男と会うんだァ！」と素直子は律儀にも言い放つ。ふと視線を返した向こうに、海上に浮かぶ一隻の小舟の上で殺す男と殺される男が対座し、やがて立ち上がって組み合い、一人の男が海に突き落とされる。シナリオには「どちらが、どちらをつきおとしたかわからないが、一人が海に沈んでしまった」とあるが、注意深く見れば、突き落とされ海に沈んでしまったのは殺す側の沖縄の男だったことがわかる。このシーンは、超ロングで逆光を背にした影の運動として捕獲されている。殺される側と殺す側の逆転に、不発に終わった「革命の狼煙」と「日本復帰」に大島渚がみた沖縄の敗残が遠点から写し撮られているといっていいだろう。

「勘違い、すれ違い、別れ」に終わった沖縄の兄と日本の妹のメロドラマ。「復帰運動」の幻

(三一書房、一九六七年／清流出版、二〇〇六年)『幻視の美学』(フィルムアート社、一九七六年)『映像の探求』(三一書房、一九九一年)他がある。

★16　『日本春歌考』一九六七年、創造社・松竹。監督：大島渚、脚本：田村孟、佐々木守、田島敏男、大島渚、撮影：高田昭、出演：荒木一郎、小山明子、田島和子、伊丹一三、観世栄夫、福田善之、小松方正、渡辺文雄。

想の空間においては、「沖縄に殺されにきた」日本の男と「殺す値打ちのある日本人をひとりさがす」沖縄の男は決して出会うことはなかったし、また「いねえな、いねえもんだ。人を殺しそうな奴はひとりもいねえや。ふやけた面ばっかりだ。残虐行為ってやつがあったじゃないか。しかしこち側にもいねえんだよ。そのことに責任をとって腹を切ろうって奴もいなけりゃ、殺されてやろうって奴もいねえんだ」と桜田拓三が吐き捨てるようにいったセリフは、そのことをいみじくも言い当てていた。殺される男が殺す側になり、殺すはずの男が殺される側になる、影の運動は、ポスト復帰においても変わらない沖縄と日本の関係の未来像が予見されていた。つまり、「国家に収斂していく共同性の回路を絶つ」ことなく、ヤマトとの同化と一体化を突き進む限り、「沖縄としての沖縄」に向き合うことはできない、ということなのだ。

そうだとすれば、この映画が提示して見せた、あとひとつの見逃せない側面としてのツーリズム的な視線からする「観光沖縄」は、「沖縄としての沖縄」と向き合うことの断念と見まがう不在の上に出現させた風景ではなかっただろうか。鶴雄と素直子が夜の盛り場をほっつきながら「シルバー仮面はさすらい仮面、銀の翼の流れ星、兄よ妹よ弟よ、ごらん緑の地平線」、「故郷は地球」と歌う〈シルバー仮面〉の歌は、けっして出会うことはなかった兄と妹のすれ違いに終わるほかなかった物語への、大島渚が手向けた、喪の歌のように思えてくる。それとも、この兄と妹の関係を「沖縄は真の日本に気づきつつあるけれども、日本はまだ真の沖縄（琉球）を見出していない」と言った長部日出男の言葉を思い浮かべるべきなのだろうか。だがあえていえば、この歌はほかならぬメロドラマを演じてしまった沖縄へのレクイエムのように、私には聴こえた。

「畜生！　沖縄なんか日本に帰って来なきゃよかったんだ！」という叫びは、復帰直後の沖縄の時空に書き込まれたメロドラマと白い喪の風景に一瞬の亀裂を入れたにしても、友利雅人が「あまりに沖縄的な〈死〉」で導き出した「アンチ・シュタートとしての沖縄」は、復帰後の明るい時間の海を漂流し続けたままである。一九七二年五月の雨の記憶と八月の白い喪の風景は、時を巡り私の現在に長すぎる影を落としている。

8 エディポスたちはオナリの夢をみたか

一九六九年初夏だった、と思う。便所からもれ出てくるアンモニアの臭いが客席にもこもっている池袋駅近くの文芸座地下の暗がりでのことであった。スクリーンに映し出された南島の鮮烈な光と影、絡みつく湿気とむせ返るほどの緑と藍色に映える海に、だが、決して爽快とはいえないエロスとタナトスが重畳する今村昌平の『神々の深き欲望』[★1]を観たときの、鈍いショックと拭いがたい違和感を今でも覚えている。

私が抱いたそのときの鈍いショックとは、架空の島という設定とはいえ、沖縄・南島がこのように描かれていくことへの驚きであった。拭いがたい違和感とは、南をまなざす視線のなかにある政治性と使われている言語（どこかの方言と標準語）のリズムに、どうしても洋画の吹き替えを見ているような、目と耳の分裂を感じざるをえなかったということである。これは沖縄・南島を描いた映画を見たときに抱かされる避けがたい居心地の悪さだとしても、風土の濃さや祭祀や共同体の紐帯を描いているだけに、余計そのことが気になったのである。ある意味ではやむを得ないことだといえなくもないが、そこで使われている言語がどのような声によって付帯されているのかは、それが身体表現と密接に結びついているだけに、物語を運ぶリズム

★1　『神々の深き欲望』一九六八年、日活。監督：今村昌平、脚本：今村昌平、長谷部慶治、撮影：栃沢正夫、出演：三國連太郎、河原崎長一郎、沖山秀子、嵐寛寿郎、松井康子。

や人物の陰翳にまったく異なる印象を与えてしまうのである。目と耳の分裂は、身体とかかわるだけに意外と尾をひくものである。このとき私は、表現と言語の問題にうすうす気づいていたのかもしれない。

とはいえ、この映画は架空のクラゲ島を舞台にして、島共同体から疎外され、そのゆえにまた、共同体の秩序維持のためにはなくてはならない太家の濃密な血縁のつながりとしての〈パラジ〉（血縁関係）から創世神話を描こうとした意欲作であることはまちがいない。太家が疎まれつつも必要とされる血縁の位相は、先祖代々神に仕えるノロの家筋であることと、親子・兄妹相姦の疑いをかけられた性のタブーの境界を行き来する「ケダモノ」の家系であるという両義性に負わされている。太家のパラジとクラゲ島の共同性をめぐって、現代と基層、合理と迷妄、共同体の掟と放縦、近親相姦とタブーなどが、南島の秘儀や秘祭のなかで幾重にも重なり複雑に絡まりあいながら、性・家族・共同体・国家の起源を叙事的に描き上げていた。花田清輝のように「前近代を否定的媒介にして近代を超克する」といえば、あまりにもできすぎた図式になるが、今村昌平のプリミティブなものへの偏愛と性を通して人間の生の裸形を探求するあくなき視線の運動を見る思いがした。

『神々の深き欲望』は戯曲「パラジ――神々と豚々」[★2]の東京部分を殺ぎ落とした、いわばもうひとつの〈パラジ〉とみることもできよう。物語の前半部分は製糖工場への水を引くための水源調査で、東京の本社から派遣された刈谷技師（北村和夫）によって体現された資本の論理が、島共同体に入り込もうとするときに引き起こす摩擦や軋みに着目されている。刈谷は目的に向

★2　今村昌平・長谷部慶次「パラジ――神々と豚々」『現代日本戯曲大系　第六巻』三一書房、一九七一年所収。

かってムダなく到達し、それを合理的に計量し与えられた任務を成し遂げ、一日も早く東京に帰りたいと思っている。資本の論理は合理性とスピードで貫かれなければならない。ところが、島の区長であり製糖工場の工場長でもある竜立元（加藤嘉）が案内したのは、その昔、妊婦を飛ばせて人口調節をはかったといわれるクブラバリの断崖だった。その断崖の底に地下水源があるということになっているが、工場から十キロも離れているうえ、たとえボーリングが成功したとしても、距離が遠いばかりではなく岩盤の固さなどから経費のことを考えると割に合わないことはハッキリしている。要するに「島としては良くても、会社としては良くない」のである。刈谷はその会社にとって良くない場所を避け、別の水源を探そうとする。だが島の論理はそれでは大いに困る。刈谷の行動にあれこれと理由をつけては阻もうとするが、ある日、島の神聖な「おたき」での雨乞いの儀式で豊富な水源があることを発見する。ところがそれは「島の最後の水」で誰も使わないことになっていて、掟を侵す者には神罰が当たるとされた。技師にとってはそれは「島の論理で、会社の論理ではない」ということであり「会社としては、十キロもパイプをひくより、当然目の前にある水源から水を取りたいと思います。神様の水であろうともね」として、ボーリング調査の許可を取りつける。ところが、立元は、根吉（三國連太郎）を使い裏から妨害させたり、また妾にした根吉の妹でノロでもあるウマ（松井康子）に命じ、色攻めで技師を籠絡しようと企む。

竜立元は、区長と製糖工場の工場長であるということからもわかるように、島共同体の紐帯と近代を使い分け、その上ノロのウマを妾にすることによって、性と祭政を直接・間接に統べる権力を維持する。立元と根吉は「戦友同士」であるが、根吉は兵隊から帰ってすぐ妻を亡くし、そのために荒び、密猟や盗みをはたらき島中の女を追っかけ、しまいには妹にまで手を出したと島びとから噂されたマラリヤの大流行で多くの島民が死んだのも根吉の不行跡が神様の怒りに触れ、津波で神田に赤岩が上がったのも、その不行跡が原因だとされた。その罰として立元は赤岩を埋めるために穴掘りを命じたとされるが、根吉は「戦友の約束だから」という理由だけで徒労とも思える穴を二十年も掘りつづけている。やや図式化していえば、技師の資本の論理の対極に根吉の穴を掘る行為がある。

根吉は「戦友との約束」を果たしたあと、家族とともに西の神島へ脱出することを夢見ている。無人島に密漁でいったときの、根吉と息子の亀太郎（河原崎長一郎）との間で交わされた会話では、根吉の穴掘りの理由と太家のパラジにまつわる断面がやり取りされていた。

亀太郎　ふーん。アチャ行きたいなら何で早く行かんのじゃ。
根吉　穴ば掘って岩ア落とす為よ。
亀太郎　何で岩ア落とさんならん？
根吉　……約束だからじゃ。竜立元とのな。
亀太郎　約束？
根吉　ああ、竜とは戦友じゃ。約束は果さんならん。
亀太郎　……（疑いをもって）みんながいうとる。太はケモノじゃと。

根吉 ……

亀太郎 アチャ、アチャもジアアジアと同じなのか、本当に？　オバさんとアチャは兄妹で……夫婦だったのか。

根吉 馬鹿たれが、何ば言う！

亀太郎 しかし、みんなは……。

根吉 亀……そんな気儘は、人間にゃ許されぬ。……人間にゃ神様の真似は出来んのじゃ。

亀太郎 ……戦友じゃちゅうたって、そんな昔の約束なんか……。

根吉 約束は約束じゃ。★3

ここには島びとが太の家族を疎外する共同観念が、噂の形をとって息子の亀太郎に意識されていることと、根吉の穴掘りの表向きの理由が言われている。だが、根吉の穴掘りのほんとうの理由は、もっと別のところにあるとみていいだろう。それは竜立元が根吉から引き離した妹のウマを返してもらうことであった。島共同体を統べる長であり「戦友」でもあった立元との「戦友の約束」には、そうした根吉の深い欲動がかくされていた。人間には許されない気儘としての兄妹愛を成し遂げるためには、どうしても巨岩を埋めて神の田の復元を果たすことが不可欠の条件だった。そのことを成し遂げることは、いわば「神様の真似」が許されることを意味してもいた。

他方、刈谷技師の合理主義にとっては、こうした島共同体の掟や慣習は停滞と迷妄としか見

★3　今村昌平、長谷部慶治「シナリオ神々の深き欲望」「映画評論」第二五巻第二号、一九六八年。

なされない。そうした不合理性との遭遇は技師を苛立たせ、その苛立ちは「暑い！」という体感によって表出される。リフレーンされる「暑い！」という言葉は、いうまでもなく亜熱帯の灼熱への生理的反応ということではあるが、それと同時に、いや、それ以上に、刈谷の資本・会社の論理が、島の迷妄への拒否反応だと思った方がより真実に近いはずだ。例えば「おたき」のボーリング調査の機械が薬莢を詰め込まれビットが折れる嫌がらせを受けたとき、「これで三度目だ。畜生！ 暑いなア」と吐き捨てるところや、嫌がらせの現場を撮った決定的な証拠写真に写された根吉について、立元はあれこれと屁理屈をつけて、はぐらかし、亀太郎は亀太郎でよくわからないというところで、自分のオヤジの顔も忘れたのか、と呆れ、苛立ち「(汗を拭く) 暑いなあ！」というところなどである。パラジの理不尽さに資本の言葉は「(ブツブツいう) わからん、さっぱりわからん。この島ときたら、何が何だか……」と苛立つ以外の術を持たない。だからこそ第一部の最後に刈谷が小声で呟いたワンフレーズの絶妙さがいっそう際立って聞こえてくるのだ。


刈谷、砂の上を歩いてくる。やや歩度をゆるめ、手のひらで乱暴に汗を拭く。

「ふーっ……あ、つ、ぃ」

緑色の海を見る。

刈谷、(小声で)「スカッとサワヤカ　コカコーラ」★4

★4　今村昌平、長谷部慶治「シナリオ神々の深き欲望」『映画評論』第二五巻第二号、一九六八年。

この〈休憩〉前に刈谷技師が吐いた気が抜けたようなワンフレーズは、島の搦め手によってことごとく挫折させられたことからくる、自嘲と脱力感を計るタイミングとして当意即妙を得て、実によくキマッているのである。合理主義の自己放棄の言葉として聞いてもいい。消費文化のシンボル的な商品としてのコカコーラの爽快さと清涼さをイメージさせたパンチのあるワンフレーズが、イメージ通りにはいかないことの無力感を表明していた。刈谷の合理主義は島共同体の迷妄や不合理に打ち勝ち、「スカッとサワヤカ」になるはずであったが、共同体の不合理極まりない搦め手によって籠絡させられる。会社や資本の理屈が、〈パラジ〉の迷妄のまえに無力感を覚え、やがて〈パラジ〉に同化していく伏線にもなっていた。ここでの「スカッとサワヤカ　コカコーラ」に込めた「小声」が含意するものは、技師が体現した合理主義が無力であることを、あまねく浸透したコマーシャルのキャッチコピーを使っての、心憎いほどの演出だった。

この無力を予感したフレーズの後に、刈谷は、前任者の島尻がそうであったように、いや、島尻よりもいっそう深く「無為の共同性」に溺れていく。それは知恵遅れで常識やタブーからおおよそ無縁なトリ子（沖山秀子）に迫られ、その場の言い逃れのため刈谷が口から出任せに言った「明日、明日会おう」という言葉を信じ、西の浜で二日も待ちつづけたトリ子の無垢と性の奔放さにほだされ、やがて溺れ、トリ子の婿として太家の一員となり、根吉の穴掘りまで手伝うようになることによって示される。本社からパイプも届いたので戻るように言われても断る。パラジの論理への敗北宣言であった。この後技師からいらいらの表明でもあった「暑い！」

という言葉を聞くことはなかった。「スカッとサワヤカ」の文明が通用しないクラゲ島においては、暑さに打ち克つためには、暑さに同化する以外なかった。技師の近代はパラジの反近代の混沌のなかに身を鎮め、トリ子の無償性によって融点を越えたということになろうか。

ここで技師がトリ子を通して同化した太家の〈パラジ〉についてもう少し考えてみよう。今村昌平はタブーが決壊した白痴のトリ子の性の放縦と無償性を結び目にして描きこもうとしているように思える。トリ子の性はいってみれば、太家の祖父（ジャアジャ）の山盛・父（アチャ）の根吉・兄（アニイ）の亀太郎の性的なものが交差し通過する場でもある。

このパラジの性の交差は、トリ子が「かゆい、かゆい、耳かゆい」「耳かいて、かいて」と哀願する耳掻きによって示唆される。白痴のトリ子の「耳かゆい、耳かゆい」は「助けて、助けて」ということであるといったのは寺山修司であった。そしてそれは「快楽の追求といった、余剰生命の充足感などではなくて、ギリギリのところで他人とのつながりをもとめる「溺れた家族」の呼び声なのである」と付け加えていた。その「「溺れた家族」の呼び声」が、祖父・父・兄を吸引するのである。だから「かゆい、かゆい、耳かいて、ジャアジャ」の「ジャアジャ」は「アチャ」になり「アニイ」になる。トリ子の耳をかく行為は、性行為の隠喩として描かれているにしても、〈隠喩としての耳かき〉は、隠喩であるがゆえに、実際の性の行為がなくても、あたかもあったかのように思わせる余地をつくってしまうのである。山盛の息子である根吉は父を疑い、根吉の子である亀太郎は父を疑う。この親子の間に成立した疑いが島の共同体に外化されたものとして「ケダモン」というイメージが生まれ、島の青年たちから「ケダモン、ケダモン、親子丼！　兄妹丼！」とからかわれるのも、そうした島共同体にまで拡大された〈隠喩としての耳かき〉があったからだといえよう。そうであるがゆえに、トリ子が孕んだ子の父親は婿になった刈谷には特定できなかった。それは単純に計算からいって技師ではないということではなく、トリ子の性が「ジャアジャ」「アチャ」「アニイ」の性が交差する感帯であったことと、島の青年たちにも開かれた無償性と無所有性にかかわっていた。血縁の性の交差としてのトリ子の子はだから、可能性としては「ジャアジャ」でもあり「アチャ」でもあり「アニイ」でもあり、またその誰でもない。いわばパラジの共同性が産んだ幻想だとみてもいいだろう。

技師刈谷の共同体への同化によって物語はいったん踊り場に入るが、やがて踊り場を廻り込み、動き出すのは、飛行場建設の許可がおりたのをきっかけに、新たに観光会社を設立し、刈谷を業務部長に昇進させ、クラゲの観光開発に専念させる東京の本社からのお達しからであった。田んぼをサトウキビに変え、今度はサトウキビではやっていけないので観光開発に活路を見出す。島が変わる、ということは根吉を疎外しウマの霊力を使い分けて島を統べた竜立元の手法も変更することになるが、そのことは根吉の「戦友との約束」としての穴掘りの根拠が失われることも意味した。だから、根吉を縛りつけた鎖を解き、二十年も掘りつづけた穴から立ち退くよう言い渡す。神田は飛行場建設用地になり、「おたき」も遷す計画をする。立元は「ようつとめた。疲れたであろう。この辺で金ば摑んで少しは楽をせぇ」と宥めようとするが、ウマを返すことについては拒む。むろん根吉は、ウマを返してもらうため、二十年も穴を掘りつづけた深い根拠が叶えられないから断る。そこではじめて金と神を使い分ける竜立元の権力の本質が、根吉によって弾劾される。「神様ではない！　貴様じゃ！（スコップを握りしめる）貴様が俺とウマに、理由もない罪ば押しつけたのじゃ？　だが俺は我慢した。貴様と俺は戦友じゃから……」と断じる。立元は延命の論理をかざし、取り合わない。「島も変わればウマも変わる。今やウマはお前のものではない」「変わるのじゃ、みな変わって行くのじゃ」と言い捨てる。

それから、物語は破局に向かって波立ち、高揚していく。赤岩が轟音とともに落ちて穴が埋まるとき、根吉の穴掘りの深層の物語が始まらなければならなかった。ドンガマ祭りの夜、「神様の御託宣を受けて、土地を手放し、観光に協力するようみんなに言うように」ウマを責めたてているうちに、立元は息絶える。根吉はウマを拾い、サバニを出し念願の西の島に向けて脱出する。夕焼けの海原で兄と妹が抱き合うシーンは創世神話のための、二十年にわたる根吉の無償の穴掘りの苦労がかなえられた一瞬であった。だが、それは神様の真似ごとであって神そのものになることはできない。だからそれは美しくも儚い一瞬であったのだ。立元殺害の犯人とみなされ、根吉とウマのサバニはやがて島の青年たちによって組織された追手に追いつかれ、ドンガマの仮面をかぶった青年たちが打ち下ろした櫂によって頭をメッタ打ちにされる。海に捨てられた死骸はサメの餌食になり、ウマは帆柱にくくりつけられ海原を漂流する。今村昌平はここにパラジの終焉を書き込んだのかもしれない。終焉は島が観光によって変わることを受け入れたことによってもたらされた。そして終焉の後に残されたのは、海原を漂流する赤い帆柱のサバニとトリコの幻影であった。

六九年の初夏、地下の暗がりで見せられた濃密な物語とカタストロフィーの鮮烈さに、軽いめまいを覚えもした。だが、不意のカウンターのように私を撃ったのは、凄惨なカタストロフィーの後に出現した映像であった。「それから五年後」観光の島に変貌したとされるそこは、私が幼少期を過ごした南大東島であった。島の飛行場に胴体を揺らしながら着陸した飛行機のタラップを降りてきた観光団の先頭にエキストラとして駆り出された知人の顔とサトウキビ畑を走るシュガートレイン、断崖に囲まれたトリコ岩が建つ海岸線など、私の〈少年期〉を育んだ風景と対面させられたわけなのだが、東京の地下のションベン臭い暗がりのなかであったこともあって、それこそ「アッ!」と声を呑むことになった。物語の筋とは関係なく、物語の欄外で、こんな風に原景の〈島〉と対面したことに、島での記憶が封印を解かれ一挙に流れ出すのをとめることができなかった。そして、「変わるのじゃ、みな変わって行くのじゃ」という立元の呪文のような言葉と、島を脱出し、また島に帰還した亀太郎が「東京にいると自分が自分でないような……バラバラで……よく島の夢見ましたです」という科白が、私の内部の何かを動かすのを感じた。そうか、ひょっとすると私もまた東京の日常のなかで、亀太郎の言葉をつぶやいているのかもしれないと思ったのである。亀太郎のつぶやきはまた私の内部のつぶやきでもあった。

◎

今村昌平は『神々の深き欲望』の前に、磯見忠彦が監督した『東シナ海』[★5]の原作を書いていた。その『東シナ海』について唐十郎は「無駄銭と無駄骨を使って、結局、常識的な目で見渡せる観光的な沖縄列島を素通りしたにすぎなかった」と手厳しい見方をしていた。自身を含めた内地からの擬似南下を鋭く指摘していた。そして沖縄に「日本内地の人間と沖縄人の間に成立する原罪意識や告発の幸福なる関係」でもなく、「本土復帰」を叫ぶ沖縄の精神の北上型や内地からの擬似南下でもない、別の現実を見る。それは唐自身が「沖縄の腰巻お仙」を探せという密命で沖縄にやってきたまではいいが、昼の炎天下の沖縄に立った瞬間「「……の腰巻お仙」というヴォキャブラリーの投げ縄は、無惨にも成す術を失ってしまう」ところからはじめて見えてくる、アメリカ世の二十三年間に「私たちの憶測ではとうてい何も見ることの出来ない街がうずまいている」ことや「沖縄の魔物のような時間」であった。そして「沖縄のタコツボ社会とタコツボ文化を取り巻いた東シナ海が「本土へ本土へ」とざわめく波と「ステーツへ帰ろう」とひた打つ波と、そのもっとも深い所で何も云わず、願わぬ流れによってゆらめいている」ものに注目していた。

その「願わぬ流れによってゆらめいている」ものこそ、沖縄人と米人社会の間にできた「たそがれ地帯」(twilight-zone)の混血の群れであり、さらにその「たそがれ地帯」からも堕ちて失語症になった不幸分子中の不幸分子なのだ。だからその分子は本土復帰を叫ぶ精神の北上型に反して、縦に割った暗部をスルスルと南下してゆくのだ、という。

唐十郎の沖縄論は「米軍キャンプというどでかい空間と内地から流れてくる擬似南下の時間

★5 『東シナ海』一九六八年／35㎜。監督：磯見忠彦、脚本：今村昌平、磯見忠彦、撮影：姫田真佐久、製作：今村プロ／主演：渡哲也、田村和正、内田良平、賀川雪絵、奈良あけみ、嵐寛寿郎。

を咀嚼するヴァギナの奥」の胎盤を子宮後屈症のように「南下するイメージ」の喚起力にあるといえよう。むろんそれはタコツボ社会とタコツボ文化が幻想する精神の北上型とも、それと対の構造をなす内地からの擬似南下とも違うことはいうまでもない。

さらに唐が内地と沖縄の関係に潜むロジックを「エディポス」の非行にみるとき、隠されていた構造がにわかにその輪郭を明らかにさせられてくる。「愚鈍なロジック」としつつも、内地の王に対する列島のエディポスを設定し、「祖国復帰」とは、エディポスがエディポスであることを忘れて王と和解することなのだ、といってのける。そして今村昌平の進行中の『神々の深き欲望』を意識しながら「エディポスが王と和解すれば、もうエディポスは居なくなるというのであろうか。ところが、沖縄というエディポスは、幻の無数のエディポスが実在することを知っている。／それは二十三年間の間にこの世に出現した、そして今でも再生産中の沖縄の堕胎児たちである。これはおそらく今村昌平が石垣島で追いかけている臆病で複雑なタコツボ家系とタコツボ社会のキンチャク首を脅かしている張本人であろう。／この張本人を横目でにらまずに、タコツボ社会をとらえるだけなら、作家は何も沖縄へ行かなくてもいいように思われる」と注文をつけていた。そして唐は今村昌平や磯見忠彦の「東シナ海」とは異なる「東シナ海」のヴィジョンを提示する。

内地の王に対する列島のエディポスが、エディポスであることをやめることがあっても、絶対にエディポスであることをやめられぬ群れがある。この群れの無限怨恨の数学的拡大が東シナ海にはびこり、寄せては返すざわめきが「ステーツへ帰ろう」と鳴っていることは、なぜか私には、精神の北上とそれをすくってやる内地日本人の擬似南下を皮肉っているように思えてならない。

「ステーツへ帰ろう」が意識的な永久南下を志す時、東シナ海は果たして、我々の知らぬところで真赤に染まらぬであろうか。★6

唐十郎がここでいっている「ステーツへ帰ろう」とは、決して単なる帰属意識が志向する空間をさしているだけではむろんない。エディポスであることをやめられぬ群れやタコツボ社会からはじかれた混血や不幸分子の疎外の変数とみるべきである。これは「……の腰巻お仙」というヴォキャブラリーの投げ縄を失ったところから、その「……」が示唆する失語のなかで幻視された「東シナ海」と矛盾しているわけではない。

では、実際に完成した『神々の深き欲望』はどうだったのか。たしかに唐十郎が鋭く予見したように、それは「タコツボ家系のタコツボ社会のキンチャク首」といえなくもないが、「タコツボ」の深さと象徴性において映画史に残る達成を遂げていることは間違いないだろう。それにタコツボ社会のタコツボ家系は、親・子の縦軸においてだけではなく、兄・妹の横軸において性と生をめぐる神話として描き上げようとしたことである。唐の早計な予断はいささか不当な感じがしないでもないが、そうした不当ともいえる予断から、逆に唐自身の沖縄論を鮮やかに提示したことと、そのことが他でもない唐と今村の「東シナ海」と「沖縄論」の違いをは

★6　唐十郎「呵々！　東シナ海——ぼくの沖縄論」「映画芸術」二五六号、一九六八年十二月。

つきりさせもした。

　としても、今村昌平と唐十郎の「沖縄・南島」の違いとはなんだろう。今村が「神話と現実の接点を非常にぼかしながら、縦横無尽に行ったり来たりできるようなバックグラウンド」として沖縄を選び、神話的時間にまで遡行し性と生を探訪したのに対し、唐十郎は、アメリカ占領下の「沖縄の魔物のような時間」に無数のエディポスの永久南下を幻視する。〈腰巻お仙〉と〈パラジ〉の違い、といえばいいえようか。唐の腰巻お仙は投げ縄をなくしているが、今村のパラジは神話とヘソの緒でつながっている。

　唐十郎が「沖縄の腰巻お仙」を探す密命の挫折の上に、「米軍キャンプというどでかい空間と、内地から流れてくるテレビの灰色の空間を飲みこみ、擬似南下する内地の時間を、もぐもぐと咀嚼する大変なヴァギナ」の奥に子宮後屈症のように胎盤を南下する無限運動を「東シナ海」に描いたことに対し、今村昌平は原作「東シナ海」の後の、架空のクラゲ島に創世神話（の死産）を書き込んだのだ。

　しかし、神話やパラジの相愛（姦）はほんとうに死んだのだろうか。よし死んだとしても、御嶽（うたき）の森を均すブルドーザーによってトカゲが胴体を失っても尻尾が生きているように、あるいは、サバニのエンジンが故障で根吉・ウマの兄妹の国造りが流産した後に赤い帆柱が海原を漂うように、そして、亀太郎が妹トリ子の幻影を見たように、幻として、だが、幻であるがゆえに人々の心のなかに永く生きている。だから太家でただ一人生き残った亀太郎は島に帰り、父親の根吉が何をやったか、そしてなぜ自分は父を殺したのか、その意味を考え続けざるをえないのだ。ここではじめて亀太郎は唐十郎がいった内地の王と和解したエディポスが、エディポスであることをやめたとしても、絶対にエディポスをやめない沖縄のエディポスの群れに加わることができるのである。

『神々の深き欲望』はまた関係と欲望の運動を描いた映画としてみることもできる。祭祀と掟による共同体の紐帯に対し立元と根吉の「戦友同士」としての結びつきであり、近代合理主義を表象する外来者としての刈谷技師と性のタブーのない「知恵遅れ」のトリ子の関係の葛藤や混融のありかたであり、また近親相愛（姦）でケダモノの家系として共同体からはじかれた山盛―根吉・ウマ―亀太郎・トリ子と繋がるタコツボ家系ともヤドカリ一家ともいえる太家の、ジャアジャと呼ばれた祖父と孫のトリ子／アチャと呼ばれた根吉と妹のウマ／根吉と娘のトリ子／兄の亀太郎と妹のトリ子の、絡まり合うパラジ（親子／兄妹）のモザイク状に入り組んだ相愛・相姦という形をとった欲望の位階と運動があった。

◎

ところで、一九六九年の沖縄は『神々の深き欲望』をどのように受け止めたのだろうか。そのことは私が首都の地下ではじめて観たときの鈍い衝撃と拭いがたい違和感を確かめ直すことにもなるが、それよりも沖縄の思想が潜ろうとした位相を見定めることにもなるはずである。封切られてから間もなく、川満信一の司会で、岡本恵徳[★7]、勝連繁雄[★8]、新川明が沖縄タイムス紙上で「映画『神々の深き欲望』を見て」という座談会をやっている。六八年のキネマ旬報ベス

★7　岡本恵徳（おかもと・けいとく）
一九三四―二〇〇六。沖縄県平良市生まれ。琉球大学卒、東京教育大学大学院修士課程修了。「琉大文学」に池澤聡のペンネームで小説を発表、在学中に伊佐浜の土地闘争に参加、五六年第二次琉大事件で「琉大文学」同人の三名が退学させられたことに強い衝撃を受ける。五八年上京、東京教育大学大学院在学中、六〇年安保闘争参加、六六年帰省、琉球大学教員の職を得る。七〇年、島尾敏雄の講演で聴いた「ヤポネシア」に啓発される。復帰前後、新川明、川満信一とともに〈反復帰〉論を展開。七一年11・10ゼネストで警察官殺害容疑で逮捕・起訴された松永優裁判を支援する会の代表や「琉球弧の住民運動」「けーし風」など住民運動と伴走する雑誌などの創刊に関わる。著書に『現代沖縄の文学と思想』（沖縄タイムス社、一九八一年／第二回沖縄タイムス出版文化賞）『沖縄文学の地平』（三一書房、一九八一年）『「ヤポネシア論」の輪郭』（沖縄タイムス社、

トテンで一位になったこの映画から「沖縄独自の問題」を引きずり出そうという試みである。それぞれがこの映画の何に関心を向けたのかを知ることができると同時に、一九六九年沖縄の状況と思想の在り処を垣間見ることができる。

　出席者のなかでこの映画に対して距離と不満を表明したのは岡本恵徳と新川明であった。とくに新川は、今村昌平が自らのテーマ追求のために祭祀を「利用」したことに強い調子で批判していた。こんなことをいっていた。「今村がみずからのテーマを表現するために、八重山の習俗や祭りを利用したことに対する必然性というものが希薄であり、ぼくにとっては、たいそう浅薄なものになっていると感じられる」とか「例えば八重山の一部地域にのこる「アカマタ祭り」を思わせる「ドンガマ祭り」を登場させる。この祭りは、映画のドラマ進行の上でも、重要な意味をもっているが、今村にとっては、あくまでも祭りは、テーマのための一つの表現材料としてつかわれるだけだから、そのためにいきおい祭りの特異性によりかかって、祭りの持つ意味が無視され、取り組みが皮相になる」と。そして次のようにいうとき、そこに新川明が八重山の島々を歩き、島と島びとに刻まれた受苦や祭りや歌謡のなかに人びとの生活思想を読み取ってレポートした『新南島風土記』★9の方法からする妥協のない対立点を提示していた。

　いくらかでも島における祭り、とくに映画で「ドンガマ祭り」というふざけた名前で描かれる「アカマタ祭り」を知り、またその祭に対する島の人たちの心情を知るものとしていえることは、ああいう形であの祭りを描かれていることは、あたかも、自分の心の中に、土足

一九九〇年)『現代文学にみる沖縄の自画像』(高文研、一九九六年/第二四回伊波普猷賞)『沖縄文学の情景』(ニライ社、二〇〇〇年)など。沖縄の文学史研究の基礎を築いただけではなく、情況に発言し行動する知識人でもあった。

★8　勝連繁雄(かつれん・しげお)
一九四〇年、沖縄県北谷町出身。早稲田大学卒。元高校教師。詩人・琉球古典音楽野村流師範。著書に『記憶の巡礼』(一九八二年)『風の韻律』(コザ印刷、一九九三年)『組踊の世界』(ゆい出版、二〇〇三年)ほか。詩集『火祭り』(ボーダーインク、二〇〇二年)で二〇〇二年山之口貘賞受賞。

★9　『新南島風土記』
新川明著。一九七八年、大和書房刊。八重山の九つの有人島の歌謡や民話・伝承をルポしたもの。一九六四年八月から翌年九月まで四十四回に渡って「沖縄タイムス」に連載された。

でズカズカと入りこまれたような感じでやり切れなかった。島の人たちにとっては、誇張ではなく、真実、言語に絶する苦痛を覚えることだと思う。

芸術家の、作品形象化における非情さというものは百も承知だが作品創造に際しての作家のエゴイズムは、やはりその描くべき事象（祭りであれ何であれ）の本質の意味を、確実に、ゆがみなくとらえた上でこそ許されるべきであり、みずからのテーマ追求の表現材料の範囲で、恣意的に皮相な描写、設定のまま〝利用〟するということは許せない態度だと思う。★10

ここからさらに、沖縄の土着の視点からの痛烈な批判があるべきだとする。この新川の激しい調子に私は、六四年八月から翌年の九月までの一年余、与那国、波照間、黒島、新城島、鳩間島、西表島、小浜島、竹富島、石垣島と、八重山の島々に渡り、体得した〈島の思想〉からの異議と批判をみる。ちなみに『新南島風土記』には、映画の「ドンガマ祭り」のモデルとなった思われる新城島の「アカマタの神」に触れ、「アカマタ」を「島の根っこを支える強固なエネルギー、その文化の原点を知らしめる祭り」として、この祭りを他言してはいけないという厳しい戒律を島から出た人たちも守り、黙して語らないことに、人びとの心のなかに深く根を下ろしている信仰の重さと強固な〈島の思想〉の確かな手ごたえを感じ取っていた。

この映画の撮影にあたり、ロケ地となった八重山で反対運動があったが、そのとき新川は強く今村擁護の立場を取ったという。だができ上がった作品にテーマのための利用主義をみて、あざむかれる思いをいだかされたということになる。これは映画表現に限らず、これまで民俗

★10 川満信一、岡本恵徳、勝連繁雄、新川明「座談会　映画『神々の深き欲望』を見て」1～7「沖縄タイムス」一九六九年五月三十日―六月六日。

学や言語学などでも調査・研究される側から厳しく問い返された視線の占有や一方通行性、言葉を強くしていえば「文化の横領」にも関わってくる繊細な問題が横たわっているということである。新川明はいわば「文化の横領」に近い意識で『神々の深き欲望』を批判したということである。この一九六九年の地点からやがて、天皇と天皇の国家への復帰に〈ノン〉を立て、沖縄の自立思想を練り上げていくのを私たちは知っている。

◎

首都の地下の暗がりで観たこの映画に私が心を動かされたのは、亀太郎の島からの脱出と島への帰還であった。亀太郎の位置は〈中間者〉であることは間違いない。太家のパラジの内部においても、太家と島共同体との関係においても、そして島共同体と外部との関係においても、内と外を媒介する中間者として振る舞う。島の青年たちからその呪われた血縁を「ケダモン、ケダモン、親子丼！　兄妹丼！」とからかわれ、父親の根吉の穴掘りを手伝う毎日の、息苦しい血縁と島共同体から脱出を夢見ている。徒労とも思える穴掘りに、「こんな島！　クソッ、こんなこと！」と不満を抱くところや、無人島での「岩が落ちたら、太ァみんな西の神島に移るんじゃ」という父の言葉に「俺ァ厭だ、行きたかねぇ。俺ァ東京へ行きたい」といい張る。こうした島脱出の願望は東京本社から送り込まれた技師の刈谷の助手になることによって実現に近づくが、開発と計算と合理を推し進める技師の言動に、その技師をサポートする助手である亀太郎は、だが、資本の理屈と島共同体の生理が対立する局面では、島の掟とタブーの側に加担する。というよりも、亀太郎には十分意識されてはいないが、深層意識のなかに配電されているパラジと島共同体の掟がそうさせるのである。

例えば、島の最も神聖な「おたき」の水源のボーリング調査の妨害を、立元の命で根吉が実行しようとする現場の証拠写真を撮ろうとする瞬間、明らかにそれとわかるように咳払いをしたり、逃亡を手助けたりする。犯行現場で根吉が写っている決定的証拠写真を、虫よけの呪いの儀式が行なわれている浜で立元に見せる場面でも、否定も肯定もしない立元に業を煮やし、亀太郎に同意を求めるところでも、亀太郎は写真をじっと見つめていたものの「よくわかりませんです」と答える。そしてノロを先頭にした島民総出の虫よけの呪いで、島びと全員が砂の上にゴロりと横になり、刈谷もいわれた通り横になるが「何だいこりゃ、いったい？」と、思わずそうした自分を訝り、その場を訝る。すると亀太郎がそばから小声で「迷信だとおもいますが、虫よけの呪いであります」と答える。島のしきたりを繰り返し「迷信」といいつつも、それを怖れ、結局それに従う亀太郎がいる。

そうした亀太郎の位置の矛盾をもっともよく伝えていたのは、「おたき」の神木の伐採を命じられたシーンである。水源調査のため、見通しの邪魔になっている木の枝を刈谷が亀太郎の手を貸りて折ろうとするが、亀太郎は逆に支える動作をとる。「おたき」の木を折るにもノロへの相談が必要で、許可なく折るとバチがあたるとおおいにためらうのである。呆れた技師の叱責に「信じておりません。迷信じゃと思うとります」と答えるが内心怖れているため、その言動は要領を得ない。怒った技師は、「これを伐ればクビにはしない。下らん迷信を自分の手でこわすんだ、さア！」切り倒すよう命じる。だが、亀太郎は渡された斧を恐怖に震えながら振り上げたまではいいが、「ワアーッ！」と奇妙な叫びをあげ、そのまま木の廻りをグルグル廻るだけである。この亀太郎がとった行為は「クラゲ島」の若者たちの、島のしきたりを迷信だと思う反面、それを深層では怖れていることの心的地図と身体の位相を伝えている。

ここで「映画『神々の深き欲望』をみて」の座談会でいちおうに「余計」だとされた「五年後」のラストシーンについて考えてみたい。太家でただ一人生き延びた亀太郎は、惨劇の後、憧れの東京に行ったが、島に帰って「観光列車」の機関手として働いている設定になっている。

亀太郎が刈谷から島に帰ったわけを問われ「ここのほうが苦しい」こと、だが、「東京にいると自分が自分でないような……バラバラで……よく島の夢見ましたです」と答え「もう一度この島でオヤジが何したのか、自分が何してきたのか、よくみないと、何時までもバラバラで……困るのであります」というところがある。この亀太郎の島からの脱出と島への帰還に、寺山修司も「おまえの『古事記』をこそ——『神々の深き欲望』の序」（「映画芸術」二五八号、一九六九年二月）の最後で「帰っていった亀太郎には「クラゲ島」もなくなっていたし、「東京」もなくなってしまっていた。ふりむいた男への罰は、「古事記」の中でも、黄泉の国の物語として、すっぽりと断罪されていたはずである。亀太郎、明日はどこへ行く？」と問いかけていたが、しかしほんとうに寺山がいうように「島」も「東京」もなくなったのだろうか。そうではないはずだ。ふりむくことが罰されるとしても、帰還によって自覚された亀太郎のエディポスは「島」と「東京」をもう一度生きることを意味したはずである。たしかに島は観光化によってすっかり変わってしまった。東京にしたってかつてのように憧れの対象ではなくなった。だが、帰還は必ずしも物理的なそれを指すのではなく、問うことの運動によって招き寄せられる心的な現象と見たほうが納得しやすい。だからこそ亀太郎はトリ子の幻影を見たし、島びとの幻想の海原をサバニと赤い帆は漂流しつづけているのだ。亀太郎の帰還は、唐十郎がいった絶対にエディポスであることをやめられぬ群れが東シナ海を真赤に染める「永久南下」運動ではないにしても、エディポスがエディポスであることを忘れて王と和解する精神の擬似北上でないことだけははっきりしているはずだ。

　島にいると苦しくなり、東京では自分が自分でないようなバラバラ感を抱かされる両義性こそ、亀太郎の〈脱出と帰還〉に刻み込まれているものである。この脱出と帰還の両義性はまた、沖縄の時代思想が抱え込んだものでもあった。

「亀太郎、明日はどこへ行く?」――この問いかけから、沖縄の思想は、寺山修司とは異なる解答を書き込んでいった。今村昌平が祭祀や習俗、行事などをタブーや近親相姦を抑止する共同体の秩序維持の一面だけで捉えていることを指摘し、そうではない「豊穣祈願」などの要素があることを見た岡本恵徳は、翌年、自らの内部の亀太郎を相対化しながら、沖縄における共同体の生理と論理について論及した「水平軸の発想――沖縄の「共同体意識」について」（谷川健一編『叢書わが沖縄』第6巻「沖縄の思想」、木耳社、一九七〇年所収）を、川満信一は戦前と戦後に貫かれている権力の線とそれとの相補的な関係を持つ心的メカニズムを抉る「沖縄における天皇制思想」（同「沖縄の思想」所収）を、そして新川明は『新南島風土記』で醗酵させた「島の思想」を中継しつつ〈異化する沖縄〉を鍛え、復帰思想を激しく撃つ「「非国民」の思想と論理――沖縄における思想の自立について」(同『沖縄の思想』所収)を著し、沖縄の思想の出立をしるしづけた。それらは、北からの擬似南下とエディポスがエディポスであることを忘れて、天皇と天皇の国家と和解する「祖国復帰」を同時に撃つ、断固としてあの「魔物のような時間」で育てられた沖縄のエディポスの実践にも似ていた、といっても過言ではない。

寺山修司が着目した「亀太郎、明日はどこへ行く?」の問いかけた「明日」に踏み込んだのは「水平軸の発想――沖縄の「共同体意識」について」を書いた岡本恵徳であった。岡本もまた亀太郎同様に閉鎖的な沖縄から近代的な東京への脱出を夢想し、実際脱出もした。しかし、そこでまた亀太郎の呟きと同じように呟かざるを得なかった。岡本は「かつて「沖縄」というのが、わたしにとっては息のつまる人間関係の支配するところであり停滞してすこしも動き出そうとする気配の感じられぬ後進地域であって、あらゆる可能性をとじこめるものであるかのように思われていて、だから、わたしにとって「沖縄」とは、脱出すべき不毛な地域であった」とその論考のはじめの書き出しで述べていた。また別のところでは「沖縄を離れて上京した大きな理由のうちのひとつには、沖縄という後進的な、非合理な生活様式の支配する土地、あるいは息苦しいまでに個人を縛りつける血縁共同体的な人間関係、そういったものから脱出しようという希望があったのである。そして、東京こそ、それとは異なったいわば「近代」そのものの生きている都市であるという意識があった」とも言及していた。要するに「沖縄=後進地域、東京=先進地域という固定したイメージ」に縛られていたということである。このイメージはむろんひとり岡本だけのものではなく、沖縄からの脱出を果たした者たちに広く共有されていた。この岡本恵徳が告白した、「古くさい共同体意識が支配する停滞的な沖縄」と、「近代的な合理主義が支配し、誰にも拘束されず個人がいきいきと生きていくことが可能な場所としての東京」というイメージは、まさしく『神々の深き欲望』のなかで近代合理主義を体現し東京から派遣された技師・刈谷がウマやトリ子に対して「もっと自分を大切にすべきである」という忠告や島の停滞と不合理に向けた視線と同じものがあり、同時にまた、タコツボ家族のパラジと不毛な穴掘りの毎日に、「こんな島! クソッ、こんなこと!」と吐いた、「こんな島」と「こんなこと」からの脱出先として「俺ァ東京へ行きたい」と憧れを仮託した亀太郎の「東京」そのものである、といっても決して間違いではないだろう。

だが、「東京にいると自分が自分でないような……バラバラで……よく島の夢見ましたです」と述懐したように、脱出した東京で、脱出したはずの島が亀太郎の内部で大きくなっていく。そこではじめて己のなかのパラジと島を発見する。そしてそこから、「もう一度この島でオヤジが何したのか、自分が何してきたのか、よくみないと、何時までもバラバラで……困るのでありまず」とパラジと島への帰還がはじまる。この帰還はまた岡本恵徳の次のような告白とも重なっていた。

――そのような沖縄脱出をこころみたわたしにとって、衝撃的なことは、わたしが脱け出してきたはずであるその沖縄が、実はわたし自身の内側に生きている。そしてまぎれもなくわたし自身が、沖縄の人間にほかならない、という認識であった。それはたとえばわびしい下宿住いの一部屋でラジオから流れてくる沖縄民謡の旋律に激しく身をゆすぶられるというようなかたちで現われた。単調で、社会の停滞的な構造をそのまま現わしているかのように見え、一種拒否すべきものとして沖縄民謡の旋律を考えていたわたしの場合には、それは一つの衝撃であった。★11

寺山修司は「亀太郎、明日はどこへいく？」という問いを、問いのまま投げかけただけだが、岡本恵徳は自らの脱出と帰還を辿り直すことによって、問いの先に出て水平軸の発想を創出することができた。『神々の深き欲望』を沖縄の視点から読む座談会で、新川明がテーマ主義的な利用を嗅ぎ取りそれを厳しく批判したことと、岡本恵徳が祭祀の一面的な描かれ方に注文をつけたのは、おそらく、いや、確実に、こうしたパラジと島からの〈脱出と帰還〉をもっていたからだとみていいだろう。新川明は大阪体験で、岡本恵徳は東京体験で島の内と外を往還する視線と方法を獲得していた。亀太郎がオナリと出会うためには、トリ子の幻影と島びとたちの幻想の海原で漂流する赤い帆を言語化することができたときである。だが、それはもはや映画の内部にはないことだけははっきりしている。

★11　岡本恵徳「水平軸の発想」『沖縄の思想』木耳社、一九七〇年。

9 巡礼と朱の×印

「この映画で語られるすべてのことがらは、一九六八年八月から十月までの三ヶ月間に撮影された」とはじめにインポーズされた東陽一監督の長篇記録映画『沖縄列島』[★1]は、沖縄の転形期になった〈一九六八年〉の断面を全体的な視野で捕獲しようとした試みである。はじめに告知された「三ヶ月」の文字には、沖縄がおかれていた状況と撮影クルーのロケーションがある制約のもとで遂行されなければならなかった、ということを仄めかしていた。当時の沖縄は渡航制限下にあり、「観光ビザ」でしか入ることができず、しかも三ヶ月を越えて滞在することは許されなかった。むろん面倒くさい手続きさえ厭わなければ延長は可能だったとしても、「三ヶ月」というあえての書き込みに、東陽一は映画と沖縄の出会いの意味というか、ドキュメンタリーの〈存在と時間〉を刻み込もうとした、といえば穿ち過ぎた見方だろうか。

たしかに『沖縄列島』は、沖縄にとっての〈一九六八年〉とは何か、ということをドキュメンタリー映画の叙述形式において考えさせてくれる。フィルムの運動で運ばれてゆく複数のイメージと声は、まぎれもない〈一九六八年〉の沖縄の時と沖縄という場がみせるレアな表情であることにかわりはない。では、撮影クルーが「三ヶ月」の観光ビザで足を踏み入れた一九六八

★1 『沖縄列島』一九六九年／モノクロ／35㎜／90分。監督・脚本・編集：東陽一、助監督：前田勝弘、撮影：池田傳一、録音：久保田幸雄・本間喜美雄、音楽：松村禎三、製作：高木隆太郎、製作会社：東プロダクション

年とは、沖縄にとってどのような時代だったのだろうか。

　まず、一月（三十一日）にはジョンソン米大統領が「琉球列島の管理に関する行政命令」を一部改正、主席公選を認めた。その翌月の二月（五日）には、B52戦略爆撃機が嘉手納基地に飛来、以来常駐、北ベトナムへの渡洋爆撃を開始したことから、B52撤去闘争が高揚していく。四月（二十四日）には全軍労★2がはじめての十割年休闘争を行使、その後波状的にストが打たれ、巨大な米軍基地の内部から基地の存在自体を揺るがしかねない存在として、その動向が注目されていった。五月から六月にかけて、日本政府一体化調査団が沖縄を訪問。七月（二十二日）に具志川村で水泳中の児童二百数十人が、原因不明の皮膚炎、同村で十本足の奇形蛙が発見される。八月（二十三日）には、沖縄闘争学生委員会を中心とする沖縄解放八月闘争委が晴海埠頭でパスポートを焼き、入国手続きを拒否、強行上陸。十月（九日）には、日米協議委で沖縄の国政参加を正式合意、十一月（十日）には、初の主席公選で屋良朝苗が当選、その直後の十九日に嘉手納基地でB52が墜落爆発事故、十二月（七日）にB52撤去・原潜寄港阻止県民共闘会議（いのちを守る県民共闘会議）発足、十四日にB52撤去総決起大会が開催され、翌年の「2・4ゼネスト」★3へ向けて大きなうねりをつくり上げていった。

　こうしたトピックからもわかるように、極東最大の軍事基地がベトナム戦争と直結することによって露わになった不条理性に、沖縄の大衆運動が「基地」そのものに向かっていった時期でもあった。とりわけ全軍労の取り組みは巨大な米軍基地そのものを問うことになり、日米両政府ばかりではなく大衆運動の側にも意識の変更を迫ることになった。このような沖縄の運動

★2　全軍労
全沖縄軍労働組合の略称。一九六一年に全沖縄軍労組合連合会（全軍労連）が結成され、六三年に全軍労へ移行。初代委員長は上原康助。賃金引き上げや退職金制度の実現などで成果をあげ、六七年には組合員が三万六千人となった。一九七〇年には「首を切るなら土地を返せ」というスローガンで、施政権返還をにらんだ大量解雇計画への撤回闘争をストライキを組織して波状的に闘う。以降、基地の内部から基地を問う全軍労の闘いは、反基地闘争の中心的な役割を担うようになった。

★3　2・4ゼネスト
一九六九年一月六日、「沖縄いのちを守る県民共闘会議」がB52撤去を要求して「2・4ゼネスト」を決定。ゼネストの気運は、沖縄のあらゆる階層を横断して全島的な規模で盛り上がっていったが、誕生したばかりの屋良朝苗革新主席の要請と日本政府のB52六月撤去の感触発言で、指導層が動揺、二月二日中止を決定。四日、B52撤去を要求し総決起集会が開かれたが、

の高揚に対し、日米両政府は、復帰運動が初期の頃から要求の柱に掲げていた「主席公選」や「国政参加」を認め、六五年の佐藤首相の沖縄訪問にはじまる「一体化」路線の仕上げとしての施政権返還を、日米が共同して基地機能を損なわない形で合作していく方向に舵を切っていく年としても記憶される。

『沖縄列島』は、沖縄が身をよじるようにして変わっていこうとするときに放つ熱と否応なく向きあわざるを得なかったが、そうした状況的なトピックだけに視線を限ったわけでは、むろんなかった。東陽一が「僕は全体小説というような映画をつくりたかった。政治、経済、人間、風土、文化、全部を総合した視点からの映画、これで見に来る人はくたびれてほしい。そして考えてほしい」とインタビューに答えていた（「沖縄タイムス」一九六九年五月二十日）ように、沖縄をトータルにつかもうとする意図があったことは間違いない。「全体小説」とか「全部を総合した視点からの映画」とは、またずいぶん欲張った映画づくりだといえるが、たしかにスクリーンに拾い上げられた事象は多岐にわたっている。

煩雑になることを厭わずに、ここで映像に写し込まれた人物や出来事を拾ってみよう。基地と少年院のフェンス、コザの路上でわめく女性、Aサイン業者の生活を守る大会、演劇集団創造の稽古と公演、嘉手納基地を飛び立つ巨大なB52、メースB基地、那覇港に寄港する原潜とベトナムで破損した軍用車両、B52撤去・原潜寄港反対の集会とデモ、大江健三郎も挨拶していた明るい沖縄をつくる会総決起大会、牧志ウガンでの五大学学生集会、西原村長選挙と歓喜のカチャーシー、平安座島の海上トラック、サバニと宮城島、石油基地反対闘争小屋、グリー

沖縄戦後史の結節点としてその後の沖縄闘争のあり方に大きな影を落とした。

ンベレー、宮古島の人頭税石、台風被害にあった宮古島の農民、石垣島のパイン収穫労働とパイン工場で働く台湾女工、コザ高校の運動会、エイサーを踊る青年男女、やせた土地を耕す水牛と農夫と少年、西原飛行場滑走路跡を掘り崩した農地と少年、伊江島での米軍射爆訓練と農民、土地を守る島民の闘いなどなど多彩だ。また、インタビューで登場していたのは、劇団創造のメンバーでバスガイドの女性、喜屋武真栄[★4]沖縄県祖国復帰協議会会長、初の主席公選に立候補した屋良朝苗、上原康助[★5]全軍労委員長、琉大反戦会議のリーダー、立法院議員の古堅実吉[★6]、伊江島土地闘争のリーダー的存在の阿波根昌鴻[★7]、宮古農民暴動で逮捕された製糖工場労働者、八重山に入る台湾女工、元自衛官の青年などである。そして、顔は出ないが声で介入したのは、劇団創造の活動について語る演出家、元ひめゆり学徒隊の生き残りの女性であった。闘いの思いを替え歌にして琉球民謡「上口説」に乗せて歌う伊江島の老人や宮城島の石油基地反対闘争小屋の老人、さらに無言でも存在感をみせつけた、コバルト60の放射能汚染にあった軍に勤めるダイバーとその家族。これらのスクリーンに出入りする群像は、状況の尖端から暮しの日常まで、名の知れた人物から無名の大衆まで、〈一九六八年〉の沖縄がみせるマンダラのように見えてくる。

たしかにこれは、あれもこれもといった、断片の集積という印象は拭えないし、「拡散的」とか「凝集力に欠ける」という指摘があったとしても不思議ではない。ただ、こうした映画評は、「全部を総合した視点」からする「全体小説」と、いみじくも東自身がいったように、監督の意図するところであったとすれば、どうだろう。「これで見に来る人はくたびれてほしい。

★4 喜屋武真栄（きゃん・しんえい）
一九一二―一九九七。沖縄県北中城村生まれ。沖縄県師範学校専攻科卒。沖縄教職員会長、沖縄県祖国復帰協議会会長（六二―七二年）、明るい沖縄をつくる会会長として屋良朝苗と二人三脚で復帰運動に尽力。七〇年一一月の国政参加選挙で参議院議員に初当選、「ミスター沖縄」とよばれ五期二十四年勤める。『政治を人間の問題として』（一九七〇年）『屋良朝苗伝』（琉球文教図書、一九七〇年）『沖縄』（印刷センター、一九七三年）。

★5 上原康助（うえはら・こうすけ）
一九三二年、沖縄県国頭郡本部町字伊豆味生まれ。政治家・労働運動家。沖縄県立北山高校卒。一九五一年、米軍沖縄地区工作隊に就職。一九六一年に全沖縄軍労組合連合会（全軍労連）を結成し初代委員長に。一九七〇年、沖縄において戦後初の衆議院議員選挙に日本社会党から立候補し当選。以後連続当選十回を果たす。一九九三年、細川内そして考えてほしい」と言い添えていることが弁解じみて聞こえたとしても、作者がこの映画に込めた企図が何ごとかを示唆していることもたしかである。映画にとって決してポジティブとはいえない方法を選び取った東陽一の試みは、黒木和雄[★8]がいうように、「ただひたすらに鈍重なまでに沖縄の島々を巡礼して歩く」映画であるといえよう。だがしかし、それはまた「多様性に向かって開かれた窓」であるという追加的説明が欠かせない種類の映画であることもたしかである。〈巡礼〉の歩みと〈窓〉の役割が、このドキュメンタリーの矛盾した魅力となっているということである。ここでの〈巡礼〉という言い方からは、この映画に一種の贖罪の翳りのようなものを嗅ぎ取っていたことがうかがえる。

　冒頭のシーンは、アメリカ占領と消費文化の豊かさの象徴としてのコカコーラやペプシコーラ、ミスターコーラやバヤリースなどの空き瓶を砕き、高熱で溶解し、それを口で吹いてグラスや花瓶などに変え、「メイド・イン・オキナワ」の輸出品に仕上げていく映像に、日本と日本人を告発する鋭角的な声をかぶせていた。それは日本の戦後の起源が隠した、というよりも、起源に構造化された日本による沖縄に対する〈罪〉を暴き出し、「あんたはどうなんだ」と迫るものであった。「あんたはね、アメリカが私たちを苦しめていると思うのか。あなた方がアメリカを頼んで来てね、わしらをひどいめに会わしておるんだよ。……戦争、だれがやったのか。〔中略〕日本の政府とかね、日本の国民はね、私たちをアメリカに売りはらったか……恥さらしだよ」と詰問する声は、のっけから観る者を息苦しくさせただけではなく、東たちのフィルムの運動を方向づけ、規定したにちがいない。このことは映画にとって必ずしも幸福な出立

閣で国土庁長官、北海道・沖縄開発庁長官として入閣。その後日米安保体制を認めた上で、基地問題解決を図るべきであるとする「沖縄もう一つの選択」アピールを発表。保守陣営から大田昌秀の対抗馬として県知事選に擁立する動きもあったが結局立たず、一九九八年社民党を離党、民主党入りした。二〇〇〇年の総選挙で小選挙区で東門美津子に敗れ、また比例区復活当選もならず落選する。この選挙を最後に政界を引退する。

★6　古堅実吉（ふるげん・さねよし）
一九二九年、沖縄県国頭村生まれ。関西大学法学部卒。沖縄人民党、後に日本共産党沖縄県委員会所属の琉球政府立法院議員、沖縄県議会議員、八七年瀬長亀次郎の後継者として衆議院議員に当選。著書に『命（ぬち）かじり』（琉球新報社、二〇〇二年）。

★7　阿波根昌鴻（あはごん・しょうこう）
一九〇一―二〇〇二。米軍による伊江島の土地強制収用に抵抗、「乞食行進」で米軍の非道を訴え、沖縄中にその名

ではなかったが、『沖縄列島』のよさも限界も、はじめに贖罪の法門をくぐってしまったことに関係しているように思える。黒木和雄の「鈍重なまでに沖縄の島々を巡礼して歩く」という指摘には、ファーストシーンで感じ取った強い印象があったからであろうと想像される。

この黒木和雄の評言と重なりつつも、異なる視点から、まっとうに見たのは松田政男[★9]であった。それは映画の達成度と欠点に対する鋭いコメントとなっていた。

松田はまず、本土における沖縄認識と沖縄返還運動の手前味噌的な性格を問題にする。自宅から私鉄の駅までの道の両側の電柱に張られたある党派の「沖縄を返せ！」の伝単への違和感を述べ、痛烈な皮肉をこめて「「沖縄を返せ」と借金取りよろしく喚いているマンガ的な風景」を見て取り、「祖国復帰か沖縄解放か、返還か奪還か――本土左翼の花々しい戦略（？）論議は結局のところ、「沖縄」を特定党派のカサの下に私有したいという欲望のあらわれでしかない」と断言、『沖縄列島』が何よりも告発しようとしたのは「あらゆる意味における本土の「沖縄」感覚であったのだろう」と指摘していた。そしてトップシーンの印象的な映像とそれにかぶせられた声に触れながら「「返せ！」と叫ぶべきなのは決して本土ではなく沖縄なのであり、本土は「あなた方」なのである。そして、支配の道具であるコーラの空きびんを、自分の生活のカテとして作りかえてしまうという沖縄の知恵と、そのような知恵を生み出さざるをえない沖縄の屈辱との間に広がる裂け目を深々と貫き通す視線を持つべきことを、わが「あなた方」は要求されているのである」と、この映画が党派エゴイズムからは自由であったことを評価していた。しかし松田の視線はそれだけにとどまることはなかった。その先に踏み込んで「沖縄の

が知られる。伊江島土地闘争のシンボル的存在。八四年、反戦平和資料館「ヌチドゥタカラの家」を建設。九九年には資料館と宿泊研修施設を運営する「わびあいの里」を建設。伊江島住民の闘いを語り継ぎ反戦平和を訴える。

★8　黒木和雄（くろき・かずお）

一九三〇―二〇〇六。三重県松阪市生まれ。一九五四年より岩波映画製作所演出部で助監督を務め、一九五七年監督デビュー、『わが愛北海道』などを発表し、一九六二年にフリーに。一九七〇年代のATGを代表する監督のひとりとなり、『竜馬暗殺』（一九七四年）『祭りの準備』（一九七五年）などで高い評価を受ける。監督作に『あるマラソンランナーの記録』（一九六四年）『とべない沈黙』（一九六六年）『キューバの恋人』（一九六九年）『浪人街』（一九九〇年）『紙屋悦子の青春』（二〇〇六年）ほか。著書に『映画作家黒木和雄の全貌』（フィルムアート社、一九九七年）『私の戦争』（岩波ジュニア新書、二〇〇四年）。

知恵と屈辱の裂け目に向けるべき視線の意味を十分にはとらえきれてないようである」として、次のように述べていた。

> つまり、トップシーンにおける「あなた方」への告発を、自らの全身で受け止めることを決意したはずの作家たちが、沖縄をあらゆる微細なデテールにおいてまるごと撮りつくしてしまおうとする時の方法は、やはり、列島めぐりをする旅行者の観光スナップのそれと大差ないのではないかということを、私は危惧せざるをえないのだ。〔中略〕彼らの内的世界の底部に本人も気づかぬままトグロを巻きつづけていた「観光」意識は、果たして、消し去られることができたのであろうか。
>
> 　この映画にはうつし出されなかったけれども、母の故郷である与那国の島びとの血がわが体内に半分は流れている私としては、珍しい取材対象として島々を見つめている作家たちの眼を背後に感じ、見ている間じゅう落ち着かなかった。つきつけられたのが悪意のカービン銃ではなく、善意のまなざしであったとしても、私は、時々、その痛さに身をよじったのであった。★10

新聞の文化欄という限られたスペースへの寄稿ではあったが、おそらく『沖縄列島』の評価としては、たしかな視点からするコメントだと思う。ここでいわれている「悪意のカービン銃」とは、カメラを回しているときに常に意識させられた米兵の厳しい監視を指していってい

★9　松田政男（まつだ・まさお）一九三三年、台北生まれ。政治活動家、映画評論家。東京都立北園高校在学中の一九五〇年に日本共産党に入党、軍事方針をとる所感派に属しながら、武装組織である山村工作隊等で活動。その後トロツキズムからアナキズムに接近。60年安保の後はチェ・ゲバラやフランツ・ファノンの第三世界革命論を導入。東京行動戦線、レボルト社などに関わる。七〇年秋、第二次「映画批評」を創刊。風景論の中心的論客としても知られる。著書に『薔薇と無名者　松田政男映画論集』（芳賀書店、一九七〇年）『風景の死滅』（田畑書店、一九七一年）『不可能性のメディア』（田畑書店、一九七三年）『テロルの回路』（三一書房、一九七三年）ほか。

★10　松田政男「本土の「沖縄」感覚——記録映画『沖縄列島』によせて」「沖縄タイムス」一九六九年三月八日。

るが、「これまで沖縄を扱ったあらゆるドキュメンタリーよりはるかに全体的な広さと深さにおいて『沖縄列島』を完成した」と評価しながらも、なおそこに作家たちの「内的世界の底部に本人も気づかぬままトグロを巻きつづけていた「観光」意識」を鋭く見抜いていた。「珍しい取材対象として島々を見つめている作家たちの眼を背後に感じ」た、与那国の島びとの血を受け継ぐ松田によって根源的な違和を突きつけられた。黒木和雄が「ただひたすらに鈍重なまでに沖縄の島々を巡礼して歩く」とした、〈巡礼〉の旅を、松田政男は善意のまなざしにひそむツーリズム的視線と見たということだ。

この東陽一ら若手作家たちの撮影スタッフの「沖縄巡礼」に松田政男同様「観光的」まなざしを読み、それを看破したのは川田洋だった。★11 川田はヤマトから沖縄へ視線を向けるときに足をすくわれる沖縄のもつ〈観光地性〉に触れ、『沖縄列島』の〈巡礼〉に潜むまなざしの性格を、「日本ドキュメンタリストユニオン」＝NDUの『モトシンカカランヌー』が、自らの視野をレンズのアパーチュアに限定したことと比較していっていた。

ヤマトから〈沖縄〉へ視線を向けるとき、この「観光地」性に足をすくわれない保証は誰にもない。ビジネスであろうが「闘争」であろうが、訪れる人々をいやおうなく「観光客」にしたてあげてしまう圧力が、あの群島には確実に存在する。東プロの『沖縄列島』は、最も水準の高い左翼観光映画であり、〈みにくい日本人〉・大江健三郎は、その映画に姿を見せた若い観光バス・ガイドに一目会いたいとコザの市中をうろついた。おそらく「観光客」と

★11 川田洋（かわだ・ひろし）一九四二年、東京都生まれ。「新左翼運動と沖縄闘争」（「情況」一九七〇年六月号）「国境、国家、第三次琉球処分」（「情況」一九七一年四月号）「国境・国家・わが弧状列島」（「情況」一九七二年五月号）「叛帝亡国・国境突破」の思想——『アジアはひとつ』『反国家宣言』『沖縄公用地暫定使用法』」（「映画批評」一九七二年十二月号）「〈亡国〉の時代とは何か？ 新川明氏への応答——「国境」としての沖縄をめぐって」（「映画批評」一九七三年四月号）など、「復帰」前後に〈国境・国家〉を視座に沖縄論を精力的に展開。

しての規定性から完全にまぬがれえた沖縄訪問者がいるとすれば、この数年の間にかぞえられるのは防衛庁長官中曽根と、第三次琉球処分官山中だけだったのではあるまいか。

権力者は、まさにその権力者として持つ意志の力によって「観光客」たることからまぬがれたのだ。だとすれば、「観光客」から脱出しようとするなら権力者の階級性とサシでわたりあうに足る階級性を身に帯びるか、さもなければ一人の〈生活者〉として沖縄の〈生活〉へのめりこんでゆくしかない。★12

なかなか興味ぶかいことがいわれている。『沖縄列島』を「最も水準の高い左翼観光映画」というキツイ評言は、松田政男が感じ取った「珍しい取材対象として島々を見つめている作家たちの眼」により近いが、黒木の「鈍重なまでの巡礼」という言い方と対応しているし、もとをただせば贖罪の構え、というよりも、構えの不徹底さに関係しているのかもしれない。川田はさらに視線のありかたを問題にして「沖縄列島を真上からにらみすえて、革命または反革命のためにそこに降り立つかさもなければ、社会空間の底の底に澱む暗部の中へ潜行してその底点からすべての上層を透視するか、いずれかだ。上からか、それとも真下からか、なのだ。そこをずっこけて横から投げられた視線は、どんな角度をもとうがいっさいが「観光客」のものとしてひとつにたばねられてしまう」と、いい足していた。

だが、とあえていえば、「最も水準の高い左翼観光映画」という評言が本質をついていたとしても、この映画を貶めているだけなのかといえば、必ずしもそうとだけはいえまい。なぜな

★12　川田洋「〈国境〉と女たちの夜明け」「映画批評」一九七一年七月号。

ら、東陽一はほかならぬ自らの視野をレンズのアパーチュアに限定することを放棄することによって、「横から投げられた視線」を獲得し、沖縄列島を横断することを可能にしたといえるからである。このことは川田洋の指摘を、違った角度から考えてみることを要請する。「左翼観光映画」と感じさせるのは、実は「映像」それ自体の問題というよりは、映像を運び、意味づけ、方向づけもする「語り」に大きく左右されているように思えるのだ。ここにはドキュメンタリーの方法に関わる、何か重要な問題があるように思えてならない。ちなみにナレーションを消してみると、登場した人物の声と映像の持つ喚起力に逆に驚かされる。ということは、映像を意味づける説明的なナレーションにこそ、あの「鈍重なまでの巡礼」と密通した「高級な左翼性」が住み着いている、といえないだろうか。

『沖縄列島』の視線は〈生活者〉のそれではない。むろん、権力を巡る〈革命／反革命〉者のそれでもない。あえていえば、移動者の〈動体視力〉とでもいえばいえようか。そしてそれは、上からでもなく、下からでもなく、まぎれもない横からの視線なのだ。定点を定めず、止まることはない。この移動する視線が、沖縄の政治と生活の幅や有名、無名の群像を捕捉することができたということは逆説的にすぎるといえようか。スクリーンそのものが窓となり、一九六八年の変転するデキゴトや人物や風景が残像となって網膜を流れる。沖縄「列島」の沖縄〈列像〉ともいうべき群れなす映体が、そこにはある。

これらのアメリカ占領下の沖縄列像から、忘れがたい幾つかの情景を挙げてみたい。

まず一つ目は、コザ高校の運動会を追ったシーンである。「祖国」という新聞の見出し文字のクローズアップから少女たちの裸の脚が歩いていく、その先のポールに日の丸の旗が翻り、足踏みする列のなかに黒人との混血の少女や、白人との混血の少女がフォークダンスの輪のなかで踊っている映像に、「祖国という言葉が／もの憂く心に響くころ／青空のまぶしさが／ちかちかと心にさすころ／マッチ箱につめられた人々が／あがく事を忘れるのだ／〔中略〕祖国という言葉が／もの憂く心に響くころ」という詩を朗読する少女の声がボイスオーバーされる。この高校生の詩には、一九六八年・沖縄の社会意識の流動化が予感されている、とみていいだろう。

二つ目は、人影のないコザのセンター通りのショーウインドーのなかに、富士山の写真をバックにした「一体化で早期復帰を」のスローガンの下、満面に笑顔をたたえた日本国首相佐藤栄作が、沖縄自民党の主席公選候補である西銘順治[★13]の手を高く掲げている選挙ポスターがフォーカスされる場面を挙げてみたい。そして演劇集団創造のメンバーでふだんは観光バスのガイドをしている少女が、北緯27度線で隔てられた与論島の島影が見える辺戸岬で、将来何をするか尋ねられ、「将来、あ、そうか、来年の九月頃、ええと、本土に旅行したい。一度雪も見たいしね」と答えた後、これもまた富士山を使った「COLGATE[★14]を買って本土へ行こう！／六名さまを抽選により本土観光旅行にご招待」という広告ポスターが画面いっぱいを占めるところである。それから画面は、復帰協会長の喜屋武真栄が「過ぐる沖縄戦で、沖縄九十六万の県民は、その意志に反して、祖国から断ち切られた訳でありますが、私たちはその沖縄県民を、一日も早く祖国に戻したい、戻りたいという事で……／この復帰協の基本目標は、まず第一に、

★13　西銘順治（にしめ・じゅんじ）
一九二一—二〇〇一。沖縄県知念村（現在の南城市）生まれ。政治家。東京大学法学部卒。外務省を経て、一九六二年に沖縄自由民主党の支援で那覇市長に当選。一九六八年の行政主席選挙では革新系の屋良朝苗に敗れた。その後一九七〇年自民党公認で衆議院議員に当選。一九七八年から沖縄県知事を務めた。一九九〇年、大田昌秀に敗れる。
★14　「COLGATE」とは世界最大級の歯磨き粉メーカーであるアメリカのコルゲート社の歯磨き粉のこと。

沖縄県民は日本国民の民族独立と、沖縄県民の主権回復の先頭に立つ……」とコメントするシーンに転綴される。この二つのポスターと二つのコメントが含意するのは、蔓延する「祖国」幻想とそれが政治と経済、右と左を問わず資源として盗用されていることである。一方が民族・国民の物語を生産するそれとして、もう一方は剰余価値を産むコマーシャリズムの文脈においてである。

三つ目は、羊歯の茂ったひめゆりの塔の暗い洞穴の内部にカメラが降りたシーンに注目したい。暗いガマのなかにはまだ小銃弾や軍靴が転がっている。カメラは壁の襞をなめる。そこにひめゆり学徒隊の生き残りの「……この手榴弾一つで、いっしょに死のうって、皆こうして抱いてね、信管抜こうとしている時に、この政善先生がね、あの、今あんたが死んだらね、……日本人の血はね、ただわたしたち十六名しかこの……沖縄には残っていないかもしれないと。この十六名がね、今から日本人の血を残して、そして、日本、日本の教育をするためにね、日本人教育するために大切な十六名かもしれないからね、死なないでくれといって、わたしの手榴弾をね、とめられたわけ……」という声が生き物のように流れる。ガマのなかに差し込んだ光をなぞるように、カメラが這い上がって中天を仰ぐ、と、ハレーションする光が無数の矢となって降り注ぐ。このシークエンスは、暗い洞穴のなかで起こった惨劇を知ることができるだけではなく、沖縄戦をくぐった声がどのように生き延び、戦後に接続されていったかを伝えていて印象深い。

つまりこういうことである。ひめゆり学徒隊の生き残りの証言は、沖縄の戦後が戦前の断絶の上に新たな文体で立ち上げられたのではなく、意匠を変えた再生であるということを生々しく伝えている。死をぎりぎりのところで生に反転させ、延命させたのが皇民化教育と同化教育によって形成された心的メカニズムであったという痛烈な逆説を、ここに見ることができる。まさしくこのカラクリこそ、「祖国復帰運動」の母型となったものであり、戦争責任や戦後責任を不在にした〝空道〟であり、また祖国復帰協議会会長・喜屋武真栄のコメントに聞いた空疎なナショナリズムの出自でもあったのだ。

四つ目は、米軍兵士から一夜の営みの金をもらえずほっぽりだされた娼婦と思われる小柄な女が、コザの通りのど真ん中に仰向けに横たわり、起き上がったかと思うや、車に向かってなにやら喚いている。通りがかったMPに手を突きつけ、ねだるようでもあり不満をぶちまけるようにも見える。MPもあきれて通り過ぎる。「MPさえ相手にしない」というナレーションがかぶせられる。このムトゥシンカカランヌーと思われる女の映像は、ひめゆり学徒隊の生き残りや喜屋武真栄祖国復帰協議会会長の教科書風な語りの対極にあって、剝き出しの生活者の生きざまからしたたかに撃ち返す喚起力をもっていた。

五つ目は、沖縄が繫がった、あるいは沖縄に流入した〈アジア〉である。「黒い殺し屋」といわれた戦略爆撃機B52や戦場の生々しい痕跡が残るスクラップの集積、那覇軍港に寄港した原子力潜水艦と被爆した潜水夫の身体は、沖縄が極東の軍事的なキーストーンであることによって投げ込まれた被害と加害の重層する光景だとみていい。東陽一は軍事的キーストーンの暴力性を、B52の圧倒的な出撃シーンの始終を真下から一八〇度の角度で追ったカメラワークによって提示してみせた。誘導灯にそってフェンスの向こうから黒い機影が姿をみせ、上空を覆い尽くしながらゆっくりと水平線のかなたに消えていく、その瞬間、天と地が逆転し、黒い機影が海浜の下になった映像が出現する。この天・地が逆立する映像に、私たちの視線のパラダイムは揺らぎ、沖縄とベトナムの関係を否応なく考えさせられる。そして八重山のパイン工場で働く台湾からの若い出稼ぎ女工たちを撮ったところである。パイナップルの「目取り」をする台湾からの若い出稼ぎ女工たちの、はにかんだ顔から足元に〈ティルト・ダウン〉するレンズの動きと、そのレンズがとらえた二の脚の表情は、饒舌な労働論よりはるかに身体に流れる時間のリアルさを造型していたばかりではなく、労働とエロスを写し込み、そこにアメリカ占領下の沖縄に流入したコロニアルな階層的グラデーションを描き入れていた。

◎

『沖縄列島』は、動体視力によって〈一九六八年・沖縄〉の群像を捕獲した。だが、皮肉な言い方になるが、そうしたイメージの力はフィルムの運動を意味づける映画内部の「語り」においてというよりは、むしろ映画の外部で実践された〈一九六八年〉を巡る言語の争闘を介入させることによってこそよく理解できるように思えるのだ。『沖縄列島』とほぼ同時期に刊行された『沖縄 本土復帰の幻想』(三一書房、一九六八年)は、そんな沖縄の〈一九六八年〉の核心を顕現させる言語的実践であった。

この書に収められた伊礼孝(原典では「いれい・たかし」だが、同一書所収の座談会では漢字表記であるため、著者の判断で漢字表記にした）の「沖縄から透視される「祖国」」と、伊礼を含め川満信一、中里友豪、真栄城啓介、嶺井政和ら五名によって行なわれた白熱する討論「沖縄にとって「本土」とは何か」は、その前年十一月の日米共同声明で、小笠原諸島の日本復帰が合意され、沖縄については両三年以内に日米双方が満足しうる返還が実現されることが明らかになったことを背景にして、沖縄の戦後史を検証し、「沖縄にとって復帰する本土とは何か」「祖国とは何か」を問い、復帰運動の論理を真正面から議論の俎上にのせている。ここでのポレミカルな言葉の強度は、まさに時代のリミットで沖縄の思想がどのような格闘を強いられているかを教えてくれるばかりか、『沖縄列島』の「語り」に侵入し、フィルムの運動と直談判する。例えば、「祖国」という言葉がもの憂く心に響いたコザ高校の少女の声や、暗いガマの映像に重ねられたひめゆり学徒隊の生き残りの証言は、言語の争闘を中継することにおいてこそ、その核心が見えてくる。

伊礼孝は本土の友人への手紙という形式をとった論考の初めに「国家は人から愛されたりするはずのない冷酷なものだが、国家よりほかにないから、人は国家を愛さないわけにはいかなくなる。これが現代人の受けている精神的拷問である」というシモーヌ・ヴェイユの言葉を援用しながら、「沖縄にとって、もはや「祖国」とは日本しかありえないということ、これ以上の精神的拷問がありましょうか。これを拷問として感受しつつ、なお「祖国復帰闘争」の必然性、その内実を究明しなければならない時点に、沖縄の私たちは立たされています」と、アンビヴァレントともいえる胸のうちを披瀝し、次のように書き継いでいた。

五〇年代における屈辱のなかから私たちがもとめてきたのは、まぎれもなく薩摩の侵入以来、支配と搾取を重ねられつづけることによって、その近代化・帝国主義的発展をあがなってきた〝祖国日本〟だったわけです。

「人から愛されてもふしぎのないものをことごとく殺し、ほろぼしてしま」った日本国を、〝祖国〟としてもとめてきたのです。アメリカ軍の支配権力があまりにも強力であるため、それに対抗するためには、同じように「強い」日本国家を背後にすることが必要だったと言えましょうか。いずれにしろ、「沖縄県民」にとって、これ以上の「精神的拷問」はほかにありません。★15

「祖国」が日本以外ないということを「精神的拷問」として感受しつつ、なお「祖国復帰闘争」を闘うことの両義的な意味を生きること、ここに沖縄の〈一九六八年〉のぎりぎりのラインが引かれているといえる。伊礼のこの論考は、その年の十一月に実施される初めての琉球政府主席公選を強く意識して書かれていたことは間違いない。主席公選をどう位置づけるかは、「祖国」復帰運動の評価と密接に関わっていた。伊礼において論理化されたのは、それ自体、日米支配権力の矛盾のあらわれとしてあった主席公選で「革新主席」を誕生させることによって、七〇年安保・沖縄闘争へと追撃戦をになえる「抵抗政府」や「自立政府」を実現させる構想であった。

だが、日本を「祖国」とすることを「精神的拷問」としつつ、なお「祖国復帰」に賭けると

★15 伊礼孝「沖縄から透視される「祖国」」『沖縄 本土復帰の幻想』吉原公一郎編、三一書房、一九六八年。

いう思考は、美しいスラングにしか過ぎなかった。沖縄の〈一九六八年〉的状況の先端で問題とされたのは、まさしく「祖国」への幻想の尻尾をどう始末するかにかかっていた。伊礼孝と川満信一の対立は、復帰運動の臨界に書き込まれた二つの極である、といえよう。「抵抗政府」の樹立と追撃戦論をとなえる伊礼に対し、川満はそこにアポリアを嗅ぎ分け「意識された棄権」を提起する。復帰運動の限界を見定め、その内部で質的転換を図るか、それとも祖国幻想を内破し、異種の声を想像／創造できるか、妥協はなかった。沖縄の〈一九六八年〉とは、「国家論」を介在させた「祖国」の透視と「本土復帰の幻想」が否定命題として思想の前景に踊り出ていく、まさしく転形を画した年となった。

川満信一は「分断された民族の統一、民族の独立を闘争目標に据えたところの〝祖国復帰〟運動を展開したことから、沖縄のたたかいは決定的な破産を必然的に導き出すことになった」と断じ、翌六九年には「転換期に立つ沖縄闘争――復帰のスローガンを捨てよ!」で「沖縄の闘争はこれまでの民族主義を払拭し、新たな地点へ自らを押し出さざるを得ない情勢に直面している。いわば沖縄の「復帰運動」はギリギリのところで自己否定を迫られており、いま一度「沖縄の思想」あるいは「沖縄の精神」の独立を必要としているといえる」とし、「復帰拒否」・「返還阻止」の思想を、激しく累乗するように織り上げていった。

「島(II)」は、川満信一の言語的実践が、一九六八年を螺旋状にくぐったところから、黙示録的な気配をいっそう濃く漂わせていく様相を表出していた。

おお　おまえのいじけた足どりと歌声は
どんな私刑（りんち）よりも耐えがたい
幻の祖国などどこにもないから
幻の海深く沈もう　そして激しい渦巻になろう
船も鯨も寄せつけぬ龍巻となろう

奔流するとみせかけては　簡易水道の蛇口から滴り落ちる
〝空道〟の慣（なら）いよ
おまえの引きずる時間の屍を葬るために
ぼくの中のあらゆる水道管は壊される
叛乱のときは深夜の窓に熟れ
襲撃の拠点に鮮やかな朱の×印はふえていく
明ければまた　それらの建物や風景の傍らを
恥辱とむなしさに伏せて歩むだろう
それでも島よ
おまえの恥部には朱の×印を刻み続ける★16

★16　川満信一「島（II）」『川満信一詩集』オリジナル企画、一九七八年、一六八頁。

この詩は、2・4ゼネストが流産に終わった直後に書かれている。伊礼孝との意見の対立で川満信一が予見したことが、その通りになったことへのむなしさと憤怒、いっそうの否定と自立への意志が暗い孔から吹き上げてくるような、重層する言葉で織り上げられている。詩の言葉は、『沖縄列島』に写し込まれた、朝まだきのコザの大通りで喚く女や宮城島の海上を疾走するサバニと海人、そして炎天下のパイン畑で実をもぎとり、背にしたカゴに一個、また一個と放り込む果てのない営み、台風被害にあった宮古島でのキビ刈り労働などの、生活と労働の底点を廻り込んだところから、喜屋武真栄のメッセージやひめゆり学徒の生き残りの証言に染み込んでいる「本土復帰」の幻想が幻想としてだけではなく、もはや反動でしかないことを射抜いていた。と同時に、これより先「民衆論」や「共同体論」へと進み出ていく原資のようなものが詩的言語のなかに畳み込まれてもいた。

六〇年代末、情況の裂け目に身を晒した詩が孕んだ思想。侵犯されつづけた沖縄の歴史に「一巻のブルーフィルム」を読み、恥部に刻んだ「朱の×印」こそ、沖縄の〈一九六八年〉のリミットで立ち上げられた〈ノンの思想〉なのだ。「幻の祖国などどこにもないから／幻の海深く沈もう　そして激しい渦巻になろう／船も鯨も寄せつけぬ龍巻となろう」という言葉の強度には、すでにして「反復帰」と「反国家」の思想が先取りされて詠われているのに気づかされるはずだ。

ドキュメンタリー『沖縄列島』は、一九六八年八月から十月までの三ヶ月、沖縄の島々を巡り群像を捕捉し、パノラマのように配列した。多様性に向かって開かれた〈窓〉から、私たちの網膜は幾つかの断片の輝きと鋭角を記憶する。だからこそ、ドキュメンタリー『沖縄列島』と言語的争闘『沖縄 本土復帰の幻想』は〈一九六八年・沖縄〉の先端で交差することができたのだ。

「映画は転結した、だが沖縄の現実は転結したか」（黒木和雄）――東陽一の〈巡礼〉の後に一つの問いが残る。伊礼孝が夢を見ようとした「抵抗政府」は、祖国復帰幻想を抱懐していたがゆえに、現実によって裏切られた。沖縄戦後史の総決算といわれ、一九六八年から六九年のダイナミズムの繋辞になるはずだった「2・4ゼネスト」は、ほかならぬ祖国復帰運動の象徴的存在であった屋良「革新政権」自身の手によって葬られ、幻に終わった。

伊礼孝が復帰運動の質的転換と革新主席誕生に、「抵抗政府」や「追撃戦」の希望を託したことに対し、川満信一は「民族主義を基幹とする復帰運動は屋良政権の確立によって決着をつけられた」ことをみた。「奔流するとみせかけては　簡易水道の蛇口から滴り落ちる／〝空道〟の慣いよ」という覚醒は、まさしく復帰運動が限界から退行現象に転じていく姿と、この島で繰り返された敗北のドキュメントが詩人の目に苦々しく刻み込まれていたことを思い知らせる。「朱の×印」は、だが、転結しない流動する沖縄の現実を掻き分けるストロークとなり、狂おしいまでに状況の熱を帯びていった。

伊礼孝は、この時の川満信一との意見の対立を十年後の一九七八年に「新沖縄文学」（三九号）で「さて、その後の情況の推移は、川満が指摘するまでもなく、その年の主席選挙に勝った屋良革新主席と復帰後の革新知事とその与党が演じてみせているとおりである。思えば、一九六八年は、私たちの分岐点でもあったような気がしてくる」と振り返り、「私のような情況盲目主義者が、沖縄が日本に復帰するということが、日本の国家権力を強化する過程に収斂されるものではなく、沖縄が日本に復帰するということが、本土それ自身が変わる、そこに歴史のダイナミズムを見たいなどと、たわいない夢を見ていたとき、川満は「どこにも復帰するところがなく、もう復帰するところがあるなら、沈黙に閉ざされた怨恨の領土以外ない」と観念し、歴史を対自的に縦探する道を歩みはじめていたのである」と述懐していた。

さらにその十年後にもそのときのことに触れていた。伊礼孝がいかに一九六八年夏の、あの討論にこだわっていたかがわかるというものだ。「まさにすべては彼が予断したとおりの展開となった。革新主席を当選させ、三期にまたがり革新自治体が続いたが、それも抵抗政府になるどころか結果的には、全国でも最悪の反動政治が中央と地方との合作で強行され、日本の軍事拠点として一層強化されるだけの島と化しただけである。沖縄の復帰闘争に結集したエネルギーは、国内のいかなる闘争とも連続せず、いかなるものも起爆しなかった。あの討論を私は、「日本に復帰するということが、日本の国家権力のさらに強化されてゆく過程として収斂されるものであってはならない。そうではなくて、本土それ自身が変わる。そういう歴史のダイナミズムのなかでこそ沖縄が本土に自らの力で帰るのだという、同時的・連続的な真の復帰を闘いとる」べきだとしめくくったが、それは全く お笑い草であった」（『新沖縄文学』七一号、一九八七年）と回想していた。

伊礼孝もいうように、一九六八年は沖縄の〈分起点〉でもあった。そしてその分岐点となった一九六八年・夏の討論から「屋良革新主席」の誕生と、ほかならぬその革新政府によって挫折させられた「2・4ゼネスト」を経て書かれた伊礼の『沖縄列島』へのコメントは、分岐点をぐって明らかになりつつある現実に、伊礼自身の影を重ねる独特な読みになっていて、興味深い内容になっていた。注目すべきところはやはり〈一九六八年・沖縄〉への強いこだわりである。『沖縄列島』に映像の並列化や凝集力の足りなさを指摘していたところはいいとして、その原因を「やはり一九六八年・沖縄という状況のせいとしか思えない」としたことである。この評言の内に揺れている伊礼孝自身の自己批評への反照を感じ取れずにはおられない。次にいわれている「迷い」と「方向感覚の崩壊」は、いっそうそのことを印象づける。

映画が並列的にみせた一九六八年沖縄の現象を貫いていることは何かという問題である。それは迷いであり、方向感覚の崩壊ではないだろうか。映画で政党人も農民、学生も過去を告発し、現在をあばく。そのとき人々の言葉は一つになるが、しかし誰も明日の言葉を自信をもっていえない。どこを向いて進んでいるのかを語ろうとしない。〔中略〕何か沖縄の人間の思考をトータルに貫く言葉はないものだろうか。農民、学生、政党人の言葉から「祖国への道」の切実なイメージが枯渇したときそれにかわる言葉、いわばヘゲモニーが必要なはずなのに、人々ははげしく告発する過去を羨望の未来へ結びつける言葉をもたない。やはり、祖国復帰の思想を問題にしなければならない所以である。★17

★17　伊礼孝「映画『沖縄列島』を見て」「沖縄タイムス」一九六九年五月四日。

ここには分岐点としての〈一九六八年〉を経て、伊礼孝の状況認識が影のように揺曳しているように思える。『沖縄列島』が見せた並列的な沖縄に「迷い」と「方向感覚の喪失」をみた、その「迷い」と「方向感覚の喪失」はほかならぬ伊礼自身のものでもあった。いってみればドキュメンタリーの〈巡礼〉に己の影を見たということである。「やはり、祖国復帰の思想を問題にしなければならない所以である」という言葉は、２・４ゼネストが流産に終わった後の伊礼の視線の在りかを伝えていた。そして川満信一によって引導を渡された「抵抗政府」構想の夢想性に気づかされたところから、新たな言葉が待たれている。告発の言葉ではなく、未来へ結びつけるそれと新たなるヘゲモニーとしてである。だからこそ「コーラのビンを砕いて、新しいガラス製品をつくる、このイメージの戦闘性を立証するためにも、強力なヘゲモニーが痛感される」と結んでいた。このとき、後に伊礼自身が紹介していた、川満信一の「どこにも復帰するところがなく、もう復帰するところがあるなら、沈黙に閉ざされた怨恨の領土以外ない」という言葉は意識されていたのだろうか。

「さまざまな角度から論じられる一九六八年をみせるのは、おそらく『沖縄列島』だけだろう」と伊礼もいうように、このドキュメンタリーは、凝集力に欠けるとしても、沖縄の転形期のさまざまなディテールを見せてくれたことは否定しようがない。そして「最も水準の高い左翼観光映画」と揶揄された東陽一の〈巡礼〉は、「複雑なかげり」をフィルムの運動の余白に疎外した。それゆえに、ドキュメンタリーとは異なる映像の審級として『やさしいにっぽん人』は作られなければならなかった。

10 漂流と迂回、あるいは始まりにむかっての旅

『沖縄列島』から三年後の一九七一年、東陽一は『やさしいにっぽん人』[★1]を作った。「多様性に向かっての開かれた窓」であり、同時に七八年八月から十月の転形期の沖縄を巡る「鈍重な巡礼」でもあったドキュメンタリーから、役者の肉体と虚構の物語としての劇映画への移行は、映画作家にとってどのような表現上の転回があったのだろうか。

『やさしいにっぽん人』の直後、東陽一は「映画『沖縄列島』から三年」という一文を書いていた。冒頭、埴谷雄高の『幻視のなかの政治』（未來社、一九六三年）から「政治の幅はつねに生活の幅より狭い。本来生活に支えられているところの政治が、にもかかわらず、しばしば、生活を支配しているとひとびとから錯覚される、それが黒い死をもたらす権力をもっているからにほかならない」という言葉をエピグラフとして置いていた。それは、六九年の日米共同声明に表現された政治的カラクリをオーソライズし具体化していくものとして、七一年六月十七日の夜、虚偽にいろどられた沖縄返還協定の調印式のテレビ中継を見た時に抱かされた強い疑念が書かせたものであった。ここでとりわけ興味を引くのは、黒い死をともなった〈幻視のなかの政治〉を想起する形で沖縄返還調印式を見ていたことである。

★1『やさしいにっぽん人』一九七〇年、東プロダクション。監督：東陽一、脚本：東陽一、前田勝弘、撮影：池田傳一、出演：河原崎長一郎、緑魔子、伊丹十三。

『やさしいにっぽん人』のモチーフについて、こんなことをいっていた。

『沖縄列島』に続く私自身の作品は、たとえば大江健三郎が「沖縄経験」というときに、その「経験」ということばにこめようとしているほどの内実まではまだ高められない私の沖縄「体験」を一つのモチーフとし、更にあの六九年の日米共同声明にふれた時の、あのような日本語のスタイルというものへの深い疑惑を他のモチーフとしつつ、その他の様々な個体内的な動機と錯綜しながら作りあげられたフィクションであるけれども、それはまだ、とりあえず措定された、映画の全体的な変革という目標にははるかに遠い地点に置かれた一つのめじるしという自己認識をこえるものではない。[★2]

ここで三つのモチーフが言われているわけであるが、注目しておきたいのは、日米共同声明にふれたときに感じた「日本語のスタイル」への深い疑惑ということである。というのも、そこでの「日本語のスタイル」にこそ、あの生活の幅よりも狭いはずの政治が生活を支配する倒立が敷設されているように思われるからである。六九年十一月二十一日に佐藤栄作首相とリチャード・M・ニクソン米大統領が行なった「日米共同声明」で、沖縄の「七二年返還」が決定されたわけであるが、それは極東の平和と安全のためにアメリカ軍がはたしている役割を評価しつつ、その軍事的要であるアメリカ軍基地の機能を損なわない範囲において、施政権を日本に返還する、ということだった。文脈ははっきりしていた。佐藤首相が「戦争で失った

★2　東陽一「映画『沖縄列島』から三年」「現代の眼」一九七一年八月号。

領土の返還を話し合いで解決することは世界でもたぐいまれなことである」と自賛し、日本政府も「本土並み、核抜き、七二年返還」と揚言していた沖縄の施政権返還だが、共同声明の日本語正文でたびたび使われた日本政府の「立場」（position）が意味するものは、軍事的文脈で使われるときはほとんど常に「拠点」だということも含めて、声明文の「日本語のスタイル」に構造化されているものは埴谷雄高が幻視した〈政治〉的なるもののカラクリをみせつけるものであった。

ここでいう「日本語のスタイル」とは、例えば「日米共同声明」が発表された直後、中野好夫★3が作成した「日米共同声明と「沖縄返還」」の冊子で、内外解釈の重大な違いを指摘していたことと関係しているとみていいだろう。このレポートは、佐藤首相のナショナル・プレス・クラブでの演説や異例ともいわれたジョンソン国務次官と愛知外相による二つの〈背景説明〉、そして共同声明文の英語正文と日本語正文を比較し、日米両方の解釈の違いを明らかにしていた。共同声明文全体は「きわめてアイマイモコたる表現に充ちている」ものであるが、英語正文と照らしてみれば、あいまいなる日本語が隠した核心が鮮やかな輪郭で炙り出されていた。

そのなかから一つだけ拾ってみよう。戦争で失った領土返還を話し合いで解決した、と佐藤首相が誇らしげにいったその「返還」である。英語正文でいう「沖縄復帰」（reversion of Okinawa）あるいは「沖縄返還」と「施政権返還」（return of the administrative rights）を厳密に区別すべきであるという。第六項の「総理大臣と大統領は、また、現在のような極東情勢の下において、沖縄にある米軍が重要な役割を果たしていることを認めた。討議の結果、日米共通の安全

★3　中野好夫（なかの・よしお）　一九〇三—一九八五。愛媛県松山市生まれ。東京帝国大学卒。英文学者、評論家。英文学者の肩書きには収まらない行動的知識人の一人。平和問題、憲法問題など幅広い分野で発言し、沖縄問題にも積極的に関わり、復帰運動を支持する立場から評論を発表、本土における沖縄返還運動のまとめ役的な存在でもあった。一九六〇年に「沖縄資料センター」（〜七二年）を東京に設立、沖縄に関する情報が乏しい時代に、沖縄問題を知らしめる役割を果たす。復帰後は、「沖縄弧の自治」や「小国主義の系譜」でアイルランドの独立運動の例を引きながら長期的な視野で「小国寡民」の道を提言。『中野好夫集』全十一巻（筑摩書房）があるが、沖縄関係では、著書に『沖縄と私』（時事通信社、一九七二年）、共著に『沖縄問題二十年』（岩波書店、一九六五年）『沖縄・70年前後』（岩波書店、一九七〇年）『沖縄戦後史』（岩波書店、一九七六年）、編著に『沖縄

保障上の利益は、沖縄の施政権を日本に返還するための取り決めにおいて満たしうることに意見が一致した」とか、第七項での「総理大臣は、日本政府のかかる認識に照らせば、前記のような態様による沖縄の施政権返還は、日本を含む極東の諸国の防衛のために米国が負っている国際義務の効果的遂行の妨げとなるようなものではないとの見解を表明した」という声明文から、「沖縄返還」といわれるものが「施政権の返還」ないし「移転」ということだけに限界が明示されていると注意を喚起していた。そして「由来わが国の政府には（戦前、戦中は軍部も）、国民向け発表文の場合、どうもことさら刺激的表現に気がねして、滑稽なゴマカシ的軟表現をひねり出す妙な智慧がある。「退却」が「転進」に、「敗戦」が「終戦」に、「占領」が「進駐」に、「残存主権」が「潜在主権」に、等々というあの手口である」と注記していた。

　考えてみれば、琉球処分の口実といい、皇土防衛の「捨石」となった沖縄戦といい、天皇は、アメリカが沖縄を長期にわたって保有することを認めるとした「天皇メッセージ」といい、サンフランシスコ講和条約において日本の独立と引き換えに沖縄をアメリカの占領下におくことを認め、その国家主権による合意を擬制的に成立させた日本の「残存主権」という概念といい、そこには併合と分離の暴力として行使された国家としての日本の動態が「日本語のスタイル」そのものと深く関わっていたことを教えていた。肝心なことは、東陽一がそこに〈幻視のなかの政治〉を感じ取ったということである。『沖縄列島』の冒頭の映像にかぶせられた声が鋭く問いつめた、沖縄をアメリカの質草にすることによって得た「平和と繁栄」の起源に隠された国家の狡知と決して無縁ではなかったはずである。いや、その声を映画作家としてのスタート

問題を考える』（太平出版社、一九六八年）『戦後資料沖縄』（日本評論社、一九六九年）など。東大教授時代の教え子に木下順二、丸谷才一、野崎孝などがいる。

をしるすドキュメンタリーのはじまりで聴いた耳があったからこそ、深い疑惑を表明しえたのであるといえよう。極東の軍事的拠点の機能をいささかも損なわない形での返還は、日米安保を沖縄に適用し、そのことによってそれがアジア的に拡大していくことを現実のものとしたということである。『沖縄列島』のときはイメージでしかなかったことが現実のものになった、といったのはそういうことを指していたのだ。

しかし、ここで問題にしたかったのは、ほかでもない「死」についてである。といってもその「死」は、『幻視のなかの政治』でいわれたそれとは幾分趣を異にしている。いや、その「死」は民衆の生活の底を浚い、人々の共同の観念を吸引したという意味で、生活と政治の倒立の極限の相ともいえる。沖縄戦における「集団自決」である。

『やさしいにっぽん人』は、渡嘉敷島の集団自決を一歳の赤子の時に体験し、奇蹟的に生き延びた謝花治（河原崎長一郎）を主人公にしている。その主人公の設定に、先に挙げたこの映画の三つのモチーフの交差と内在を見ることができるはずだ。つまり東陽一の「沖縄体験」の位相と日米共同声明の「日本語のスタイル」に抱いた深い疑惑、そして映画の変革への一つの目印としてのフィクションが主人公の生と性において物語られている。ゴダール風の論争劇への志向をみせつつ構成的実験と虚構を発条にして、生活と政治を倒立させた「日本語のスタイル」に対する挑戦でもあったといえるはずだ。

それはまた、「一九五二年のサンフランシスコ条約から七一年のこの返還協定の調印まで、ほぼ二十年余のあいだに、ほかならぬ私たち自身をその「生活」とするところの日本の「政治」は、実におどろくべき早さでみごとに転生したのだ」とした、その〈みごとな転生〉の内実そのものを深く問う行為でもあったのだ。たとえばそれは公害問題、在日朝鮮人問題、家庭内暴力、ベトナム戦争、社会的反乱と管理社会化の浸透、都市に流れ込んだ無数の群像がかかえた葛藤など、六〇年代後半から七〇年代はじめにかけて噴出したさまざまな戦後的矛盾を、〈転生〉を拒まれ、戦争の継続としての占領を生かされてきた沖縄の、しかも「集団自決」を生き延びた一人の青年の定点を定めることのできない曖昧さや彷徨によって問い直す試みでもあった。『沖縄列島』の〈巡礼〉の後に東陽一が選んだのは、複数のシークエンスのコラージュの様相を呈しつつ無定形に沸騰する東京と、その東京に生きる群像を、ドキュメンタリーではなく役者の肉体と虚構の力によって描こうとしたところに『やさしいにっぽん人』の物語的階梯があった。

東陽一はまた、「映画『沖縄列島』から三年」のなかで、「三年前に沖縄に行って映画を作り、それを作ったことの外延を、地理としては東京に、思念としては映画に生きている」ともいっていたが、その表現の地政学は主人公シャカのキャラクターのうちにみることができるとして、そのシャカにおいて生きられた表現の地政学を見抜いたのは、中上健次[★4]であった。

映画は、謝花治というたしかに沖縄とはつながってはいるのだが、はっきり肉としての沖縄をとらえることのできない、氏素性（アイデンティティ）をも確認できない青年が主人公になっている。この映画は素人のはじめての映像を使って自己表出しようとした監督や俳優た

★4　中上健次（なかがみ・けんじ）
一九四六—一九九二。和歌山県新宮市生まれ。作家。和歌山県立新宮高校卒業。一九七五年『岬』で芥川賞受賞。著書に『枯木灘』（河出書房新社、一九七七年）『地の果て至上の時』（新潮社、一九八三年）『奇蹟』（朝日新聞社、一九八九年）ほか。

ちの映画のはじまりにむかっての旅と言えようか、それとも〈シャカ〉が〈じゃはなおさむ〉になることにむかっての旅と言えようか？★5

『沖縄列島』を作ったことの外延を、それでも沖縄を出自にもつ青年を東京の時間と空間にインサートしたことと、ドキュメンタリーからフィクションへ移行したことの、避けがたい表現上の実験性が問いかけの形をとって言い当てられている。中上はその実験性を〈旅〉といった。〈旅〉は、二つのヴェクトルを内在させていた。監督や俳優たちの映画のはじまりにむかっての旅と〈シャカ〉が〈じゃはなおさむ〉になることにむかっての旅である。

ここでしばらく立ち止まってみたいと思う。というのも、「三年前に沖縄に行って映画を作り、地理としては東京に、思念としては映画に生きている」といった、その三年前に沖縄に行って作った『沖縄列島』を、他ならぬ東陽一自身はどのように見ていたのかということである。だいたい作家が自作を語るときほど用心を要することはない。まっとうに語っているように見えても、どこかはぐらかしや謎かけのようなものを感じてしまうものである。作り手の言葉はただ作品の近傍や影として読み手や観客に投げ返されているだけである。批評はだから、その近傍や影をいかに読みきれるかにかかっているといえる。

『沖縄列島』の場合はどうだろう。その手がかりは『やさしいにっぽん人』のなかに織り込まれている。東陽一は、職場の同僚たちが主人公に『沖縄列島』を見せる、という場面を挿入することによって自作への批評を、しかも映画による映画のための批評というスタイルで見せて

★5　中上健次「シャカをどうする」〈特集・日本映画における沖縄の登場〉『映画芸術』一九七一年三月号。

くれた。この手法は東陽一の一種の衒いと見なすこともできるが、「思念としての映画」に関わっているはずだ。ここで私たちは、フィクションとしての『やさしいにっぽん人』においてドキュメンタリーとしての『沖縄列島』が再審される場面に立ち会うことになる。その場面はこうである。上映時間に遅れて映画館に入ったシャカは、ロビーで待ちくたびれていた同僚から急かされるが、その前にトイレに駆け込む。便器に向かって用を足すシャカの隣の中年男がいきなり「これから見るんですか。よしなさいよ、あんな映画。暇つぶしにもなりやしねえ」といいわせる。途中から出てきたらしい男の言葉に、心の置き所をなくしたようなシャカの顔が便器の上に据えられた鏡に映る。背中を捉えたカメラが、鏡のなかでこちらを向く顔を写しこむこのシーンはなかなかに秀逸である。それから観客席でスクリーンに向かうシャカの顔のショットに変わり、エイサーを踊る青年の指笛と太鼓の音が重なる、と、シャカの目に明らかに変化が起こる。幾分身を乗り出すようにして対象をつかもうとするように思える。それからスクリーンには、伊江島の青年が乗用車でギンネムの茂った道を疾走する映像に、「父は戦争で戦場に行ってそれっきりですね。だから父の顔もわからない。もちろん、母の顔を見ていない。母は終戦後の伊江島のＬＴＣ事件といって、爆発事故ですよ、百四名の人が死んでいるんですよ。そのときに母が亡くなった」という声が重なり、飛行場の滑走路に抜けていく場面になる。

集団自決で親によって負わされた大きな傷跡を背中に持つが記憶はない、フィクションとしての『やさしいにっぽん人』の主人公が、ドキュメンタリー『沖縄列島』のなかで、父親を沖縄戦で失い、母親も敗戦後すぐに不発弾事故で亡くし、その顔さえ覚えていない同世代の青年の声を聞き、そして観る。どう聞き、観たかは、観客席の主人公の顔と目の変化によってしか推し測れないにしても、シャカに何を観せたか、つまり、どの場面を選び取りスクリーンに映し出したかは、監督である東陽一の「思念としての映画」におおいに関わりがあるはずである。この場面設定に鏡像的示唆を感じ取ることができるが、一つの映画のなかに別のもう一つの映画──それは映画監督東陽一の出発をしるした第一作である──を挿入するという表現上の行為には、物語それ自体の必要からそうなったということもあるが、シャカという役者の肉体と『やさしいにっぽん人』という虚構の物語を通して「地理としては東京に、思念としては映画に生きている」、つまり、ドキュメンタリーからフィクションへの〈旅〉を確かめ直そうとする企図が託されているようにも見える。

『沖縄列島』をなぜシャカに見せなければならなかったのか。鏡像的示唆に富む場面からしばらく後に、一堂が会しての観念劇的な様相を呈するところで、シャカのオートバイ屋の主任(伊丹十三)が決断以前に「わからない」を繰り返すシャカに向かって「沖縄の言葉ひとつさえ覚えていないお前に、何で堺があの映画を見せたのか、お前そのへん考えたことあるか。なるほどあの映画にはお前の殺されかかった島は写っていない。俺だってあの映画はアイマイで何をいおうとしているのか、よくわからないところがある。しかし少なくともお前がわからんうちに見た人々の顔があるだろう。自分の言葉を一生懸命しゃべろうとしている顔があるだろう。堺はお前の言葉が聞きたくてあの映画を見せたんだよ」と迫るところがある。堺たち同僚の企てが成功したかどうかは、必ずしも判然としているわけではない。「わからない」を繰り返し、自分の言葉を持たないと非難されるだけである。

だが、シャカのあいまいさを根源的に批判できるのは、利いた風な衒学的な言葉によってではない。できるとすれば、それは坂道で遭遇した朝鮮人少女の無言のまなざしの一撃だけである。チョゴリを着た少女が自転車を押して長い坂道を登っているところに、日本人高校生（と思われる）から嫌がらせを受け、カバンの中身が道路に散乱する。バイクで駆けつけたシャカが「だいじょうぶですか」といいながら本やノートを拾うのを手伝うが、無言のまま受け取った少女はそのまま自転車を押していく。その後姿にふたたびシャカが「だいじょうぶですか」と声をかけた瞬間、少女は振り返り、鋭い目を向ける。この視線の一撃はシャカの同僚や劇団員の饒舌な言葉より、シャカのあいまいさの核心を射抜いていた。シャカの間の抜けたような「だいじょうぶですか」という言葉と、無言の少女の「日本語のカラクリ」を射抜くような視線の交差は際立っていた。

ところで、では、一九四五年三月末、慶良間列島の渡嘉敷島で起こった凄惨な集団自決を一歳の赤ん坊のときに体験したが記憶はなく、ただ背中に大きな傷跡を残している謝花治を主人公にしたことで、中上健次がいう二つの旅は、どのような道筋と色あいを持つことになったのだろうか。謝花治は同じ「謝花」という姓を持つもう一人の人物、明治の沖縄で圧制と闘い、神戸駅頭で発狂した沖縄の自由民権運動の父といわれた「義人謝花昇」のイメージにつきまとわれ「ゼリー状のあいまいさの中」にいる、とされる。

謝花治は東京に出て、オートバイ屋に働いているが、主任や同僚の修理工たち（小西＝石橋蓮司、シゲ＝蟹江敬三、堺＝寺田柾）からはヤマトふうに「シャカ」と呼ばれている。彼には劇団の演出助手をしているユメ（緑魔子）という恋人がいる。ユメは所属する劇団の集団自決をテーマにした劇の調査で渡嘉敷島に派遣されるが、集団自決のときカミソリで首を切られ声帯を失った女性と会って、自らも失語症に陥り、渡嘉敷島のことを聞かれても「いろんな人がたくさん来てたわ。大学生、映画関係者、新聞記者……」と答えるだけで彼女自身に何が起こったのかを劇団員にいっさい報告することはなく、そのため演出家の野口（伊藤惣一）からは激しくなじられる。「シャカ」は、何事においても言動があいまいで、意見を求められても肝心なところは、外国の文学書や哲学書から引用するだけで、自分の意見を明確に持たないことで「引用魔」などと揶揄される。「シャカ」と呼ばれても、酒を飲んで酔っ払っているときだけ謝花という以外、あえて訂正を迫ることはしない。およそ意志が欠如しているとしかいえない、植物的な存在として描かれている。

だが、東京において謝花治が「シャカ」であること、そして一貫してアイマイであることこそ、ほかならぬ「沖縄の肉」を持たないシャカの「シャカ」たるゆえんなのだ。演出家の野口が「彼は自分の体験したその地獄を、意識としては何も記憶していないということと、にも拘わらず肉体そのものが、傷跡として、おそらく自分の両親たちによって受けた殺人未遂を記憶しているということによって引き裂かれている」というように、アイマイな態度と自分の言葉をもたない「引用魔」は、意識（無記憶）と存在（傷跡）の分裂に深く起因しているといえよう。それとも原体験が現在に生かされない断絶に原因を求めるべきなのだろうか。周囲からつねに「おまえは何者か」「何がしたいのか」の態度決定を迫られつつ、アイデンティティを漂流しているし、彼自身「俺は何者であるか、何をやりたいか、オートバイが好きでオートバイ屋やっているのか、よく判らん」などと漏らす。要するに意志というものが深く隠されているのだ。だからだろう、シャカとユメは、肉体を重ねることによってそのアイマイさと失語を植物的に生きる以外ないのだ。

◎

「シャカ」のアイマイさとユメの失語と野口の明快なモチーフの関係を卓抜した構成で描いたのが、「斜面」のシーンである。それは「雑草の生い茂った斜面に、ユメと野口またはユメとシャカが坐って話している。会話は三人の間で続いてゆくが、ユメのそばには、いつもシャカだけか、野口だけがいる。つまり、同一空間の別時間が、同一時間として連結されている」とト書きされていた。そこで交わされる会話は、ユメが渡嘉敷島に調査で行ったときのこと、シャカが集団自決で生き残ったことを他人から教わり、「古い傷跡しかのこってない体験など体験といえるのか」と懐疑的になること、そしてユメが劇団を辞めたがっていることや失語症になりかけていることなどが入子状に組み合わされ、ポリフォニックな効果を引き出している。この三人の「同一空間の別時間が、同一時間として連結されている」入れ子状の時空は、自然な時間の流れと空間の一次元的配置を解体し、組み替える。こうしたトポロジカルな時空にこそ、ほかでもない、「一九七〇年の東京が、一九四五年の沖縄慶良間列島渡嘉敷島と深くかかわっている」関係と構造があるのだ。

もうひとついえば、野口たちの芝居を上下二段にわかれた舞台構成にしたことである。つまりここでは、同一空間に異なる二つの流れを配置することによって時間の構造が重層化されている。その上下異なる二つの流れとは、上に組まれた世界は田舎から東京への流れとして、下の世界はそれとは逆の流れである。東京の下の大きな地下道で、生まれたところへ帰る道、つまり、東京から渡嘉敷への道として設定されている。

この劇中劇のシーンはまた、シャカの無意識とその無意識の扉を開く沖縄への帰還を暗示させる導線にもなっていて、ある意味では、中上健次が問うた「シャカが謝花治になるための旅」への出立を促す転回点にもなっていた。その次に接続されるシャカの部屋の外と中の場面は、たしかな旅立ちを印しづけていた。ちなみに〈部屋の外〉の場面では、「シャカ、エンジンをふかして、オートバイの調子をみている。／何度も何度も、しつこく、シャカ、オートバイを点検している。／沖縄の、四ツ竹の音楽がひびきはじめる」となっている。〈部屋の中〉はどうかといえば、「シャカ、沖縄渡航用のパスポートをながめている。ベッドの上にドル紙幣が散らばっている。／シャカ、キャメラをふり返る」、と、その目は部屋の壁に貼られたハーレーに乗ったピーター・フォンダの『イージー・ライダー』★6のポスターに向けられる。そこでも沖縄の歌が通奏低音のように鳴っていた。

そして、「シャカが謝花治になる旅」にとって決定的な事件となったのは、ツーリングの途中激しい雷雨にあい、雨宿りのためにまぎれ込んだ草原のはずれの廃屋で、家族を皆殺しにし

★6 『イージー・ライダー』 一九六九年、アメリカ。監督：デニス・ホッパー、脚本：デニス・ホッパー、ピーター・フォンダ、テリー・サザーン、撮影：ラズロ・コヴァックス、出演：デニス・ホッパー、ピーター・フォンダ。アメリカン・ニューシネマの代表作。

て東北の山中から逃げてきて廃屋に立てこもった分裂病の殺人魔（秋浜悟史）との遭遇であった。ずぶぬれのシャツを脱ぐと、上半身裸になったシャカの背中の傷跡が露出する。銃口に気づき一瞬ギョッとするが、男はおもむろに銃口を立てひざに抱え込む。激しい雷雨の後の廃屋は不気味なほどの静寂にみちていた。シャカは煙草を取り出し火をつけ、使われなくなった便器の上に赤子のように背を丸めしゃがみこむ。不意に男が口をひらく。

男　わだすは、根元又三郎ですが、あんた、どなたですか。
シャカ　ぼくは……ぼくは、謝花治です。★7

しばらくまた沈黙と遠雷の時間が流れ、脈絡のない途切れ途切れの会話が交わされる。張り詰めた時間が流れる。そして。

男　わだすは……何も……語れねえので……ふたつ……ふたつだけ……言います。わだすは、分裂病で、気ちげえだそうです。……きのう、この鉄砲が……よしえと……明とすえと、洋子を殺して来ました……みな……わだすの家族です……。

男、どんよりシャカを見つめる。
シャカ、凝然と宙をみつめる。
長い間が続く。

★7　東陽一、前田勝弘シナリオ「やさしいにっぽん人」「映画評論」一九七一年四月号。

雨の音は聞こえなくなった。シャカの耳に、遠い沖縄の歌がひびいてくる。
シャカの顔に、不思議な微笑みがうかんでいる。★8

この場面は啓示的ともいえる高い象徴性を帯びていて、映画のモチーフの核心に迫っていると見ることができる。集団自決の傷跡が剝き出しになった身体は、身体そのものにおいて男の言葉に感応する。分裂症を患った男の一家皆殺しの告発で注目したいのは、主体が不在とまではいわないまでも断片として飛び散っていることである。妻子を殺害したのはだから、「私」ではなく「この鉄砲」ということになる。この砕片化した「私」は、シャカの陥没した主体やあいまいな意志とある意味では対極にある。ここで示唆されていることは、主体の意志を越えたまがまがしい力の存在ということである。

分裂症男の一家皆殺しの告発は、時を隔てた一九四五年の渡嘉敷島での惨劇の場に居合わせた一歳の〈記憶なき記憶〉の無明の闇に光をあてる。そのときはじめてあの〈斜面〉でシャカが「俺は何も知らない。ひとから教わったことと、古い傷跡しか残っていない体験など、体験といえるか」とユメにいった言葉が潜在意識から解凍され「体験」として意識化される端緒が開かれたのだ。そして殺人魔に問われ、自らの口からはじめて「謝花治」という名を立たしめるように発したことである。凝然と宙をみつめ、不思議な微笑みさえ浮かべるシャカの表情はそのことを示唆しているはずだ。凝然とみつめた宙とは、一家皆殺しの惨劇と渡嘉敷島の集団自決で「自分の両親から受けた殺人未遂」を「同一空間の別時間が、同一時間として連結され

★8　東陽一、前田勝弘シナリオ「やさしいにっぽん人」「映画評論」一九七一年四月号。

ている」もうひとつの〈斜面〉とみることもできる。

さらにその後に展開するデキゴトは、シャカの実存を鋭く衝き上げることになった。シャカのアイマイさの奥にあるものが暴力によって開示される瞬間でもある。

男は銃を抱えて外に飛び出す。と、その瞬間包囲した武装警官の発砲した一発の銃声が静寂を破り、男はどっと倒れこむ。シャカはかけより、男を抱き起こそうとするが、即死だった。駆け寄ってきた警官が、人質だと思い込んでいたシャカにケガはないかと、声をかけるが、逆にシャカは警官におどりかかり、押し倒す。警官は倒れまぎわに引き金を引く。二発目の銃声がシャカの左腕を抉る。「貴様！　人質じゃなかったのか！　貴様、一体何者か！」とシャカを怒鳴るように詰問する。シャカは血の噴き出る腕をおさえながら叫ぶ。

「おれが何者だったら、お前ら気がすむんだ！」

この叫びは、いつもアイマイな非決定を生きていたシャカに、何者かであることを迫る態度決定の要請が、実は、一種の暴力でもあるということを一挙に現前化しただけではなく、つねに「何者かであれ」と命じる同僚や「集団自決の生き残り」という役割の振り当てと切り結んだ一瞬のカウンター行為だったのだ。もっといえば、何者かの役割を演じさせてやまない一九七〇年の東京という演劇的空間への根源的な違和の表明だとみることも可能だ。ここでもう一度「ほぼ二十年のあいだに、ほかならぬ私たち自身をその「生活」とするところの日本の「政治」は、実におどろくべき早さでみごとに転生したのだ」という言葉を思い出してみてもらいたい。おどろくべき早さで転生した「生活」と「政治」をあらしめるものが「日本語のスタイル」にあったとすれば、シャカの陥没した主体がにわかに抜きさしならない意味を帯びてくるのに気づかされるはずだ。

シャカが暮らした一九七〇年の東京は、「何者かであれ」という圧力で包囲されていた。だが、シャカは「何者かであろうとする」ことを漂流し非決定を生きる。シャカは意志的なものが希薄である。というよりも、意志的なものが陥没している。ネガティブに語られるシャカの「アイマイさ」や「引用魔」という態度の審級は、してみると、自分の言葉を持たない者が、言葉を持つための鏡像的模倣というよりは、意志的なものが帯びる権力性を迂回する方法だといえないだろうか。

翻っていえば、東陽一が『やさしいにっぽん人』のモチーフの一つに挙げた六九年の日米共同声明のような「日本語のスタイル」への深い疑惑、つまり生活に支えられている政治が、逆に生活を支配する倒立をシャカはそのアイマイであることと、意志を不在にすることによって意志的なるものの深い根拠をいいあてているように思える。日米共同声明の「日本語のスタイル」は、ほかでもない、「何者かであろうとした」――「異民族支配」からの脱却としての「祖国」復帰と日本国民（人）になること――沖縄の意志を併合の論理に絡めとっていくことであったのだから。その併合の論理とは、例えば「総理大臣は、復帰後は沖縄の局地防衛の責務は日本自体の防衛のための努力の一環として徐々にこれを負うとの日本政府の意図を明らかにした。また、総理大臣と大統領は、米国が、沖縄において両国共通の安全保障上必要な軍事上の施設及び区域を日米安保条約に基づいて保持することにつき意見が一致した」と日米共同声明でいわれたことに収斂されるものである。唐突なように聞こえるかもしれないが、東陽一がいった「生活」と「政治」は、日米安保条約によって深く定義づけられているということである。「映画『沖縄列島』から三年」の冒頭のエピグラフに『幻視のなかの政治』の言葉を置いた意味は、戦後日本における生活と政治の倒立と、そのことが沖縄に向かうときに発動される植民地主義的な力の線が、強く意識されていたといっても決して言い過ぎではないだろう。「何者かであろうとする」意志が主権や主体を立ち上げるとしても、その主権的なものは領土と国家と国民を前提として成り立っているとすればどうだろう。沖縄において「何者かであろうとする」ことは、同化のエコノミーとの共犯化を招いてしまったということの意味は決して見過ごすわけにはいかないはずである。このことは中上健次が問うた「謝花治」になることの旅を、もうひとくぐりして異なる回線に接続していることを要請する。

かくして、シャカは回帰する〈南〉としての「謝花治」へと旅立つ。だが、帰る途上で、前輪に食い込んだ釘のせいでオートバイごとガードレールに激突する。漏れたガソリンに引火してバイクも炎上する。路上に放り投げられたシャカはおもむろに立ち上がり、ポケットから煙草を取り出し、ゆっくりと火をつけ、ふかす。炎上する炎の向こうで揺れているシャカは、いったい何を思ったのだろうか。

中上健次は洒落っ気を出して「とにかく映画はそこでありきたりのエンドマークは出るが、しかしそこからまだはじまりにむかっては、ずいぶん物理的な道程があることはたしかだが、河原崎長一郎も東陽一監督も、シャカをどうしようというのだろうかそれをぼくはききたい」

といっていたが、しかしその始まりに向かっての道程は中上がいうように「物理的」なそれであるというよりは、むしろ「思念としての映画」に関わる問題に属するものであるといってもいい。ここには『イージー・ライダー』のラストのように旅するアウトローを射殺する、ジャック・ニコルソンが身体化してみせたアメリカ南部の生活者の頑迷な保守の暴力はない。シャカの還りゆく旅を中断させたのは、タイヤを貫く一本のクギであった。クギがいかに鋭くても所詮それは偶然性に属するものである。

このクギにおいて示唆されるものとは何だろう。ここに『イージー・ライダー』と『やさしいにっぽん人』の、いや、アメリカとそのアメリカの占領のもとに「敗北を抱きしめた」日本の戦後の、というよりも、日米共同声明の英語正文と日本語正文の、つまり「日本語のスタイル」に投影された戦後性の違いなのかもしれない。「ありきたりのエンドマーク」に書き入れたはじまりにむかっての旅は、しかし燃えさかる炎の向こうの〈イージー・ライダー〉になりそこなったシャカの顔とともに宙吊りにされたままである。

◎

中上健次がいった「シャカが謝花治になるための」始まりに向かっての〈旅〉と集団自決の記憶を現存在とする覚醒の場は、だが、シャカを演じた河原崎長一郎や監督の東陽一の手のうちを越えていたといわなければならない。映画のなかで劇団の演出家の野口に「集団自決という地獄に向かって、一体どんな言葉を発しうるか、あるいはどのように発しえないのか、それを問うのが僕らの芝居だ」とか「記憶していない体験をもてあましている」といわせたが、それは沖縄の戦後思想が、戦争責任と戦後責任を問いつつ、沖縄戦後史をひと色に染め、国家と民族の物語の円環に封じ込めた日本復帰運動を内側から批判する言語的実践によってこそ、成し遂げられるものであったといわなければならない。沖縄の思想が到達した核心は、まさにあの生活と政治の倒立を極限までいった「集団自決」の修羅に降り立ち、そこにある沖縄のコロニアルな母斑を素手でつかみ出すことであった。コロニアルな母斑とは、「何者かであろうとする」意志的なものが、深く国家と民族を呼び寄せてしまう、目もくらむほどの逆説であり、またアポリアであった。そのアポリアこそ、従属ナショナリズムとしての日本復帰運動に断たれることなく引き継がれているものであった。つまり、「集団自決」と「復帰運動」に、シンメトリックな心の働きをみていたということである。

川満信一はいっていた。

唯一の国内戦場として、集団自決や学徒動員されたものたちの玉砕をはじめ、ほとんど極限的なかたちで天皇（制）思想にうら切られた沖縄の民衆は、どうして性こりもなく、かつて天皇（制）イデオロギーに吸引されたのと同じ心的位相で本土を志向し続けるのだろうか。復帰協の運動のなかで、人々が「本土」というとき、それは「国家」や、あるいはかつての天皇（制）絶対主義に基づく「国体」といった概念乃至イメージと厳密には見分け難いものとなっている。★9

★9　川満信一「沖縄における天皇制思想」『沖縄の思想』木耳社、一九七〇年。

また、同じ『沖縄の思想』のなかで岡本恵徳は、こんなふうにいっていた。

そして、戦禍が直接に生活の基盤となる土地に襲いかかったから、それが一層強烈に現実化されたのだと思われる。だから状況の変化によっては、たとえば「復帰運動」のような民衆運動としても現実化する契機を持つものとしてそれは考えることもできる。誤解をおそれずにあえていえば、「慶良間列島の集団自決」と「復帰運動」は、ある意味では、ひとつのものののふたつのあらわれであったといえよう。★10

「集団自決」と「復帰運動」が「天皇(制)イデオロギーに吸引されたのと同じ心的位相」という川満信一の読みと、「ひとつのもののふたつのあらわれであった」という岡本恵徳の読みは、沖縄の戦後思想のひとつの到達点である。ここから見ると、シャカの「アイマイさ」と「俺が何者だったら、お前ら気がすむのだ!」という叫びは、独特な陰影を帯びてくる。そしてこの地点においてこそ、沖縄の思想とシャカのはじまりに向かっての旅は、「同一空間の別時間が、同一時間」として連結されるはずだ。コロニアル沖縄にとっては「何者かであろうとする」ことは、つねに国家と民族への同化圧力として機能する。だからこそ、「シャカが謝花治になるための旅」や主体と意志的なるものへ至る道は、幾つもの迂回路を通らなければならないのだ。

★10 岡本恵徳「水平軸の発想——沖縄の「共同体意識」について」『沖縄の思想』木耳社、一九七〇年。

この映画のなかで『沖縄列島』を観た後の観客に、「やさしいにっぽん人と聞いて誰を思い浮かべますか?」「どんな人を思い出しますか?」とインタビューする場面がある。問われた人たちは「ほんとにいるんかね、そんなの」「何いっているんだよ。もっとましな映画を作れよ!」と突き放したりする者もいたが、「機動隊員」「水俣病の患者さん」「僕のママ」から当時新世代の表現者としてその名をはせた「石原慎太郎先生」や「小田実」、「大江健三郎もいいがちょっと現実的すぎる、主人公がいいね」というインテリ風の男女や「佐藤栄作さんじゃないでしょか。いやー佐藤栄作さんはやさしいにっぽん人ですよ。公害は必要悪だといっていますね。例えばこうなんです。公害と取り組む場合に、企業者側に立つか、被害者側に立つか、お話がありましたが、私は両方の立場に立つべきだと、実はかように思うのであります」と口吻を真似る中年男がいるかと思えば〈あらゆる犯罪は革命である〉という時代のフレーズをなぞったつもりなのかは知らないが「金嬉老」とか警察官に撃ち殺された男の名などを挙げたニューレフト然とした若者など、それこそ十人十色の「やさしい日本人像」である。当たり前である。平均化され集約化されたイメージはみられないということである。

『やさしいにっぽん人』は、日本映画における沖縄の登場を、一九七〇年の東京をトポロジックな時空にすることで、そこを漂流するシャカの記憶と未だ明かしえぬ主体への旅をそれこそ八方破りの実験で描いた。そして、集団自決の悲惨を生活と政治を倒立させた共同の観念にみた沖縄の戦後思想は、コロニアル沖縄が主体を獲得しようとするときにおちいる罠を剔出し、〈やさしいにっぽん人〉にさえ成りそこなったシャカの、その成りそこなうことにこそ可能性をみた、ということができる。東陽一がシャカに託した言葉への旅を、観念的に上昇させていく道をゆくのではなく、言葉そのものの未明に降り立つことによって、集団自決の修羅場を幻視することができたのだ。

11 繁茂する群島

高嶺剛★1の「日本映画」の括りには収まらない、独特な映像の魅力に最初に注目したのは松田政男ではなかっただろうか。その松田が高嶺剛の映画と初めて出会ったのが、寺山修司が主宰していた東京・渋谷の天井桟敷館のアンダーグラウンド・シネマテークであったという。当日の上映開始時の観客席には松田ただ一人しかいなかったことが強烈な印象として残ったことを語っていたが、何よりも、松田の魂を揺さぶったのは、その時みた『サシングヮー』（一九七三年）と完成したばかりの『ウチナー・イミ・ムヌガタイ』（一九七五年）の二本の作品であった。松田にとって半故郷・沖縄——松田の母方は与那国島出身であった——が生んだ若き異能に舌を巻き、「シネマ・エクスプレスウエイ」のプログラムに推奨したのをはじめ、朝日新聞の年末回顧でその年の邦画ベスト5に推したり、諸々方々で高嶺剛の映画について連呼したことを述べていた。『ウチナー・イミ・ムヌガタイ』についてこんなふうに書いていた。

やがて「沖縄夢物語（オキナワン・ドリーム・ショー）」と別称されることになる『ウチナー・イミ・ムヌガタイ』は、高嶺剛が『サシングヮー』で内側へ向けた視線を外側へと解き

★1　高嶺剛（たかみね・つよし）
一九四八年、沖縄石垣島川平生まれ。高校卒業まで那覇で過ごしたあと、国費留学生として京都教育大学特修美術科に入学。その頃から8㎜映画を撮り始める。一九七四年、日本復帰前後の沖縄の風景を凝視した『オキナワン ドリーム ショー』でデビュー。その後も一貫して沖縄を撮り続ける。一九八九年、『ウンタマギルー』でベルリン国際映画祭カリガリ賞など内外で多数受賞。その後、一九九六年のジョナス・メカスとの交流がきっかけとなり生まれた『私的撮夢幻琉球J・M』（一九九六—二〇〇六）等を発表。一九九一年に絵本『おきなわの夢——ウンタマギルー物語』（パルコ出版）を発表、絵画個展もその後開催されている。現在、専門学校や大学にて非常勤講師をしながら、劇映画『変魚路』を準備中。監督作に『サシングヮー』（一九七三年）『オキナワン ドリーム ショー』（一九七四年）『サシングヮー（16㎜版）』（一九七五年）『オキナワンチ

放って、七二年の本土復帰後の沖縄の風景をひたすら凝視しつづけた三時間有余の大作であった。いや、正確には高嶺剛は「風景」を凝視しつつ「風景の死臭」をこそかぎ取ろうとしたと言うべきで、ゆったりとしたカメラワークによる8ミリ映画は本土の映画人によるステレオタイプな沖縄の風景とは無縁にまさしく異貌の沖縄をのみ現前させつづけたのだ。★2

決定的なことが言われている、と思う。「「風景」を凝視しつつ「風景の死臭」をこそかぎ取ろうとした」こと、そして「異貌の沖縄をのみ現前させつづけた」ということである。『オキナワン ドリーム ショー』について何ごとかを語ろうとする時、松田政男のこのコメンタリーが映画の核心部分に触れているだけに、語り手は容易にはその言葉の強度から逃れられないことを思い知らされるのである。

松田政男が『オキナワン ドリーム ショー』★3との比較で、内側へ向けた視線といっていた『サシングヮー』は、高嶺剛の最初の作品である。この『サシングヮー』が第一作であるということは、一種啓示的なものさえ感じさせられるばかりか、高嶺剛の映画表現を考える上で欠かせない徴が書き込まれているのを知らされるはずだ。たぶんそれはこんなふうにいえるだろう。すなわち、美術の勉強のため大学に入ったものの、花や蝶で大にぎわいのアカデミックなアトリエでコソコソしているのがばかばかしくなっていく反面、ポップアートやスーパーリアリズムやコンセプチュアルアートにのめりこんでいった。そうした既成の美術のフレームから逸脱した超美術にして反美術の文法への傾倒が、高嶺剛をして映画と出会わせたということで

ルダイ――沖縄の聖なるけだるさ』（一九七八年）『ワイルドウーマクオキナワン・コンディショングリーン』（一九七九年）『オキナワン チルダイ〈特別版〉』（一九八〇年）『V・O・H・R――View of Human Relations――人間関係の眺め』（一九八二年）『パラダイスビュー』（一九八五年）『パラダイスビュー〈私家版〉』（一九八六年）『ウンタマギルー』（一九八九年）『Photo on the Stone』（一九九二年）『嘉手苅林昌 唄と語り〜もしもしちょいと林昌さん わたしゃアナタにホーレン草〜』（一九九四年）『A・S・O・P（シューリー・チェンの場合）』（一九九四年）『夢幻琉球・つるヘンリー』（一九九八年）『夢幻琉球・オキナワ島唄パリの空に響く』（二〇〇三年）『CHI』（二〇〇三年）『私的撮夢幻琉球J・M』（一九九六―二〇〇五年）ほか。

★2 松田政男「映画作家としての高嶺剛」「沖縄タイムス」一九八九年十月十四日。

★3 『オキナワン ドリーム ショー』

ある。『サシングヮー』は、古い家族の肖像写真に着色を施し、それをフェードイン・フェードアウトの手法でしっとりと描きこんだ映像詩であるといってもよい。一枚一枚の写真がかすかな気配のように現われ、やがてはっきりとした輪郭を浮き上がらせては、静かに、余韻を残しながら闇のなかに溶け込むように消えていく、と、そのあわい、消えていった闇の間からもう一枚の写真がゆるゆると浮かび上がってくる。この闇と光、消えるものと現われるものの絶妙な反復が、家族をめぐる記憶から物語が滲み出していくのを予感させるのである。「愛する写真」としていたが、まぎれもないこの掌編は、家族へのオマージュであり、また、高嶺版「失われた時をもとめて」といっても決してオーバーではないだろう。

『オキナワン ドリーム ショー』は、沖縄の「日本復帰」を挟んで一九七一年から七四年まで、那覇、コザ、糸満、石垣などで撮影された。スタッフは撮影の高嶺と録音を担当したタルガニのたった二人だけである。ホンダのナナハンにまたがり、東とか西とかの方角だけを定め、あとは行き当たりばったりで気にいった風景を撮影していったという。それはちょうど、ポップアートやスーパーリアリズムやコンセプチャルアートとの出会いの結晶としての『サシングヮー』の後、アカデミックなアトリエの雰囲気から脱け出していくことと重なっていた。このときのことを高嶺は「美術青年はおおいに悩んだりもしたのだが、いよいよムチカシさは増すばかりで、それに日本復帰もあったりして、自らの琉球の血の置きどころを見い出せないことへのいらだちも含めてであろうか、なにかしら、京都の片田舎で念願の勉学とはいえ、湿っぽく美術をやっていることにたまらなくなってしまい、いよいよムーヴィーカメラをかついでの島

一九七四年／カラー／8㎜／180分／高嶺プロダクション。沖縄の復帰直後の風景を独特な視点で凝視したロードムービー。

帰り。己の表現母体を確かめんとばかりにである」(「チルダイ賛歌」「新沖縄文学」第四三号、一九七九年)と振り返っていた。「テッポーで狙い撃ちにでもするかのように」しつこく撮りまくった、ともいっていた。こうして撮りためた十五時間の8ミリフィルムを三時間にまとめたロードムービーが生まれた。この映画は高嶺自身もいうように、沖縄の風景そのものでつづられた「風景映画」である、とひとまずはいうことができる。

ここで「風景」というとき、それはどのような内容において語られているのだろうか。高嶺において「風景」とは、例えば、基地、青い海、市場のような、沖縄の何かを象徴する、いわば、象徴化によって同定される意味には決して還元されない、ごくありふれた日常の時間を凝視することによって、そこから滲み出てくるものとしていわれているのである。風景に「核を持たせない、へそを持たせない、総称としてのそれではなく個人のまなざし」を据え、その「個人のまなざしをきっかけにして風景の等価性に切り込んでいく」(「高嶺剛――琉球・映画――ムヌガタイ」『高嶺剛映画個展カタログ』所収、一九九二年)ことになる。

この「個人のまなざし」と「風景の等価性」という言い方こそ、高嶺の視点と方法のかけ値のない特徴であるといえようが、そこには、沖縄を巡る表象の政治が意識されていることを考えるとき、より生々しい意志の存在を知らされる。

つまりこういうことである。この映画が撮られた時期は、「沖縄返還・日本復帰」をめぐって沖縄が状況の先端にせりあがってきたこと、そしてその状況の尖端の熱に誘われるように多くのまなざしが沖縄に注がれ、ドキュメンタリーや劇映画が量産されていった。しかしそれらのほとんどは、ごく一部の例外を除き「象徴化された沖縄」でしかなかったことはいうまでもない。表象されたおびただしい映像の集積は、沖縄の日常や個人のまなざしと無縁なところで撮られたものであった。

こうした沖縄表象に高嶺はじゅうぶんうんざりしていた。だからこそ「ごく普通の日常」といい、「個人のまなざし」をいい、核を持たせない「風景の等価性」をいう。それはまた「日本復帰で燃えるなか「撮られる島」から「自ら語る島」へ」（「EDGE」第四号）という視線の政治を転位させるべく意思的な作業でもあったことを見落としてはならないだろう。沖縄は圧倒的に「撮られる島」であり続けてきたのだ。そこには沖縄を巡る植民地主義的な視線の占有があった。「個人のまなざし」や「風景の等価性」とは、こうした占有された視線からする〈表象〉に抗い、「自ら語る島」のための風景そのものの叙述のありかたへの転回だとみなすべきであろう。

ここで、いま少し高嶺の方法につきあってみたい。同じところで高嶺は、時々酒を飲みながらたった二人だけのスタッフミーティングで「映画の行ない」について真剣に話し合ったことを紹介していた。その映画談義のなかからいくつか拾ってみると「風景を映画の目的で一方的に決めつけたり、理屈で考えすぎない」「カメラや録音機は、その風景固有の雰囲気を吸収する道具」「自分を放棄して、日本復帰運動に便乗し、その象徴としての風景を撮らない・撮らされない」「自分のまなざしをたかめる努力をすることを馬鹿にしない」「家族や友人知人、一見なんでもないような日常的風景でも、そんなものは映画にならない、と決めつけない」などなどである。これはまさしく「個人のまなざし」とか「象徴化されない風景」とか「風景に核をつけない」という言葉と対応するものであり、また「撮られる島」から「自ら語る島」への視線の政治を転倒させるための方法が、衒いのない言葉で言い当てられている。

　松田政男もいっていたように「ステレオタイプな沖縄の風景とは無縁にまさしく異貌の沖縄をのみ現前させつづけた」この映画は、しかし、斬新な上映スタイルとあいまって必ずしも歓迎されたわけではなかった。むしろ無理解と無視にさらされたといったほうがよい。上映スタイルは、スクリーンに映し出された風景に、その横からミュージシャンが音で絡むという、いってみれば「映画と島唄のライブセッション」というやりかたである。はじめの頃は主に知名定男★4が登場したが、最近になって大城美佐子★5の出番が多くなり、独特な上映空間を作り出している。もちろんライブセッションは琉球民謡にのみ限られるわけではないし、ライブなしの映像だけでの上映ということもある。高嶺自身も言っているように「気分に基づく変則的な上映」ということになるが、その場の持つ偶然性や即興性も取り込んだ上映スタイルは一部の映画人には評価もされたが、大方は無視された。この不遇さは、でき上がって間もなくの上映時の観客の反応にもっともよく現われていた。高嶺はそのときの幾つかのエピソードをたびたび口にしていたが、「風景の死臭」と「異貌の沖縄をのみ現前させつづけた」映画の見られ方が、沖縄をめぐる映画状況を皮肉にもよく物語っていて興味深い。「チルダイ賛歌」で次のように紹介していた。

★4　知名定男（ちな・さだお）　一九四五年、大阪府生まれ。父は琉球民謡の大御所、知名定繁。幼い頃より芝居の子役として舞台に立つ。一九五七年に父とともに沖縄へ移る。その後登川誠仁の内弟子となり、十二歳の時に『スーキカンナー』でレコードデビュー。一九七一年、『うんじゅが情ど頼まりる』が大ヒット。その後、『赤花』で日本本土デビュー。ネーネーズや琉球フェスティヴァルのプロデューサーとしても知られる。二〇〇〇年サミット沖縄芸能派遣団欧州公演（ロシア、フランス、イタリア）の総合プロデュース。自主レーベル「ディグ・レコーズ」主宰。著書に『うたまーい――昭和沖縄歌謡を語る』（岩波書店、二〇〇六年）。

★5　大城美佐子（おおしろ・みさこ）　大阪市大正区北恩加島生まれ、名護市辺野古育ち。知名定繁に弟子入りして民謡の道に進む。一九六二年シングル「片思い」でデビュー。その後、レコード、映画など多方面でナンミーの映画と明らかに勘違いしたオジさんをおおいにがっかりさせたり。付き合い上帰るに帰れなくなってしまった不運な友人たち。ひめゆりの塔が写っていないと不満げに手に手をとって帰っていった京都の老夫婦。琉球民謡の歌詞の意味がわからないからとか、美しい観光地が出てこないといって、受付から入場料をぶん取って逃げていったアヤしげな左翼らしい青年。沖縄の映画というだけで、何を勘違いしたのか数百人の機動隊で上映を活気づけてくれた東京のケーサツの方々。多忙故、サワリだけ見せろといちゃもんつけるTVのワイドショウのディレクター。風景の死臭を詩集と勘違いしながらも、明るく強く生きようね、と励ましのお便りを下さった人妻。ヌギバイを楽しむガクブリ風のニーサン。ちょっとみてすぐ帰った女友達。★6

幾分アイロニーを込めていわれているにしても、これらのエピソードからは、当時沖縄に対してどのようなイメージを持ち、沖縄をめぐる映画に対して何を期待していたのか、そして、ステレオタイプな沖縄像をどのように裏切り「異貌の沖縄をのみ現前させつづけた」この映画が無理解と無視にあったのかが手にとるようにわかる。だいいち松田政男が高嶺剛の初期二作品をはじめて観たアンダーグラウンド・シネマテークにしたって観客は松田ただひとりだったことからもおおよその察しはつくというものだ。オジさんが勘違いした「ナンミーの映画」とは、当時Aサインバーで賑わっていた波之上で盛んに上映された「ブルーフィルム」のことをいっているのだが、たしかに「ウチナー・イミ・ムヌガタイ」とか「オキナワン ドリーム シ

活躍。映画『夢幻琉球・つるヘンリー』では主演もつとめている。作品に『沖縄恨み節・沖縄島唄3』（一九七五年）『片思い』（一九九四年）『絹糸声（いーちゅぐい）』（一九九七年）『絆』（一九九八年）『沖縄スタンダード』（一九九八年）『唄ウムイ』（二〇〇七年）。映画の出演作に『ナビィの恋』（一九九九年）『ホテルハイビスカス』（二〇〇二年）『ゴーヤーちゃんぷるー』（二〇〇五年）『涙そうそう』（二〇〇六年）。

★6 高嶺剛「チルダイ賛歌」『新沖縄文学』第四三号、一九七九年。

ョー」という映画名から、オジさんが夢のショーを想像したとしてもおかしくはない。このオジさんとは対極的なところから勘違いしたのが、皮肉なことにケーサツ当局であった。沸騰する政治の季節の真ん中で、沖縄が左翼のカクメイへの夢想を投影する地として幻想されていたことからすれば、沖縄映画とその意味深長な名づけに、決してハンパではない数の機動隊を動員して包囲する過剰反応もわからないでもない。今から考えると滑稽な光景ではあるが、この映画の「異貌」すぎる出自を考えあわせると、あながちオーバーとだけはいえないところがある。というのも、高嶺のひそかな意図は「沖縄の日常的な風景のばらまく毒のようなものと太刀打ちを迫られる」ということにあったのだから。この延々とスローモーションで運ばれる沖縄の風景は、映画についての概念や文体を再考することを迫ってくる。そういったことからしてもきわめてラディカルな映画なのだ。

『オキナワン ドリーム ショー』は、象徴化することによって意味に回収することから遠く離れて、ただひたすらに風景そのものの細部を現前化させる映像の実践でもあった。この風景の細部の現前化においてはじめて「自ら語る島」のリアリティが獲得されるというものだ。そのために風景は凝視されなければならない。凝視するためにはカメラワークが選び取られる。スローモーションとワンカットワンシーンはその方法的選択なのだ。36コマのスローモーションと、カットを割らない50フィートカートリッジまるまる一個分の長回し・パンやズームをしない固定カメラという方法である。このカメラによる叙述のスタイルは視線に強く働きかけ、視ることを根本から試す。映し出された弱スローモーションの映像は、一種独特な時間体験に誘うはずだ。スクリーンの現実は、実際の時間を緩やかに引き伸ばし、差延化された時間のなかで人物やデキゴトが細部を開いていく。観る者はそこで独特な運動性の流れのなかに誘い込まれるという体験をさせられるのである。スローモーションとは、差異化された時間による視線の呈示の形式といえないだろうか。

36コマのスローモーションとワンカットワンシーンによってみる者に手渡されるのは、運動性である。見ることの審級である。そしてその見ることの審級においてはじめて風景に視覚以外の感覚が持ち込まれるのである。「風景」は〈表象〉されるものとしてあるのでなく、ただ〈現前〉として私たちの視線の前に到来するのだ。

例えば、この映画の最初のシーンとして呈示された高嶺の実家の近くの路地と三叉路の場面は「個人のまなざし」や「核をもたせないごくありふれた日常の風景」が、〈表象〉としてではなく、まぎれもない〈現前〉として目の前を横切っていく様相をまざまざと見せつけられるはずだ。36コマのフィルムの運動によって運ばれていくのはその路地を日々利用する老若男女であり、車であり、バス停でバスを待つ人々であり、那覇やコザの通りを往来する歩行者である。路上の日常が、パンやズームのない固定カメラでしずかに、だが揺るぎない視線でまなざされる。私たちがこの映像から経験させられるのは、凝視された風景が風景それ自体の話法で現前化することである。この〈凝視〉と〈現前〉によって、風景の細部が見るものの視線に自らを開示するのである。

ところで、これらの風景の連なりを見ていると、あるところである対象への強いこだわりに気づかされる。例えばこんなシーンである。まるで黙劇のように同じ仕草を繰り返す精神に失調をきたした男、車の往来の激しい昼間の大通りを、裸足で歩く日に焼けた褐色の髪の男、あるいはコザ職業安定所の建物の前を、雨靴を履き米軍払い下げのＨＢＴ服を着込んで、自動機械のように行ったり来たりしている小太りの初老の男、さらに片足だけスリッパを履き、もう片方は裸足で長い間櫛を入れられることはなかったであろう荒れた髪の女がコザの昼間の繁華街を歩く姿である。これらの男や女たちは、心の失調で現実の生活のリズムに乗り遅れたアウトサイドの住人ということになるが、高嶺はここでこんなことをいっているのだと、私には思える。つまり、風景が等価であると同様に、写し込まれたヒトやモノは風景のなかで等価である、と。

とはいえ、この映像からもうひとつ別な呈示を読むことも可能である。なぜなら、アウトサイドに生きる人々は、日常を異化しもしているからである。日常を異化する男や女に、島成郎★7が「沖縄の精神病院」で指摘した、「日本復帰によって開かれた新しい頁の無惨」をみても決して読み違いではないはずだ。島成郎は巨大な米軍基地や沖縄社会の軍事的な植民地としての構造的なゆがみに手をつけない「日本復帰」がもたらした変貌の闇に目を凝らし、少年犯罪や自殺やアルコール依存、精神の病などが復帰前に比べてはるかに突出していることに注目していた。高嶺剛のカメラによって凝視されたあの風景のなかの男や女は、「日本復帰」によって開かれた「新しい頁の無惨」を身体化し、変貌の闇に住む住人なのだ、といっても決して言い過ぎではないだろう。これらの映像は、沖縄をめぐるいかなる象徴化によっても掬い取れない、

★7　島成郎（しま・しげお）　一九三一―二〇〇〇。東京都生まれ。一九五〇年東大入学後、レッドパージ反対闘争で無期停学処分を受けたが、その後東大医学部に再入学し共産主義者同盟（ブント）を結成。書記長として安保闘争を指導。六八年に厚生省の派遣医として来沖、七一年に再来沖、その後沖縄で精神科医として活躍。精神科における地域医療の草分け的存在だった。著書に『精神医療――沖縄十五年』（社会評論社、一九八八年）『ブント私史』（批評社、一九九九年）ほか。

歴史の皺と襞が写しこまれているように思える。「風景のなかに人間も政治も含まれている」ということの意味を納得させられるはずだ。

この〈風景のなかの政治〉が意外なところからさり気なく呈示されるところがある。学生帽を被った中学生とおぼしき少年たちが路上や陸橋で戯れている映像に、状況音のようにラジオ番組が唐突に挿入される。それまではサイレントで淡々とスクリーンの上を流れていた映像に突然インサートされたラジオの声。日常の生活のなかのひとコマではあるが、そのひとコマに時代を垣間見ることができる。沖縄の人々から親しまれ、長寿番組としていまなお続けられている「民謡で今日拝なびら(ちゅーうがなびら)」で、男の沖縄語と女の日本標準語で「ゆまんぎのアコークロー(夕暮れ時)」談義をひとしきりやったあと、ロックフェスティバルのコマーシャルが挟まれる。それは「七三年第七回ロックフェスティバルが恩納村日航オーシャンパーク万座ビーチで、九月三十日お昼十二時から、バンドは沖縄で最高の人気をもつ寿、スピリットエンドのみなさん」と案内し、それから「三時半です」と時を告げる。往来する車がまだ右側通行であること、そして星条旗と日の丸がフェンスのなかで翻っている光景からして、映画が撮られたのは復帰を挟んだ七八年の「7・30」交通方法変更★8以前であることがわかるにしても、このラジオから流れてくる状況音によって、すでにして観光的視線が沖縄の風景に浸透する様相を知らされるはずである。かつてベトナム戦争下の沖縄で独特な開花をみせたオキナワンロックが観光化の文脈に乗せられ、しかも開催場所が大手航空会社の私有ビーチであることを知らされるとき、別な意味で「日本復帰によって開かれた新しい頁の無惨さ」に気づかされもする。告げられた

★8　7・30交通方法変更
復帰に伴い、沖縄で一斉に実施された交通方法の変更。本土一体化の法制度的な完成として強行されたことから「交通処分」ともいわれた。一九七八年七月三十日をもって、三十三年間におよぶ右側通行が左側通行に変わった。

時刻にとりたてて意味があるわけではないのに、ここでの時報はなぜか無意味性において、いや、無意味性だからこそ、スクリーンに流れる差延化されたスローモーションの時間の狭間で、私たちの無意識を揺さぶり不思議な時のリアリティに誘うのである。

松田政男が高嶺映画に「風景を凝視しつつ、風景の死臭をこそ嗅ぎ取った」といったように、高嶺自身も「風景の死臭」についてたびたび言及していた。が、その前になぜ『オキナワンドリーム ショー』が「風景映画」でなければならなかったかが明らかにされなければならないだろう。

アカデミックなアトリエの閉鎖空間からポップアートやスーパーリアリズムやコンセプチュアルアートに背中を押され、ムーヴィーカメラを担いで「己の表現母体」を確かめるために島に帰った事情については、先に触れた通りではあるが「風景」ということにアクセントを置いて語っている最近の発言から考えてみたい。「日本のドキュメンタリー作家インタビュー 高嶺剛」（聞き手：仲里効「DOCUMENTARY BOX」22号、二〇〇三年十月、後に『ドキュメンタリー映画は語る』未來社、二〇〇六年に収録）でこんなふうに語っていた。すなわち、高嶺が当時「留学」した、それこそ「日本の塊みたいな」京都の風景にリアリティを感じることができず、「留学」という合法的な家出をはたしたものの、足元がおぼつかなく、アイデンティティに悩むところから「沖縄の風景」が、にわかに存在感を増してくることになった、といっていた。「沖縄の風景を見る」ことと、あるいは「沖縄の風景と対峙」することは、また高嶺が映画を自覚していくことの始まりにもなった。七九年の「チルダイ賛歌」でいっていた「表現母体」にこの「風景」を重ねてみると、「風景映画」としての『オキナワン ドリーム ショー』の始まりの機縁がわかってくる。

だが、「風景」の核心はその先にあった。「僕は風景を見ているうちに傍観者ではなく、8ミリカメラで風景の死臭を嗅ぎ取っていきたいということを思ったんですよ。確かに8ミリフィルムはビジュアルなんだけど、見ることによってそこから匂いを嗅ぎ取っていきたい」(同右)と語っていた。そして「風景の死臭」というときのその「死臭」を、沖縄戦との関連で述べていた。沖縄の土地は死体でおおわれていたこと、死は普通の風景のなかにあり、死者のマブイ(魂)が整理されずにさまよっていると思ったこと、などを挙げつつ「そういったものを含めて、まるごとの風景を、カメラで吸い取りたいと思ったわけね。だから僕はあの時映画キャメラは掃除機みたいなものだと思ったの」とつづけていた。風景をカメラで吸い取る、だからカメラは掃除機だ、といった映画作家ははたして高嶺の前にいただろうか。吸い取ることが凝視することと決して矛盾していないことをわたしたちは納得させられるだろう。

「留学」先の京都で、アイデンティティの悩みから沖縄の風景に向かい、その「風景」のなかに「死」の遍在を嗅ぎ取った。ここにこの映画の際立った特徴があるように思える。注目したいのは、風景を「凝視する」ことが匂いを「嗅ぎ取る」ことにもなるということである。これは矛盾というよりはむしろ、視ることを深くすることによって見出された感覚の革新というべきで、こうした感覚の革新に宿るリアルにこそ、〈オキナワン・ドリーム〉があることをこの映画は伝えているように思える。

そして、この映画が映画として成立していくにあたっての、あとの一つの契機について触れなければならないだろう。当初、高嶺は方法だけ決めて作品にしようとは思わなかったことを告白していた。作りこむというよりは風景を見ることに関心の比重を置いていたのだ。だが、作品にしようと思ったきっかけは、撮影を開始してから四年目にジョナス・メカスの[★9]『リトアニアへの旅の追憶』[★10]との出会いであり、もう一つは父の死であった。

『リトアニアへの旅の追憶』は、ナチの迫害から逃れてアメリカに亡命したメカスが二十数年ぶりに故郷リトアニアに残した母親との再会を果たす旅を描いたプライベートフィルムであるが、映画会社からは生まれてこない、映画の約束事から解き放たれたこの映画に、高嶺が決して小さくはない啓示を受けたことは想像に難くない。「生まれた家の柱一本さわりに行くことだって映画になる」というい方は『リトアニアへの旅の追憶』との出会いがあってはじめて可能になった言葉だといえよう。メカス映画があれば高嶺映画だってあっていい、と思い至るのである。そのとき集積されたフィルムから物語の輪郭が立ち上がってくるのを自覚したはずである。そして、一つの場所が召還される。その場所とは、亡き父が生まれ育ったところであり、また高嶺自身の生誕の地でもあった石垣市川平のことである。川平という場所は、いってみれば見出された空間である。空間が見出されるとき、時間もまた発見される。それから作品化のために生家を訪ね、親族や川平の自然をホームムービー風に撮影する。こうして再帰された場所によって、〈脱出と帰還〉の物語がその形を結んでいくのである。

最後の生家を撮った映像は、それまでの固定カメラでのパンやズームなしの、ワンカットワンシーンとは明らかに異なり、手持ちで動きながら撮影している。この手持ちで移動するカメ

★9 ジョナス・メカス (Jonas Mekas) 一九二二年、リトアニア・セメニスキアイ生まれ。反ナチ新聞の発行が発覚し、強制収容所に送られるが、一九四五年脱走、難民キャンプを転々とする。一九四九年、アメリカ・ブルックリンに移住。その後様々な仕事をしながら映画を撮りはじめる。一九五四年「フィルム・カルチャー」誌を発行。一九六一年「フィルムメーカーズ・コーペラティブ（映画作家協同組合）」を組織。一九六四年「フィルムメーカーズ・シネマテーク」を組織。一九六五年『営倉』（一九六四年）がヴェネツィア映画祭ドキュメンタリー部門で最優秀賞受賞。作品に『サーカス・ノート』（一九六六年）『リトアニアへの旅の追憶』（一九七二年）『ロスト・ロスト・ロスト』（一九七六年）『時を数えて、砂漠に立つ』（一九八五年）『ライフ・オブ・ウォーホル』（一九九〇年）『歩みつつ垣間見た美しい時の数々』（二〇〇〇年）ほか。著書に『メカスの映画日記』（飯村昭子訳、フィル

ラワークから高嶺の生々しい息遣いと心の揺れが伝わってくるのが強く印象に残る。川平集落に入る最初のシーンはこうなっている。はじめは街路樹の濃い影が落ちているサンゴ石灰石を砕いて敷きつめたと思われる白くまばゆい道を、歩きながらなぞっていく。「トバラーマ」★11の曲がゆっくりと流れるなか、歩行の揺れのぶん手持ちのカメラも揺れる。やがて、乾いた砂埃を浴びた葉叢の切れ目から青い空が見え、海の気配を感じ取ると、カメラは何かにせきたてられるように左右に大きく揺れる。風景も不安定に揺れる。それから川平湾が広がり、眠る人と斜光のなかに顔をだした漆黒の牛が夢幻のように現われる。

この終わりの始まりのシーンは、映画の物語が立ち上がったシーンということだけではなく、高嶺がこの世に生を授かった場所、つまり原景のなかに入っていく時の心の鼓動を鮮やかに伝えてもいる。そしてホームムービー風に親族の表情や手工業の名残をとどめている酒造所の内部が写し込まれていく。ここにあるのは映画によってしか成し得ない追憶の形式であり、それ以上にノスタルジアを越えた肯定する力の働きである、といえよう。とりわけ植物たちを撮ったところなどは慈しむような視線が向けられている。

ここにおいて、それまでの〈凝視〉する姿勢から風景のなかに入るというカメラの文体の変化を伝えている。パンやズームのない固定カメラの文体を手持ちカメラの動きで裏切ったのだ。裏切ることによって物語を立ち上げた。カメラはたしかに原景は存在する、ということを呈示していた。そこから、那覇市楚辺の実家の路地のはじまりの光景を思い起こすとき、この映画が失われた時を求める、追憶の記録であることに改めて気づかされるだろう。育ちの家から生

ムアート社、一九七四年）『メカスの友人日記』（木下哲夫訳、晶文社、一九八九年）『セメニシュケイの牧歌』（村田郁夫訳、書肆山田、一九九六年）『森の中で』（村田郁夫訳、書肆山田、一九九六年）ほか。

★10 『リトアニアへの旅の追憶』 一九七二年／一九五〇―七二年撮影／モノクロ・カラー／16㎜／87分。一九七一年夏、弟で映像作家でもあるアドルファスとの二十七年ぶりの故郷リトアニアへの帰郷の旅を中心にした三部構成の日記映画。

★11 トバラーマ 八重山を代表する叙情歌。トバラーマの語源は「高貴なひと」を指すといわれる。『オキナワン ドリーム ショー』の音源は、八重山で年一回行なわれるトバラーマ大会で優勝経験のある高嶺剛の叔母・高嶺ミツさんの歌。

まれの家への旅によって、ロードムービーがその追憶と旅を織り上げていったということである。この映画が「風景を凝視しつつ、風景の死臭を嗅ぎ取る」希有な叙述であると同時に、亡き父の生を彩った風景へのオマージュでもあったということを納得させられるのである。〈死〉は二重の意味を帯びるはずだ。沖縄を焼き尽くした戦争の死と、高嶺剛の自己史にとってかけがえのない父の死。

私は、カリブ海に浮かぶフランスの植民地マルチニックの詩人エメ・セゼール[★12]の「帰郷ノート」(『帰郷ノート・植民地主義論』砂野幸稔訳、平凡社、一九九七年所収)のなかを横切っていく声や視線の力を『オキナワン ドリーム ショー』の風景の〈現前〉に見る。言語の実践と映像の実践の違いはあれ、そこに深い響き合いを感じさせられるのである。『オキナワン ドリーム ショー』は、まぎれもない、日米の合作としての植民地沖縄に出自をもった戦後世代のフィルムによって叙述された〈帰郷ノート〉でもあった。己の表現母体を確かめる、ムーヴィーカメラによって書かれた帰夢誌が『オキナワン ドリーム ショー』ということである。この〈帰郷ノート〉をもつことで群島は物語を色づかせ繁茂させる。高嶺剛の追憶の旅は、こういってよければ、群島としての沖縄・琉球が自ら語るための文体を、ただひたすらに風景を凝視することによって獲得した稀有な作品であるといえよう。そしてこの場所からゆるぎない「語り口」が創出され、やがて沖縄の血と地に、さらに知と痴が加わった琉球的夢幻としての物語群が生み出されていくことになる。

★12 エメ・セゼール(Aimé Césaire)
一九一三年、マルティニク島北東部のバス・ポワント村生まれ。詩人、政治家、思想家。「ネグリチュード(黒人性)」という概念を提唱する。一九三九年、代表作『帰郷ノート』発表。一九四五年から一九九三年までマルティニク代表の国民議会員。著書に『帰郷ノート・植民地主義論』(砂野幸稔訳、平凡社、一九九七年)『テンペスト』(本橋哲也訳、インスクリプト、二〇〇七年)ほか。

12 コマ虫たちの叛乱

沖縄の風景を独特なカメラワークで凝視した『オキナワン　ドリーム　ショー』の後、高嶺剛は『オキナワンチルダイ』★1にとりかかる。一九七六年夏からロケーションに入り、予定では半年で仕上げるつもりだったらしいが、決定稿がなかったことや変則的なスタッフの組み方、低予算などが重なりとうとう二年もかけることになったという。しかし、こうした曲折を経てでき上がった『オキナワンチルダイ』は、高嶺剛の映画の表現行為にとって〈その前〉と〈その後〉を考えるうえで無視できない作品になっていることは間違いない。高嶺自身も「ドキュ・ドラマ」というように、ドキュメンタリーとドラマを組み合わせたものであるが、同時にまたドキュメンタリーから劇映画へ移行する結び目となった作品にもなっているという意味でも、高嶺の方法とサーガの原像のようなものを知るうえで欠かせない作品になっている。

とはいっても、この映画のもつ固有な魅力は技法上の問題にのみ限定されるものではないことはいうまでもない。一見実験的ともみえる試みを理解するには、この映画が生まれた七〇年代半ばから後半にかけての沖縄の状況を無視することはできないだろう。つまり、ドキュメンタリーとドラマを繋ぐ節目節目でキーワードのように「沖縄はニッポンかね？　チルダイがな

★1　『オキナワンチルダイ』一九七九年／カラー／16㎜／75分／マルタカプロダクション。監督：高嶺剛、撮影：高嶺剛、音楽：知名定男、出演：コンディション・グリーン、知名定男、阿部荘、平良トミ、大工哲弘。

くなればニッポンだ」というコミカルな問答の反復は、七二年の「日本復帰」とその後に沖縄が辿らされている「復帰プログラム」のなかに埋め込まれた同化主義の文脈に対する高嶺が採った反語の意味を抜きにしては語れないということである。

では、この映画がつくられた七六年から七八年とは、沖縄にとってどのような時代だったのだろうか。一言でいえば「復帰」という名の併合をスムーズに遂行するために仕込まれた「華々しき宴」の後の幻滅に包み込まれていた、といってもよいだろう。「沖縄の施政権返還を全国民が祝い、沖縄に対する理解を深めるとともに、遅れた社会基盤を整備する」ことを主なねらいとして開催された「復帰記念植樹祭」（七二年十一月）、「沖縄特別国民体育大会（若夏国体）」（七三年五月）、そして「沖縄国際海洋博覧会」（七五年七月—七六年一月）は、〈復帰記念三大事業〉などといわれ、沖縄がニッポンとなるための祝祭的なイニシエーションとしての性格を強く持っていた。その内実は「植樹祭」への天皇・皇后の出席や「若夏国体」への自衛隊参加を実現することによって、沖縄の人々の天皇（制）と軍隊への根強い忌避意識を宣撫するねらいがあったし、「沖縄観光の起爆剤」という鳴り物入りで喧伝された海洋博は、沖縄の空間を観光という文脈で編制していくことであり、それは深刻な自然への暴力や企業倒産・失業などの社会不安をもたらすことになった。

見逃せないのは、これらの事業が「復帰不安」の国家的回収と沖縄の国民化という側面を強くもっていたということである。なかでも「沖縄国際海洋博覧会」は、沖縄の空間を破壊／改造し、風景を一変させ、基地沖縄からリゾート沖縄——その内実は基地沖縄を隠しつつ、観光沖縄を前景化するもの――へと沖縄イメージを書き換えていくことを国民の物語として演出したことである。その延長に、一体化・画一化の法制度的仕上げとして強行されたのが「交通処分」ともいわれた七八年七月三十日の交通方法変更（車両の右側通行を左側通行に）であった。『オキナワワンチルダイ』がつくられたのは、こうした沖縄のナショナルヒストリーへの再配置としての「復帰プログラム」による劇的な変貌のただ中であり、沖縄イメージの大量消費化の端緒を開いた海洋博という華々しき宴の直後であった。宴の後には物語化されたトロピカルな沖縄イメージを消費するように多くの観光客が流れ込んでくるようになった。『オキナワワンチルダイ』は、世替わりの政治の熱気から遠くはなれて、ただひたすらに沖縄の日常の風景を静かに凝視した『オキナワン　ドリーム　ショー』とは対照的に、こうした大掛かりな「復帰プログラム」への饒舌なまでの語りに反語の毒が装塡させられていた。そのことは「わが琉球の、神聖なるチルダイ／映画『オキナワワンチルダイ』シナリオのための創作ノート」の冒頭に置かれた「琉球映画制作の趣旨と小沢昭一氏への出演要請」にみることができる。ヤマトの大商社の使い走りのようなうだつの上がらない土地買い商人役は小沢昭一[★2]しかいないという想定のもとに書かれた一文である。

> ご存知のように日本復帰、そして琉球の大和（ヤマト）化への一つのきっかけにしようとした海洋博も予想通りの不評のうちに終わり、〝さあ、沖縄はいよいよニッポンだ〟と侵略者たちのざわめきとともにやってくる〝素朴〟な大和人（ヤマトンチュ）インスタントレジャー南国組が、ジャルのカバ

★2　小沢昭一（おざわ・しょういち）一九二九年、東京都生まれ。俳優。早稲田大学文学部仏文科卒。俳優座付属俳優養成所卒。舞台、ラジオ、映画、テレビなどで芸能活動を行なう。芸能関係の著書が多数ある。著書に『私のための芸能野史』（芸術生活社、一九七三年）『珍奇絶倫　小沢大写真館』（話の特集、一九七四年）『日本の放浪芸』（番町書房、一九七四年）『芸双書』（白水社、一九八一―八二年、南博ほかと共著）ほか。

ンを肩につるして〝失われたニッポンを求めて〟とばかりに、互いに観光客にうんざりし合いながらも、ハードスケジュールをこなす季節が、ここ琉球の地にいよいよやってこようとしています。〔中略〕私たちの前には、大和というものがあまりにも大きく立ちふさがっています。そこで思うに大和人は、琉球入りした場合は少なくとも「日本人宣言」をすべきではないでしょうか。お上のざわめきに便乗して〝沖縄はパスポートも要らないし、便利になったワイ。どれ、一つ行ってみるか〟では、あまりにも〝素朴〟すぎます。いや〝ずる〟すぎます。かって琉球人が日本入りした場合、強制的に〝やらされた〟ように、同様にとまではいかないかもしれませんが、〝日本人宣言〟をすべきです。

つきましては、誠に勝手なお願いですが、貴殿にあえてその悪役たる大和人の役で、今回の琉球映画への出演をお願い申し上げます。★3

出演のお願いにしてはずいぶん挑発的な内容である。この「琉球映画制作集団・マルタカプロダクション」名で書かれた一文は、少なくとも「復帰に対するいらだたしさ」や「復帰の反語」という『オキナワンチルダイ』のモチーフが、有無をいわせない明快さで、大胆に語られている。ここにはだが、創作ノートのはじめに「日本の小市民者の住宅」として書き込まれた、高嶺自身の「本土」体験が伏線になったことを忘れてはならないだろう。京都で大学生活を送っていた頃の下宿先の善良な日本人妻から「おきなわさーん」と呼びかけられ、それに返答する言葉を持たず当惑するしかなかった、という心的屈折である。二階に下宿していた男は、夕

★3 高嶺剛「琉球映画制作の趣旨と小沢昭一氏への出演要請」「わが琉球の、神聖なるチルダイ／映画『オキナワンチルダイ』シナリオのための創作ノート」「青い海」五四号、一九七六年。

食の支度を終えた善良な日本人妻が一階の廊下から「おきなわさーん」と呼ぶ声に、ただ「あっ、あ、あー」と声にならない声の断片を呟く以外なかった、と書いていた。この吃音体験こそ、高嶺剛のヤマトでの体験の核にあるものである、といっても決して言い過ぎではないだろう。

「おきなわさーん」と呼びかけられ「あっ、あ、あー」と呟く以外術を持たなかった男の心の内部は「男は傷つき易いその胸のうちで激しく空転しているはずの、その女へのしかるべき言葉たちのなかから最も適当な台詞をうまく引っこ抜いてそれをきっぱり言いきることができずに、かといって視線でさえ定めきれなくしているのも、このような当惑状態であることを上手に視線に託して、ひとつの意思表示を試みることからも、男の心はすっかり離れてしまっているからであろう」と説明されている。『オキナワンチルダイ』創作ノートのはじめに置かれた、声の断片としての「あっ、あ、あー」は、高嶺剛のヤマトでの体験が小さくない比重で重ねられているということにとどまらず、そうなってしまうことの歴史的根拠にまで視線を届かせようと試みているのを感じ取ることができる。なぜ一人は「おきなわさーん」と呼びかけ、もう一人はなぜ「あっ、あ、あー」と口ごもるのだろうか。この関係の偏差が自覚されるとき、はじめてそこに歴史的なるものが不条理として立ち現われてくる。

さて、と高嶺は己の分身を前にして思案する。そしてこの男の運命の鍵を握る作者として、どのような台詞にすべきかに思いをめぐらす。

「おきなわさーん」

「はい」か？

「おきなわさーん」

「あっ、これは差別だ、差別だ（決して区別ではない）、祖国復帰もウチナシして、クヮイヨーハクも終わったのに、未だにママ子あつかいしている！」か？

「おきなわさーん」

「ヌーヤガ、ヤマトゥンチュー」か？★4

といくつもの問答を思案しつつ、だがそれらのいずれも「琉球青年にとって分が悪い」とか「土俵が悪い」とか「いまとなっては本土への涙の訴え流行らない」とか、落ち着くところを得ず、最後に行き着いたところが、〈「ヤイ、リューキュー野郎！」おお、上等じゃないか！「ヤマトゥプリムンめ！」〉ということになる。これは「善良なる日本人の「おきなわさーん」を、エイッと少しだけでも押してみるとすると、そこに確実に待ちうけている」、いわば「善良」というベールを脱いだところに立ち現われてくる原感情のようなもの、といっているように思える。ところで「おきなわさーん」という呼びかけと、応え返す言葉を持たずただ「あっ、あ、あー」と呟く以外ない男の関係とは、どう考えても不等価であるとしかいえない。だがこの〈不等価性〉は呼びかける女の側には決して自覚されてはいない。呼びかけられた男においてのみ感じ取られている。男は固有名としては存在せず、集合的・集団的な表象として関係づ

★4　高嶺剛「わが琉球の、神聖なるチルダイ／映画『オキナワンチルダイ』シナリオのための創作ノート」「青い海」五四号、一九七六年。

けられているということである。言葉を換えていえば、男が感じ取った疎外感は、男が、男の意思を越えて集合的表象としてしか存在させられていないことからくる口ごもりだといえよう。だから「あっ、あ、あー」なのだ。この答え返す言葉をもたない吃音がヤマトにおける「沖縄人宣言」なるものを「強制的に〝やらされた〟」ことを意味したことに注目しておきたい。そしてその吃音のなかから立ち上がってくる語り口を映画という文法で拾い上げた、と高嶺はいっているように思える。

ちなみに括弧でくくって中略としたところは、映画づくりにおいてヤマトやアメリカのエピゴーネンになることをいさぎよしとしない、「琉球人自らの方法をもった琉球映画集団」であることを闡明していた。高嶺にしてはめずらしいストレートな物言いは、沖縄に向けられた視線の一方通行性と占有に向けられた初発の抗いとして読むことができるはずだ。これまで沖縄を巡って撮られたドキュメンタリーや劇映画の類はそうした視線の占有を実証するものであり、そのことへの強い抗いの意志が込められていたといえよう。だからこそ「沖縄人自らの語り口による全く新しい映画」と昂然ということができたのである。「日本復帰」とは、一方通行の同一化のエコノミーであり、そのエコノミーを物語として消費するために都合良く沖縄を「他者化」する、二重の欺瞞に満ちていた。ここでの「他者化」とは、他者としての他者ではなく、自己像の変態なのだ。「失われたニッポン」とはそのような擬似他者化とナルシシズムの倒錯した投影でしかなかった。映像は視線の政治を表象していた。

結局、創作ノートのはじめに置かれた「日本の小市民者の住宅」での「人妻」と「男」との応答にならない応答部分は、人妻の「おきなわさーん」と呼びかける印象的な始まりの扉を開いたが、その後に続く細部は描かれずに幻に終わった。としても小沢昭一に宛てた「出演要請」には、沖縄と日本の関係の不等価性についてどう考えるかをはっきりさせようじゃないか、というメッセージが読み取れるはずである。幾分の衒いがあるとはいえ、この当然すぎる審問にまともに応えた人はほんの一握りでしかなかった。

そうした関係の〈偏差〉や〈不等価性〉にもっとも自覚的であった一人に写真家の中平卓馬[★5]がいた。一九七一年十一月十日の沖縄返還協定批准阻止全島ゼネストにおいて一人の警察官が死亡したときに撮られた写真で「殺人罪」に問われたデッチアゲ裁判にかかわるようになった中平は、映像が国家レベルにおいて問題にされるときの「客観性」や「合理性」を根底から問い、その「客観」や「合理」にひそまされている政治を突き崩すところまで突き詰めていくが、沖縄返還に近代の産物としてのカメラや写真の「客観性／合理性」が国家によって盗用されるメカニズムと同じものを鋭く見抜いているようにも思えた。裁判闘争支援のためたびたび訪れるようになった沖縄は、自らの立ち位置を否応なく問い、糺した。このことはとりわけ、中平の「第三次琉球処分」という言葉へのこだわりにみることができる。海洋博前年の七四年に「解体列島」のシリーズで書き継がれた沖縄レポートは、そんな写真家・中平卓馬の沖縄との出会いと沖縄によって試される自分の赤裸々な告白にもなっていた。

一　彼ら（沖縄の人々）は「5・15沖縄返還」を第三の「琉球処分」と呼んだ。この言葉はい

★5　中平卓馬（なかひら・たくま）
一九三八年、東京都生まれ。写真家、写真評論家。東京外国語大学スペイン科卒業。同年、新左翼系の総合雑誌「現代の眼」編集部に入社。二年後退社、写真家となる。一九六八年、写真同人誌「プロヴォーク」創刊。多木浩二、高梨豊、岡田隆彦、森山大道らと活動する。一九七〇年「プロヴォーク」解散。一九七三年、初来沖。著書に『まずたしからしさの世界をすてろ』（多木浩二との共編、田畑書店、一九七〇年）『なぜ、植物図鑑か』（晶文社、一九七三年）、写真集に『来たるべき言葉のために』（風土社、一九七〇年）『新たなる凝視』（晶文社、一九八三年）『Adieu à X』（河出書房新社、一九八九年）『hysteric Six NAKAHIRA Takuma』（Hysteric Glamour、二〇〇二年）ほか。

やおうなくヤマトンチューである私に、そしてヤマトンチューであるわれわれに耐えがたい沈黙を強いる。だが重要なことは、この「琉球処分」がけっして一九七二年五月十五日で終わったのではなく、今、現在われわれによって無意識裏においてこの「琉球処分」は行なわれつつある。

いつのまにか沖縄は、軍事基地・沖縄から観光地・沖縄へ、具体的には七五年海洋博・沖縄へとすり変わっていったのだ。★6

この基地の存在に目をつむり、また沖縄の人々の貧困に目をつむり、観光・沖縄へ意図的に目をそらす日本の国家権力、またそれを無意識に支える「本土」のわれわれに対して沖縄の人々は「第三次琉球処分」という言葉をなげかけているのだ。私が訪れたNEW KOZAの廃墟には、壁一面に「ヤンキー帰れ」「沖縄万歳」という落書きと並んで「ヤマトンチュー一億せん滅」という落書きが大書されていた。それが政治的に正しいか否かはわからない。だがそれがたび重なる沖縄の「処分」「差別」に対する沖縄人のはげしい情念の噴出であることは疑いえない。★7

いずれも「朝日ジャーナル」に連載された「〈解体列島17〉沖縄——忘れられゆく基地の存在」（一九七四年七月十二日号）から拾ったものであるが、これは、高嶺剛が一人のアクターに宛てた「出演要請」と「創作ノート」のはじめで、スタンディングポジションをはっきりさせよう

★6　中平卓馬「〈解体列島17〉沖縄——忘れられゆく基地の存在」「朝日ジャーナル」一九七四年七月十二日号。
★7　中平卓馬「〈解体列島17〉沖縄——忘れられゆく基地の存在」「朝日ジャーナル」一九七四年七月十二日号。

じゃないかという呼びかけへの、時間的なズレはあるものの、もっとも本質的な応答となっていることは疑い得ない。たとえ耐えがたい沈黙を強いたとしても、写真家は解体され、陳列された沖縄の風景から吹き返してくる声に耳を傾けていったのである。中平卓馬が写し撮ったNEW KOZAの廃墟の壁には中平が取り上げたもの以外に「大和人の代理支配を許すな!!」「沖縄に真の独立を」の文字も見て取れる。こうした「情念」の噴出に写真家はたじろぎつつも〈わが肉眼レフ〉で必死に応えようとする。「〈解体列島17〉沖縄――忘れられゆく基地の存在」の後、「日本読書新聞」に寄せた「わが肉眼レフ／一九七四年・沖縄・夏」（一九七四年九月九日）は、中平卓馬の沖縄との出会いとそのことによって引き受けた自己審問のきびしさを垣間見ることができる。ここでもやはり「琉球処分」という言葉に込められた、ヤマトと沖縄の逃れがたい関係のありかたが語られていた。「七二年五月一五日、沖縄「返還」を沖縄の人々は「第三次琉球処分」と呼んだ。しかしもしこの言葉を、不可抗的にヤマトンチュー、日本人であるわれわれが借りるとすれば「第三次琉球処分」はその時点で終わったのではない。それは今、現実に実態化されつつあるのだ」といっていた。そしてこのエッセイの最後を「いまだ明けぬ空には昼間の酷暑を予告する入道雲がすでにもくもくとせりあがってゆく。一晩中那覇の街中を歩き回り、疲れ切った四肢と不眠の意識の中で、私はふとこんなことを思いつく。沖縄――「本土」。一九七四年・夏。私の一眼レフならぬ肉眼レフは、はたして沖縄の何をとらえたか」と自問しながらしめくくっていた。この彷徨と自問は、後に中平を襲った不運が、すでにそこで予感されていることに、何かいいようのない感情に摑まれる。中平は、やがて急性アルコール中毒で意識不明に陥り、生死の境をさまようことになるが、このことは、廃墟の壁からの矢のような視線と〈わが肉眼レフ〉への根源的な問いと決して無縁ではなかったはずである。いや、それどころか廃墟の壁からの視線と中平自身の自己審問こそ、写真家の存在を危機に陥れたものである。中平卓馬の〈肉眼レフ〉と高嶺剛の〈反語〉は「琉球処分」という言葉で語られる、繊細にして暴力的な関係の不等価性においてV字型に鋭く出会っていた。

また中平卓馬は、たとえば復帰後、海洋博やCTS★8建設など国家と資本による開発のありかたに対し、フランツ・ファノンの「橋」の喩えを想起していた。「ひとつの橋の建設が、もしそこに働く人々の意識を豊かにしないものならば、橋は建設されぬがよい。市民は従前通り、泳ぐか渡し船を乗るかして、川を渡っていけばよい。橋は空から降りてくるものであってはならない。そうではなくて、市民の筋肉と頭脳とから生まれるべきなのだ……。市民は橋をわがものにせねばならない。このときはじめて、いっさいが可能となるのである」という言葉を〈肉眼レフ〉の視座から「一九七四年・沖縄の夏」に焼き付けてみせた。この「橋」をわがものにすることとはほかならぬ、「沖縄人自らの語り口による全く新しい映画」や映画づくりにおいてヤマトやアメリカのエピゴーネンになることをいさぎよしとしない、「琉球人自らの方法をもった琉球映画集団」という高嶺剛の自負といささかの含羞で縫い合わせた方法的態度とつながるものであった。高嶺剛の映画的実践はそうした、ファノンのいう「橋」をわがものにすること、つまり「沖縄人自らの語り口による全く新しい映画」なのだ。

★8 CTS　石油貯蔵基地のこと。一九七二年、三菱開発は、CTS設置のため、平安座島、宮城島間64万坪の埋立を開始。その結果、海藻や珊瑚を死滅に追いやった。一九七三年、金武湾を守る会が結成され、反CTS、反埋立の行動が続けられた。一九七四年、県はCTSに反対する旨の声明を発表。しかし三菱は損害賠償をほのめかしつつ埋立を強行した。その後「CTS差し止め訴訟」を提起、裁判闘争へ。原告の主張は退けられ、49基のCTSが設置された。しかしさらなるCTS設置はこれを阻止。与那国、宮古・多良島CTS建築計画も断念させた。

『オキナワンチルダイ』は「沖縄の日常的な風景のばらまく毒のようなもの」を集めたモンタージュである。とはいっても肩肘張ったやりかたではなく、あくまでも衒いや構えを解いた融点のような場所から、陽炎のようにゆらめく風刺を文体にしている。

◎

こんなことを言っていた。「「チルダイ・聖なるけだるさ」をキーワードに、「琉球原人」「平和通り裏のイラブー事情」などが、映画のなかで同居するという時空間軸、形式、方法が統一されることなく、短いシーンからなるオムニバス映画である」(「チルダイ賛歌」「新沖縄文学」第四三号、一九七九年)。確かに、七〇年代後半の沖縄の混沌をそのまま映体[★9]にしたようなアナーキーな漂いを伝えていた。自家製オプティカルプリンターを使ってコピーを重ね意識的に粒子を荒くしたハイキーな映像は、まるでコマ虫がうごめき叛乱するようなノイズ感を見る者の眼球に焼きつける。

私が注目したいところは「この映画の重要なテーマである地・血の匂いを獲得する(説明ではなく)ということのためにも、演技が必要なところは思いきって役者に演じてもらった」という時の、「演技」である。いや、その「演技」によって獲得された「地・血の匂い」であり、質である。それというのも、映画で獲得された「地・血の匂い」は一点に集中させるような父権的なありかたではなく、むしろ散種的であり、物語の運動のヘゲモニーは遊撃的である。これには風刺という方法が関与していることは疑い得ない。ドキュメンタリーとフィクションの

★9 映体
写真のスタイルのこと。東松照明の用語。

同居や幾つものシーンの、統一を拒むオムニバスは、そうした映像の運動の散種性と遊撃性を裏づけているはずだ。そしてオムニバスを連結する結界で「オキナワはニッポンなのか？　チルダイがなくなればニッポンだ」がリフレーンされ、「復帰」という名の「第三次琉球処分」の問題性を呼び込み、執拗にその意味を問う。

「チルダイ」とは「芯がぬける」とか「いやになってしまう」とか「ぼんやりした状態」を意味するウチナーグチである。いわば、南国の非生産的怠惰現象ということになろうが、高嶺はそうしたネガティブな意味を付与された「チルダイ」を、「ウチナーンチュが好むと好まざるにかかわらず、どうしても避けることのできない、沖縄の地・血に根ざした自然現象として、ひょっとしたら沖縄の体質そのもの」であるとして、二次元的な価値を吹き込む。大胆に言い直せば、「チルダイ」とは国家と国民と国語の物語には強制接収されない亜熱帯の剰余なのだ。つまり「チルダイ」とは、「沖縄の体質」にとどまらず、物語の父権性を換骨奪胎するヘテロジーニアスな映像の方法でもあるということだ。

「チルダイ賛歌」のなかでこんなふうにも言っていた。「体裁としてはいちおうドキュメント風だが、必ずしも固執するということではなく、〝チルダイ〟に基づくであろうと思われるさまざまなチルダった現象・チルダわない現象が入った〝チルダイ箱〟をチルダった犬がよそ見をしてキッチャキした際、こぼれ散ったチルダイの数々をチルダったままに並べてみた映画、ということにでもなろうか」と。小難しいいい回しをしているが、要するにこれは「「チルダイ・聖なるけだるさ」をキーワードに、「琉球原人」「平和通り裏のイラブー事情」などが、映画のなかで同居するという時空間軸、形式、方法が統一されることなく、短いシーンからなるオムニバス映画である」ということの言い換えだと思えば納得もしやすいはずだ。

ここでちょっと立ち止まって『オキナワン ドリーム ショー』の寡黙さから『オキナワンチルダイ』の饒舌さへの「語り口」の転進について考えてみたい。この転進、あるいはドキュメンタリーからフィクションへの踏み出しに、高嶺剛のなかである転回があっただろうことが想像される。松田政男はそれを「前作『ウチナー・イミ・ムヌガタイ』で沖縄の風景ならぬ〈風景の死臭〉をあの独特なスローモーション撮影で凝視しつくした前作の時間感覚を、いわば系統発生に由来するものとしてとらえ返したに相違ないのだ。〈沖縄の子〉としてのアイデンティティの再確認は、だから高嶺剛をして前作の悲哀にみちた寡黙から、新作のユーモラスな饒舌へと「語り口」をさえ転調させるにいたる」（『琉球映画オキナワンチルダイ』パンフレット）と指摘していた。もっともな着眼だと思うが、しかしそれだけでは何かが足りない。それというのは、転調を「系統発生に由来する」としたことのうちにある。はたしてそれにとどめるだけでいいのだろうか。

高嶺がこの映画の重要なテーマを語った文脈にもういちど戻ってみたい。「この映画の重要なテーマである地・血の匂いを獲得する（説明ではなく）ということのためにも、演技が必要なところは思いきって役者に演じてもらった」というときの、地・血の匂いを獲得するための演技ということにもっと着目してみたいのである。この演技こそ高嶺の内部で起こった方法的自覚に関わるものである。そしてその方法とは、『サシングヮー』を映像として動詞化したフエードイン・フェードアウトとともにモノクロームの家族写真に施した「着色」であり、また『ウチナー・イミ・ムヌガタイ』(後に『オキナワン ドリーム ショー』になる)の「スローモーション」であり、『オキナワンチルダイ』においては「演技」として置き直される。こうした方法の累進を決したものこそ、高嶺剛がしきりに傾倒していたポップアートやスーパーリアリズムやコンセプチュアルアートであるはずだ。つまり、こう言い換えることができる。『オキナワンチルダイ』の重要なテーマである「地・血の匂い」はそれ自体としては「系統発生」と見なすことができるにしても、「地・血の匂い」が〈獲得〉ということにおいて語られていることからすれば、必ずしも「系統発生」に還元されるものではなく、方法が介在することによってはじめて〈獲得〉されるということである。「悲哀にみちた寡黙から、ユーモラスな饒舌」への「語り口」の転調を可能にしたものとは、ほかでもない高嶺が学びとったポップアートとスーパーリアリズムの方法なのだ。そして、コマ虫たちの叛乱を組織しているのはこの方法としてのポップアートとスーパーリアリズムであり、その散種的、遊撃的叛乱は日本との併合を仕込む復帰プログラムを攪拌し、笑殺する。

では、風刺とヘテロジーニアスな方法によって獲得された「沖縄の地・血の匂い」や「沖縄の日常的な風景のばらまく毒のようなもの」をいくつか挙げてみよう。その前に、創作ノートの冒頭で小沢昭一への「出演要請」とそこでいわれた、ヤマトからくる訪問者は「日本人宣言」すべきである、ということはどうなったのかをはっきりさせなければならないだろう。この「出演要請」は、あまりにも挑発的でありすぎたのか、あるいはスケジュールとギャラの問題で実現しなかったかは定かではないが、結局、高嶺の大学での美術教師の阿部荘が演じている。出演要請では「悪役たる大和人の役」とあるが、でき上がった映画のなかでは「悪役」のイメージにはおおよそ似つかわしくない、何ごとにつけうだつの上がらない中年の土地ブローカーの役になっている。高嶺は「悪役」のイメージをステレオタイプなわかりやすい図式に配列するのではなく、むしろそうした図式を裏切り、徹底した風刺の毒で笑い殺すように描いている。この「悪役」の男は「開襟シャツの上に薄黄色の背広を着込み、右手に埃をぬぐい終えたハンカチと日の丸の扇子、左手には黒い通しひもの付いた集金鞄をしっかりとぶら下げて、一目で大和の土地買い商人とわかるいでたちである。男は大商社の椅子におさまったような商社マンではなく、取引の際の使い走りのような仕事をしていて、そこからのささやかなおこぼれにあずかることにいじましい思いをかけ続ける小人物である」という役柄を振り当てていた。この小人物、まるで風采があがらないのである。沖縄の暑さと湿度にやりきれないとばかり日の丸の扇子をせわしなく振り振り、八重山の炎天の路上で清涼飲料水をぐいっと飲もうとして灼熱の太陽の光に目が眩み、思わずよろけて石に躓いたり、涼を求めて木陰にどっと座ったところが犬の糞の上だったり、やることなすことすべてにおいて精彩がない。この男からおおよそ「日本人宣言」なるものは聞くことはできない。ましてや「日本の小市民者の家」で「おきなわさーん」と呼ばれ「あっ、あ、あー」に相当する吃音的屈折など望むべくもない。その代わりといえばいいのだろうか、その故にといえばいいのだろうか、高嶺は男のしかめっつらや日の丸の扇子や一万円札を徹底して滑稽化し、通俗化し、そして笑い殺している。

「〝チルダイ箱〟からこぼれ散ったチルダイの数々」や「沖縄の日常的な風景のばらまく毒のようなもの」はどうだろうか。例えばそれは平和通りの一角で、サングラスをかけた盲目の三線弾きがトゥンタッチーすがたで「ＰＷ無情」を歌い喜捨を乞うシーンにみることができる。固定カメラで撮っているため、通りを行き交う人々は下半身しか写し込まれない。ただ子供だけは全身フレームのなかではぜている。路上を左から右へ、右から左へと通り過ぎる人の流れに「ＰＷ無情」が重なる。沖縄の戦後の時間がどのようなものであるかを映像言語でいいあてていて印象的である。

平和通りと平行した通りの商店街では、沖縄観光に訪れた新婚のカップルと平良トミ演じるマチグァーのオバーのイラブー（ウミヘビ）をめぐる珍妙なやりとりがある。この日本語とウチナーヤマトグチ★10のやり取りは、当時としては当たり前に見られた風景ではあったが、この会話のズレは、言語現象の内部のデキゴトにとどまらず、復帰後の沖縄と「本土」との出会いがどのような位相なのかを垣間見せているようにもみえる。

それからこれはどうだろう。サトウキビ畑の真ん中をまっすぐのびる農道で車座になった青年たちの輪とその輪を避けるようにして歩いてくる一人の若い女性の姿が写しだされる場面である。青年たちは集団就職にいった時の経験や猥談に興じているが、通りかかった教師の島娘に気づき、女のヒップの形やつんとした表情の日本人気取りを揶揄したりするが、娘は無視するように青年たちの輪を回りこみながら坂道を歩いてくる。この島青年たちの輪と島娘の対照をスローモーションは凝視する。何でもないようだが、この情景はインテリ島娘と集団就職に

★10　ウチナーヤマト口
沖縄語と標準語のミックス。『おきなわキーワードコラムブック』（まぶい組編、沖縄出版、一九八九年）の発行などで若者たちの言語現象として広く知られるようになった。

★11　コンディショングリーン
一九七一年、川満勝弘、エディー、シンキ、ターケの四人のメンバーで結成。紫、キャナビス、マリー・ウィズ・メデューサ等と並んでオキナワン・ロックの代表的なバンド。ベトナム戦争当時、金武やコザでに米兵を相手に高度なテクニックで演奏。主にブルース、サザンロック系を得意とした。アメリカ公演も敢行。

いかざるを得なかったシマーグァーたちの身体と心情の地図をみるようで興味ぶかい。

そして二つの「チルダイ撲滅」シーンである。ひとつはオキナワンロックのスーパーバンド「コンディショングリーン」[★11]のメンバーによるニライカナイ[★12]のパロディー。琉球原人やキジムナーやチルダイ惑星からやってきた男たちが浜辺で遊び興じているところに、「チルダイ反対友の会」会長と名乗る男が、「せっかく豊見城高校[★13]や具志堅選手[★14]が頑張っているというのに、あぁ私は本土の人たちに対して非常にはずかしい。いまこそ県民一体となって、本土に追いつき、CTS産業でイモとハダシにさようなら。ナナサンマルで車は右から左へと、チルだった牛や犬や豚をいじめて、明るい豊かな島に、チルだってみだらな気持ちになるよりは……」と説教をたれるところや、昼下がりの「マルタカニュース」が「沖縄からチルダイをなくす県民の夕べ実行委員会」会長代理と名乗る男がチルダイタンメーの後頭部を殴り倒した事件を報じたところである。「犯人との独占インタビューをしたところ、現在の心情を俳句に託してみたといって、いくつか述べました。そのなかから紹介して見ますと、チルダイを忘れたときこそ日本復帰、チルダイをなくして明るい日本復帰、チルダイは本土の人に嫌われる、犬のくそ紙を添えたら人のくそ、というようなものですが、このチルダイ事件、今後の沖縄の社会情勢に微妙な影響を与えるものとあって、警察では犯人の取り扱いにもてあましているということでした」という具合にである。

こうした企ては、高嶺剛がこの映画の重要なテーマだといった「地の匂いを獲得する」ことにあった。そしてここでフィルムによって提示された「血と地の匂い」は、方法としての風刺

デビューアルバムは『LIFE OF CHANGE』(一九七七年)。かっちゃん(川満勝弘)とエディは高嶺剛の『パラダイスビュー』『ウンタマギルー』などにも出演、異彩を放った。

★12　ニライカナイ　遥か東方の海の彼方、あるいは海の底、地の底にあるとされる楽土のこと。豊穣や生命の根源があるとされる。年初にニライカナイから神がやってきて豊穣をもたらし、年末にまた帰るとされる。来訪神のいる世界であるが、死者の世界でもあり、両義性を有する。

★13　豊見城高校　一九七五年春の甲子園大会でベスト8進出したのをはじめ、第六一回九州高校野球大会(七七年十一月)で沖縄の高校野球で初優勝、同年夏の甲子園大会と翌七八年の夏の大会で二年連続ベスト8に進出など、豊見城高校の甲子園での活躍は復帰前のひ弱な沖縄イメージを一新。「本土に追いつき、追い越せ」の〈夢〉を実践するものとして、プロボクシングでの具志堅用高選手の活躍と並んで復帰後の沖

を介在させることによって、復帰後の沖縄の風景を染め上げようとした一体化のコードをしたたかに笑い捨て、笑い殺していた。コマ虫たちの粒子が叛乱するように「沖縄の日常的な風景のばらまく毒のようなもの」が散りばめられ、〈反語〉に鍛え上げられている。その裏側には中平卓馬の〈肉眼レフ〉が写し撮ったNEW KOZAの廃墟の落書が陰画のように重なっているはずである。オムニバスの継ぎ目継ぎ目でインサートされた「ウチナーやニッポンやがすー、チルダわなくなっちゃったらニッポンやさ」という問答が乱反射しながら、時代をめぐっている。

縄を元気づけた。ちなみに沖縄代表校の甲子園初優勝は、一九九九年春の第71回選抜高等学校野球大会での沖縄尚学。

★14　具志堅用高（ぐしけん・ようこう）
一九五五年、沖縄県石垣市生まれ。プロボクサー。興南高校卒。高校卒業後上京、協栄ジムに入門。WBA世界ライトフライ級王座を13度防衛。現在も日本国内最多記録である。世界タイトルを獲得した後、「ワンヤ、カンムリワシニナイン（私はカンムリワシになりたい）」と言った言葉が有名になった。また父親の職業を聞かれ「海を歩いています」（漁師のことを沖縄では「ウミアッチャー」という）と応えるなど、日本語の常識を逸脱する沖縄的言語感覚からする語りは、沖縄の人たちの言語コンプレックスに一石を投じた。最終戦績は23勝（15KO）1敗。引退後は解説者、タレントとして活動。一九九四年には白井義男と共同で「白井・具志堅スポーツジム」を開設。現在は同ジムの会長として後進育成に力を入れている。

あとがき

「復帰ぬ喰ぇーぬくさーの話しならできるよ」――久し振りに会って酒グァーでも飲まないか、という私の誘いに、電話の向こうから返ってきた言葉に意表を突かれたことが思い出される。電話の声の主とは、特に親しかったというわけではなかったが、ヤマトに「留学」していた頃、復帰運動の文脈とは異なる未成の沖縄を開こうとして悪戦していたときからの知りあいであった。多分その言葉は沖縄の地元紙の沖縄タイムス文化欄でのリレー企画「いくつもの自画像」(二〇〇三年三月)に書いた私の文章を皮肉ってのことだろうということが声の調子から想像がついた。そのエッセイは、戦後に作られた新民謡の「艦砲ぬ喰ぇーぬくさー」(作詞・作曲：比嘉恒敏/唄：でいご娘)に触れながら、沖縄の戦後的なるものについて論じたものである。

「復帰ぬ喰ぇーぬくさー」か。なるほどそうかもしれない、と思う。十代後半から二十代はじめにかけて、沖縄の戦後史の結節点となった「日本復帰」という〈世替わり〉をどのようにくぐったのかということは、私たち世代にとって決して小さくない意味を持っていた。「復帰」は経験の外側を通り過ぎていった出来事ではなく、内在の閾において、私たちを問い、試した。

そのことは本書の冒頭でも取り上げた、「復帰」を高校三年生の時に体験した世代の〈その後〉を追ったテレビドキュメンタリー『それぞれの一五年』や、沖縄中部の基地の街・コザ高校の生徒たちの「祖国」への憧憬や齟齬を描いた森口豁の『沖縄の十八歳』などをみると、その思いをいっそう強くさせられる。私たちの父や母たちの世代にとって、「戦争」がその後の生き方に決定的な影響を及ぼしたとすれば、「復帰」は沖縄の戦後世代にとってレゾンデートルに関わる出来事だったといっても決して過言ではない。『それぞれの一五年』のなかで、一九七二年五月十五日のどしゃ降りの雨の中に見た光景が、そのとき高校三年生だった一人の女性の〈その後〉の生き方を決したように、沖縄の戦後史の分岐点をめぐって、何を考え、どう行動したかは、私たち世代の歴史と体験に避けがたく影を落としていることはたしかである。

「艦砲ぬ喰ぇーぬくさー」の三番の歌詞はこうなっていた。

「我親喰たる　あぬ戦／我島喰たる　あぬ艦砲／生まり変わてぃん　忘らりゆみ／たーがあぬじゃま　しーんじゃちゃら／恨でぃん　悔やでぃん　あきじゃらん／子孫末代　遺言さな／※うんじゅん　わんにん／いやーん　わんにん　艦砲ぬ喰ぇーぬくさー」(私の親を喰った　あの戦争／私の島を喰った　あの艦砲／生まれ変っても　忘られようか／誰があのざまを　しでかしたか／恨んでも　悔やんでも　飽き足りない／子孫末代　遺言しましょう／※貴方も　私も／お前も　俺も／艦砲の喰い残し)

戦争が親を喰ったとか、艦砲が島を喰ったという歌詞に、沖縄戦のすさまじさが言い表せられているが、リフレインされる「うんじゅん　わんにん／いやーん　わんにん　艦砲ぬ喰ぇーぬくさー」という言い方もまた尋常ならざる自他認識だといえよう。この「艦砲ぬ喰ぇーぬくさー」という唄には、沖縄の人々の戦後意識の原像のようものが書き込まれているように思える。生き残ってしまったことをまなざし返す、ある独特な視線と感受性が織り込まれているはずだ。そしてこの唄全体から伝わってくるのは、死者たちへの思いとアメリカ占領下の現実を生きていくことへの生活の折り目のようなものである。

「復帰の喰い残し」とは、「復帰」後の時間に対して同化できない齟齬を抱きつづけながら、「復帰」をくり返し問い、糺していくところに立ち上がってくる意識的な存在のカタチといえばいえようか。その問い糺す運動を私は、回帰と転位のトポスと呼んでみる。「喰ぇーぬくさー」とは、だから残余を意味することでは決してない。統合のエコノミーに対しての抗いを群島状に散種する批判的主体である。

友利雅人が末吉公園の森の中で命を断ったのは十年前だった。一九七五年に彼は、「ひとつの前提――戦後世代と天皇制」という文章を書いていた。そのなかで歴史と体験の交差するところに重層的な〈責任〉の問題を引き出し、「戦前―戦中の教師たちが、皇民化教育によって戦争責任を追及されるべきであるならば、戦後沖縄の教師たちが、その国民教育によって戦後責任を問われるのは、わたしたちにとってひとつの前提である」といっていた。自らの経験を振り返りつつ、復帰運動の中心的な役割を担った教師たちによって実践された国民＝日本人教育が決して戦前の皇民化教育と無縁ではなかったとして、そこに避けられない〈責任〉の所在を見ていた。「日本復帰」はその責任の問題を封印してしまった。

友利雅人もまた「復帰ぬ喰ぇーぬくさー」の一人だった。

そしてこの「復帰ぬ喰ぇーぬくさー」という意識から立ち上がってくる「もうひとつの前提」としての〈復帰後責任〉を、友利の論考は示唆していた。〈復帰後責任〉とは、沖縄の戦後的な抵抗のなかから創出された政治的・社会的公共圏の可能性を、国家としての日本の球形の閉鎖空間に封じ込めてしまったことを問う、問いの思想的・倫理的形である。復帰幻想によって国家の併合を内面化してしまった責任は、きびしく問われなければならないということである。日米安保体制の内閉空間で、日本は、ジャパニゼーションという以外ないアメリカナイゼーションの変態を生み育ててしまった。その変態は帝国と植民地主義の記憶の忘却の上に構築された奇妙な併合の原理として戦後空間を横断していく。

沖縄の日本復帰とその後の三十五年、そして今、私たちが目にしている光景は、日本への一体化幻想をグラフト（接木）化した、アメリカナイゼーションの日本的変態によって沖縄の時間と空間が浸食されていく姿である。それは軍事的事象に限定されるものではなく、国家と資本のエレベーションに位置づけられた観光的視線によって沖縄の風景を書き割り、沖縄イメージを大量に消費していく現象の内にあらわれているものである。復帰運動はグラフト国家を許す素地をつくってしまった。そしてジャパニゼーションが沖縄社会を呑み込んでいく。復帰は沖縄を喰ったのだ。〈復帰後責任〉の所在もまた深く隠されてしまった。

だが、そうした国家と資本の統合のエレベーションに抗う、「復帰ぬ喰ぇーぬくさー」たちがいる。この群島状に散種された〈間・主体〉は、復帰運動を内側から踏み越えていく〈反復帰の思想〉のなかで配電され、その後「琉球共和社会憲法」や「琉球共和国憲法試案」を中継しつつ、沖縄をアジアに向かって開く文体のなかに生きられている。日本という球形の内面には回収されない異貌たり続ける。

私もまた「復帰ぬ喰ぇーぬくさー」の一人であると思っている。

本書は、二〇〇四年五月から〇六年七月まで、「1972オキナワ　映像と記憶」として隔月で「未来」に連載した十二本の原稿をまとめたものである。毎回映像作品を一本採り上げ、批評するスタイルをとった。採り上げられた十二本の映像は、ドキュメンタリーもあれば劇映画もあるが、一九七二年前後に制作された作品が選ばれ、映画は沖縄をどのように表象したのかを論じている。とはいっても、これは映画（作品）論でもなければ、監督（作家）論でもない。あえていえば映像を媒体にして時代と私（たち）がどのように出会ったのかの、いってみれば、〈交通論〉のようなものとして書いたつもりである。つまり、映画と時代と私（たち）が〈運動する交通〉として交差したドキュメントとしても読める。その〈運動する交通〉は、また、沖縄の「日本復帰」を〈審問する場〉にもなっているはずである。

娯楽といえば、ラジオと年に数回沖縄本島から巡業でやってくる沖縄芝居以外なかった、沖縄島の東の果ての孤島で幼少年期を過ごした私にとって、製糖工場の石造りの倉庫ではじめてみた映画体験は決定的だった。銀幕は少年の心を外なる世界へ甘美に誘った。それ以来私は、映画少年であり、映画青年であり、今ではずいぶんくたびれたとはいえ、映画オジさんであることに変わりはない。こうした私の映画の経験史に句読点を打ってくれたのが高嶺剛との出会いであった。それは映画を見るということに限定されていたことから、作るという領域を覗き見ることになり、その後いつの間にか作る作業の中に導き入れてくれた。そのことは同時に、それまで一方的にまなざされてきた沖縄を撮った映画に抱かされた居心地の悪さをまともに考えるきっかけを与えられ、沖縄の内部から、沖縄自身の「切り口」で映画を作り上げていくことをフィルムの実践によってまざまざと見せつけられる体験でもあった。一九九二年に、掌編「レッドマン」からテレビコマーシャルまで含め、高嶺剛の全作品を上映する「高嶺剛映画個展」を友人たちと企てたり、沖縄民謡の第一世代の歌い手をシリーズで記録する「島唄でジントーヨー」の企画の手伝いをしながら高嶺剛のマジックリアリズムが醸し出す「超現実主義的現実」の妖しい魅力に接することができた。これはシリーズ化はできなかったが、ミュージックドキュメント「嘉手苅林昌　唄と語り」として残され、高嶺剛の風狂の唄者へのオマージュとなり、今となっては貴重なドキュメントとなっている。その後九八年には『夢幻琉球・つるヘンリー』のスタッフの一人として関わることにもなり、気がつけば映画の旅のなかにいた。

この本ができるまでには、こうしたいくつもの前史があったが、やはり大きかったのは二〇〇三年の山形国際ドキュメンタリー映画祭沖縄特集「琉球電影列伝」のコーディネーターとして、企画段階から映画の選定、上映まで関わったことである。映画祭では七十本を越す映像が、一週間にわたって上映された。この時の経験は、連載に少なくない比重で活かされている。また映画祭の企画と併走しながら、東京外国語大学でほぼ四年にわたって取り組まれた「沖縄・映像と記憶」やそのプロジェクトを引き継いだ「沖縄・未来のドキュメンタリー」での経験も無視できない。映像をめぐる討論や作品上映の経験が、山形国際ドキュメンタリー映画祭〈琉球電影列伝〉と相互に補強し合う関係をつくっていた、と、今振り返ってみて思う。

だが、何といっても、「未来」が拾ってくれることがなかったらこの本が生まれなかったことはいうまでもない。連載は私にとって、フィルムが叙述する世界を漂流し、沖縄戦後世代の経験の位相と一九七二年の「復帰」を再考することになった。「復帰」を再審し我を審問する、〈運動する交通〉としての映画と時代と私（たち）の出会いや迷いや抗いにおいて、沖縄から／沖縄へと往還する文体の発見が目指されているはずである。これはいわば、「復帰の喰ぇーぬくさー」たちの精神譜であり、また沖縄というイメージの縁で獲得された視線の運動としても読めるのかもしれない。

隔月の連載ではじめたが、私の怠慢でズレることもたびたびあった。一冊にまとめるにあたって、連載時に原稿枚数の制限で削ったことや、うまく論じきれなかったという不全感があったので、三分の二近くは大幅に加筆した。むろん、明らかな誤植や表現を若干変えただけでほぼ原本通りのものもある。

こうして形になるまでには、たくさんの方々との接触と分有があった。とりわけ山形国際ドキュメンタリー映画祭沖縄特集を一緒になって創りあげた比嘉豊光さん、濱治佳さん、伊藤重明さん、そしてシネマトリックスの矢野和之さんはじめスタッフのみなさんにお礼をいわなければならない。また、東京外国語大学の上村忠男さん（当時）、西谷修さんとの刺激的な討論を忘れることはできない。そして何よりも、連載を企画し、本にまでまとめていただいた未來社編集部の小柳暁子さんの力には大いにあずかるところがあった。オキナワンハーダーリーを地でいくような私の時間感覚や身体リズムを、忍耐強く支え、無言の励ましを送りつづけてくれたことがこの書を産んだ。

六〇年代後半から七〇年代はじめにかけて、政治の熱や乱流に迷走しつつも、「日本復帰」という名の国家統合に抗い、沖縄を〈在日〉として生きた多くの「出沖縄」たちの群像があった。今でもその「出沖縄」との出会いや葛藤、対立や分有を思うと時間がざわめき、身体の奥が火照ってくるのを覚える。彼ら／彼女らは今どこにいるのだろうか。午後五時の陽の傾きを感じつつ、わが存在の軽さがこたえる。この書を、これら群像と私の夢幻行をいぶかしみながらも影でささえてくれた淳、渉、郁子へ捧げたい。

仲里　効

二〇〇七年三月

初出一覧

1 回帰する声、転位のトポス　「未来」二〇〇四年五月号、未來社
2 「フィフィ」と「火」の精神譜　「未来」二〇〇四年七月号、未來社
3 言葉が法廷に立つ時　「未来」二〇〇五年十月号、未來社
4 死に至る共同体　「未来」二〇〇五年十二月号、未來社
5 反乱する皮膚　「未来」二〇〇四年十二月号、未來社
6 〈エネミー〉の考古学　「未来」二〇〇四年九月号、未來社
7 明るすぎる喪の風景　「未来」二〇〇五年二月号、未來社
8 エディポスたちはオナリの夢をみたか　「未来」二〇〇六年二月号、未來社
9 巡礼と朱の×印　「未来」二〇〇五年六月号、未來社
10 漂流と迂回、あるいは始まりにむかっての旅　「未来」二〇〇五年八月号、未來社
11 繁茂する群島　「未来」二〇〇六年七月号、未來社
12 コマ虫たちの叛乱　「未来」二〇〇六年五月号、未來社

著者略歴

仲里効（なかざと・いさお）

一九四七年、沖縄南大東島生まれ。中学まで島で育ち、高校は那覇で、大学はアメリカ占領下の沖縄からパスポートを持ち東京に「留学」。法政大学卒。一九九五年に雑誌「EDGE」（APO）創刊に加わり、編集長。著書に『オキナワンビート』（ボーダーインク、一九九二年）『ラウンドボーダー』（APO、二〇〇二年）、共著に『沖縄の記憶／日本の歴史』（上村忠男編／未來社、二〇〇二年）『複数の沖縄』（西成彦・原毅彦編／人文書院、二〇〇三年）『グローバル・ボーダー沖縄』（西谷修・鵜飼哲・田仲康博との共同討議、東京外国語大学大学院国際協力講座編、二〇〇七年）など。映像関係では『嘉手苅林昌 唄と語り』（一九九四年）共同企画、『夢幻琉球・つるヘンリー』（高嶺剛監督、一九九八年）共同脚本、山形国際ドキュメンタリー映画祭二〇〇三・沖縄特集〈琉球電影列伝〉コーディネーター、『コンディションデルタ沖縄』（二〇〇六年）制作。

オキナワ、イメージの縁（エッジ）

発行　二〇〇七年四月二〇日　初版第一刷発行
　　　二〇〇七年七月　五日　　第二刷発行

定価　（本体二二〇〇円＋税）

著者　仲里効

発行者　西谷能英

発行所　株式会社　未來社
〒一一二―〇〇〇二　東京都文京区小石川三―七―二
電話　〇三―三八一四―五五二一（代表）
http://www.miraisha.co.jp/
email: info@miraisha.co.jp
振替　〇〇一七〇―三―八七三八五

印刷・製本　萩原印刷

装幀　ＨＯＬＯＮ

ISBN 978-4-624-11195-3 C0021

（消費税別）

山形国際ドキュメンタリー映画祭東京事務局編
ドキュメンタリー映画は語る
〔作家インタビューの軌跡〕ドキュメンタリー映画は何を捉えてきたのか。プロキノ、羽田澄子、土本典昭、原一男、佐藤真、森達也、松本俊夫、松川八洲雄、高嶺剛、呉徳洙ほか。四八〇〇円

上村忠男編
沖縄の記憶／日本の歴史
日本近代における国民的アイデンティティ形成過程において「沖縄」「琉球」のイメージはどのように動員されたのか。村井紀、藤井貞和、太田好信、宮城公子、屋嘉比収、仲里効ほか。二二〇〇円

高良鉄美著
沖縄から見た平和憲法
〔万人（うまんちゅ）が主役〕日本国憲法の平和主義・国民主権の原理は、復帰後の沖縄にも適用されたのか？　住民の平和的生存権という視点から、沖縄米軍基地問題を考える。一七〇〇円

下嶋哲朗著
消えた沖縄女工
〔一枚の写真を追う〕はるばると南の海をこえて製糸の町岡谷へわたった沖縄の少女たちがた。歴史から消えたこの少女たちの人生の軌跡を追いながら産業のひずみをかんがえる。二五〇〇円

下嶋哲朗著
豚と沖縄独立
沖縄戦後の飢える故郷を救おうと、ハワイのウチナーンチュ（沖縄系移民）は太平洋を越えて豚を送った。その苦闘を描くとともに、豚による沖縄の独立を模索した先人たちの歴史。二四〇〇円

渡辺武信著
映画的神話の再興
〔スクリーンは信じうるか〕映画の神話的世界とその虚構性としての魅惑をスクリーンの彼方に透視しつつ、画面の発散する夢に鋭くわけ入る著者の最新映画論集。本文中写真多数。一八〇〇円

渡辺武信著
日活アクションの華麗な世界（合本）
われわれにとって日活アクション映画とは何であったのか。厖大な資料をもとにした詳細な分析で多くの映画評論でも引用されている日活アクション論の古典にして金字塔、合本で復刊。五八〇〇円